经典与解释(52)

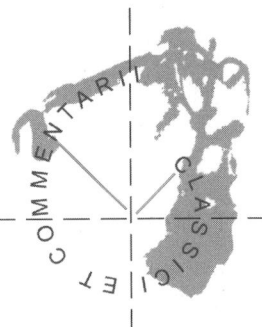

施米特论战争与政治

■ 古典文明研究工作坊 编
顾问／刘小枫 甘 阳
主编／娄 林

华夏出版社

鸣谢：本辑由北京粉笔蓝天科技有限公司赞助出版

目　录

论题　施米特论战争与政治

2　转向歧视性的战争概念 …………………………… 施米特

71　"代表原则"
　　——施米特的《罗马天主教与政治形式》 ………… 韦　伯

93　政治的概念的限制
　　——施米特《政治的概念》中的"国家" …………… 王　钦

125　地有人据
　　——施米特的"大地的法"释义 ………………… 郭小雨

古典作品研究

165　论好恶之情 …………………………………… 曾海军

思想史发微

195　西方中世纪的文学批评 ……………………… 小哈德逊

旧文新刊

246 與王靜安論治公羊學、今文家學書 ………………… 張爾田
249 公羊徐疏考 ………………………………………… 吳承仕

评　论

260 带翅的爱 …………………………………………… 品科斯基

（本期助理编辑：柯常咏）

论题　施米特论战争与政治

转向歧视性的战争概念

施米特（Carl Schmitt）撰
方　旭　译　张培均　校

[中译按]所谓战争的"歧视性"和"非歧视性"概念分别指古典的战争概念和革命正当性的战争概念。本文从Timothy Nunan编，*Writings on War*（Polity，2011）英文本译出。

[英译按]1937年10月29日星期五，《转向歧视性的战争概念》最初是在德意志法学会（Akademie für Deutsches Recht）第四次年度会议上的演讲，年会主题是"帝国和人民的法"，慕尼黑大学承办了为期一周的会议。1937年10月23日星期六会议开幕，学会主席弗兰克（Hans Frank）和德国外交部部长赖特（Constantin von Neurath）发表演说。与会学者于周日造访第贝尔（Oswald Dieber）的"德意志正义之屋"的工地，建成后这将成为学会的法律研究之家。之后，从星期三到星期五，与会学者分为几个工作组，针对不同的法律问题，如遗产法、刑事诉讼，以及民族法（nationalities law）。

施米特本人的演讲发表于法律研究部（Division for Legal Research)。《转向歧视性的战争概念》最初打算同比尔芬格(Carl Bilfinger)的《日内瓦国际联盟法违背国际法》(*The Law of the League of Nations Against International Law*),以及法学家布伦斯(Viktor Bruns)的作品一同出版。结果,布伦斯并未及时向编委会提交文章,计划落空,最终施米特的文章单独出版。

本文从 1988 年的 *Die Wendung zum diskriminierenden Kriesbegriff* 德语底本译出,由柏林 Duncker&Humblot 出版社出版。该版本为第一版的未删减重印版,第一版同样由柏林 Duncker & Humblot 出版社于 1938 年出版。

导　言

近年来,血腥的斗争(struggles)一直在世界多地上演,我们之所以称其为斗争,或多或少是为了谨慎地避免与战争(war)一词发生联系。也许很多人会认为这种观点太可笑。然而,事实上,各种旧秩序正在瓦解,却没有取而代之的新秩序,这一点已十分明显。的确,围绕战争概念的众多问题,反映出当前国际形势的紧张。真实的东西总是自我揭示:国际法的历史即战争概念的历史。毕竟,国际法是一部 jus belli ac pacis［战争与和平法］,只要它仍然是关于各个组成国家的独立民族之间的法律,就会一直如此——换句话说,只要战争还是国家之间的战争,而不是国际内战(international civil war),就会一直如此。旧秩序的每一次解体、缔造新秩序的每一次尝试,都将面临这个问题。在同一国际法秩序下,很少存在两个相互矛盾的战争概念,正如很少存在两个相互排斥的中立概念。因此,当下的战争概念已成为一个问题。对该主题展开现实的讨论,旨在拨开笼罩在这类虚构之上的迷雾,辨识当前国际法的现实处境。

当今世界那些拥有强大武力的国家,有充分理由在公开的战争与真正的和平之间寻找一些临时称谓与概念。"总体战争"一词暗指的事实，令这类临时称谓尤为可取。① 然而，临时概念只是在推迟和拖延当前无法解决的战争概念问题。此处最为关键的是，一场战争是否正义（justice），对这场战争的总体性而言，比其他一切都更为重要。如果战争不正义，那么，总体性的每一个说法都不过是空洞的口号，正如可以反过来说，当下大规模的正义战争本身就是一场总体战争。

1917年4月2日，威尔逊（Wilson）总统宣战，带领他的国家加入反对德意志的世界大战，至此，歧视性的战争概念这一问题开始进入当代国际法历史。

与以前的那些经院神学家或格劳秀斯（Hugo Grotius）的观点不同，正义战争的问题这次以完全不同的方式呈现自身。对那些持有某种相对主义或不可知论的国家而言，即便反德世界大战的经验揭示出，战时宣传绝对没有将道德信念束之高阁——通常而言，这些道德信念只是从某次十字军东征中所学得的东西，但是，当下已经不会再有圣战。按照现代人的想法，一场正义战争要在程序上得到法律或道德上的"实证化"（positivization）解释。

日内瓦国际联盟如果有什么值得赞赏的话，那就在于，它本质上是一个法律体系，一个垄断了对正义战争的判断的体系。此外，国联对某些强国就一场战争正义与否作出的重要裁决，同转向歧视性的战争概念直接相关。只要仍以当前的形式存在，日内瓦国际联盟就只不过是一种准备打一场完全意义上的"总体"战争的手段，

---

① 更多内容请参阅"Totaler Feind, totaler Krieg, totaler Staat"，见 *Völkerbund und Vökerrecht* IV，1937，页139-146，另参 Baron Julius Evola 格外有趣的文章，"La guerra total"，见 *La Vita Italiana（Il Regimen Fascista）* XXV，1937，页567。

即一场由跨国家和跨民族的正义诉求所支持的战争。

接下来的分析将结合一些国外出版的重要国际法文献，考察1932 至 1933 年间该领域的最新进展。近来国际法发展阶段中值得注意的是，当前的日内瓦国际联盟与一个普世的天下世界秩序的结合，尤其是正义战争与非正义战争的成功区分，导致了一种危机（正如东亚、非洲以及西班牙发生的事件所示），即如今不仅不可能区分正义与非正义战争，甚至不可能区分"战争"与"非战争"——这就是说，甚至无法判断战争是否存在。只有这种危机，才能促使那些支持日内瓦国际联盟的国际法与普世的国际法相结合的人，去为自己的观念构想出一个更清晰的形态，即国联的形式究竟应当是一个制度－联邦（institutional－federal）机构，还是一个司法－伦理机构。

可是，正如日内瓦国际联盟背后的思想已导致明显的危机，与此同时，日内瓦联盟由于某种辩证的必要性（dialectical necessity），正被迫加剧战争的侵略力度。某种纯粹的规范等级制显然是不够的。[现在的形势] 要么要求具体制度的等级和国际法的权威，① 要么承认歧视性的战争概念。制度化设计给出了许多构建性的和平主义方案，人们可以称之为合法的"实证化"。对受国际法约束并通过日内瓦国际联盟组织起来的共同体而言，这不仅在原则上，而且在实践中，都符合一种真实、具体秩序的价值。

日内瓦国际联盟以及受其约束的整个 communauté internationale [国际共同体]，要么认同一种真正的"宪法"，由此在制度上和宪法上保证某种有效"集体"行为的可能性，要么至少在代表一个决定世界大战正义与否的权威的"道德"信念时，日内瓦联盟能够具

---

① Georges Scelle, 见 *Völkerbund und Vökerrecht*, 1934, 页 7。另参 Carl Bilfinger, 见 *Völkerbund und Vökerrecht*, 1937, 页 345。

有某种意义。这种法理学方法和论证、"制度化"这一典型的法兰西观念,以及法律问题"具体化"这一典型的英格兰观念,将通过下文的分析逐渐呈现。

与过去几年那些纯粹的文献性评论相比,这些观点有着根本上不同的、更高层次的意义,因为,日内瓦国际联盟及其国际法产生的外交政策问题日显频繁。至于那些更具文献性质的文本,我们只需列举少数样本:通过法律-逻辑的(legal-logical)论证为国际法共同体达成"宪法"的努力;韦堡-许金(Wehberg-Schucking)①对《国际联盟宪章》(League of Nations Charter)的评论,他认为日内瓦联盟是一个"国家联邦"(federation of states),在概念上与联邦国家(federal state)相对,这一联邦拥有"自己的"机构,而不是只由诸多成员国实际控制的"集体"机构。②今日的争论比以往任何时候都更聚焦于战争是否正义的问题。

对契约神圣性和 pacta sunt servanda [应该恪守条约] 这一格言③的吁求所激发的契约实证主义(contractual positivism),在战后第一个十年占据主导地位,这种实证主义的全部倾向和唯一成果即《巴黎和平协定》(Paris Peace Treaties)现状的合法化。与这一现状相关的,一方面是和平主义的意识形态,另一方面则是概念空洞的意符(ideograms)和某种"纯法律学说"的"逻辑还原",这两种

---

① [英译按] Hans Wehberg(1885—1962),德国和平主义法学家、法学教授。Walther Schucking(1875—1935),德国法学家、法学教授和自由派。

② 对该文献及其"主要观点"的更多讨论,参看,J. Kunz,"Die Staatenverbindungen",见 *Handbuch des Volkerrechts* II,Vienna,1929,页 505。对那篇文章中引用文献的更多讨论,参阅 Claudio Baldoni,*La società della Nazioni* I,Padua:Studi di Diritto Pubblico,diretti da Donato Donati 10:1936,页 74。

③ [英译按] 应该恪守条约。不履行契约义务这一观念,也是上述契约的一个分支内容。

意识形态虽有必要，但不大让人信服。①

但自 1932 年以来——此时的决定性现象是日本侵略东亚为国际联盟的战争概念引入了新的问题——政治事件的动态也将自身反映在国际法理论中。这一现状的契约实证主义并无意义，不仅未能延迟"凡尔赛条约的崩溃"，② 从法学理论的视野来看，也站不住脚。一种新的、普世的、不断扩大的世界秩序的拥护者们发现，对一个新的世界秩序而言，"应该恪守条约"这一格言并不是合适的基础。

"修正"概念正以意想不到的速度蔓延。不仅契约的"修正"得到承认，"集体安全"这一概念和现实改革的必要性，正义的有效运用，以及涉及"和平变革"的程序，也都提上日程。③ 而且，依照《国际联盟宪章》第 19 条，这种"必要性"不可能再以"非法

---

① Carl Schmitt, "Nationalsozialismus und Volkerrecht", 见 *schriften der deutschen Hochschule fur Politik* 9, Berlin: Paul Meier - Benneckenstein, 1934。另参 Herbert Kraus 对该话题的讨论，见 *Niemeyers Zeitschrift fur Internationals Recht* 50, 页 151。关于我的《国家社会主义与国际法》（"Nationalsozialismus und Völkerrecht"）讲稿第 11 页, A. von Verdroß 教授使我意识到这一事实：他本人在《国际法共同体之宪法》(*Die Verfassung der Volkerrechtsgemeinschaft*, Berlin, 1926）一书中将当恪守条约这一格言表述为"国际法统一秩序的基本规范"。但是，通过这一论述，Verdroß 绝不意在认同《巴黎和平协定》。他的其他文章，比如 "Heilige und unsittliche Staatsvertrage", 见 *Völkerbund und Vökerrecht* II, 1935, 页 164, 以及 "Der Grundsatz pacta sunt servanda und die Grenze der guten Sitten", 见 *Zeitschrift fur offentliches Recht* XVI, 1936, 页 79, 清楚表明《巴黎和平协定》不具备任何效力，是一个不道德的条约。我欣然接受 Verdroß 的看法，并在此加上我的维也纳同事的这些评论。

② W. Ziegler, *Der Zerfall des Versailler Vertrages, eine geschichtliche Darstellung, Veriffentlichung der Forschungsabteilung der Deutschen Hochschule fur Politik* I, Berlin, 1937。

③ ［中译按］修正主义（Revisionsmus）在德语里有两个含义，一是指对国际法所确定的制度和义务等的修正，二是指国际共产主义运动对马克思主义经典理论的修正。按照文意，此处的"修正"指第一个含义。

学的"或"非学术的"为由而不被考虑。① 发生在东亚和西班牙的事件极为悲剧性地证明，战争概念上的混沌困惑带来了一个新的困境，而全世界都意识到，现有的国际法并不能解决这一困境。

这种处境下，日内瓦国际联盟背后的理论和体系、国联的目标和理念，都面临新的任务和难题。它们与初期的规范主义（normativism）之间的联系，不应受到误解，因为，体系化的思考和通透的理论往往不会出现在一个时期的开端，而是在一个时期的终端。因此，后期的成果并非有意背离早前的思考，而是那些时候的思考模式的产物。

作为随着最近的［理论］发展而产生的内容，这些成果的意义在于这一事实：它们进入国际法发展的新阶段，包含一种不同以往的更严肃的现实类型，远非此前以"合法化"为基础的各种文献可比，这种合法化只是以当时可能达到的情形为基础。人们能否在这类较新的文献中发现与早前文献的大量相关、交叉和过渡的内容，其实无关紧要，虽然人们总是期待这类发现。

总体上说，这个发展中的新阶段拥有独特的性质，以尝试某种

---

① 这个构想源于 Sir John Fischer Williams1832 年著作的标题"国际变革与国际和平"（*International Change and International Peace*）。关于这一话题的更多讨论，参 Heinrich Rogge, *Das Revisionsproblem, Theorie der Revision als Voraussetzung einer internationalen wissenschaftlichen Aussprache uber*, Berlin, 1937。关于 1935 年 6 月 2 日至 6 月 8 日在伦敦召开的关于集体安全的国际会议，参 F. Berber 的评述，载于 *Bruns Zeitschrift* V, 1935, 页 803 - 818。这个主题启发德意志法学会邀请汤因比教授（伦敦）于 1936 年 2 月 28 日在柏林举办一场讲座，我们可参看 *Jahrbuch der Deutschen Akademie fur Deutsches Recht*, 1936, 页 225。关于 6 月 28 日至 7 月 3 日在巴黎举行的国际会议的信息，参 F. Berber 和 D. von Renvers 的评述，载于 *Monatshefte fur Auswartige Politik*, 1937 年 8 月。关于 Werner Gramsch 的 *Grundlagen und Methoden internationaler Revision* (Stuttgart/Berlin, 1937) 一书，更多内容可参看 Bertam 的讨论，见 *Völkerbund und Vökerrecht* IV, 1937, 页 398 - 399。

真正的"制度化"为特点，近年来，这一点已变得完全清楚。尤其是，1935 年秋，"激活"（activation）日内瓦国际联盟以反对意大利的努力，引出了所有主要的关键问题：战争的概念、中立的新概念、国际联盟的法律性质。制裁意大利的尝试，可在实际上确认现在正处于"病症时刻"；换句话说，这一时刻使国际联盟和国际法的"制度化"或"具体化"的进步或倒退的关键阶段变得清晰可见，整个世界都能看到，这也令学者们开始认识到这一点。

在这个意义上，这个新的发展阶段最有趣的成就应归于法兰西和英格兰的相关文献，就绝非巧合。从 1920 年至 1932 年，战后国际法的第一个阶段，贝内施（Benesch）① 和波立蒂斯（Politis）② 这类政治家的活动和努力，仍能满足于诞生于维也纳的规范主义，这一规范主义在某些方面只不过是一种针对战后奥地利的国际法的不规范情形的反应（reflexive reaction）。③ 这一规范主义展示出的法学理论具有典型的哈布斯堡抽象艺术的品质。④

然而，如今的视野在不断变化和扩展。最重要的是，与 1935 年 10 月以来制裁意大利的尝试相关的国际联盟的国际法，始终面临着问题，这揭示出一个事实：这一争论的对象，不是新的规范，而是

---

① ［英译按］Edvard Benes（1884—1948），曾任捷克外交部长（1920—1925），总理（1921—1922），总统（1935—1938）。

② ［英译按］Nicolaos（Nicolas）Sokrates Politis（1872—1942），希腊国际法学者。

③ Carl Schmitt, "Die Kernfrage des Volkerbundes", 1926, 页 11, 以及 "Völkerrechtliche problem im Rheingebiet", 见 *Rheinische Schicksalsfragen*, 27/28, Berlin, 1928, 页 86-87。后文亦见于 *Rheinischer Beobachter*, 1928, 页 340。

④ 关于奥地利国家理论传统中的凯尔森纯粹法律理论，更多内容参 Erich Voegelin, *Der autoritäre Staat*, Vienna, 1936, 页 127。用不着说，Alexander Hold-Ferneck 撰写的国际法教材（1930—1932）不属于这一背景。

新的秩序——国际强权就这些新秩序的具体特征而相互斗争。在这个意义上，如本文关注的文本所示，人们可以说，这种国际法思想在英格兰、法兰西和美利坚合众国这类世界强权的集体政治局势中均有其体现（foil）。这种类型的思想已使世界的注视由维也纳转向伦敦和巴黎，这绝非一种巧合。①

　　制度化、跨民族的天下世界秩序与自由民族的自决意志，这两种主张之间的学术争论，一旦变得更加棘手和激烈，就会导致大量问题和困难，在其他时代，这些问题和困难已交给法哲学或更简单的教育学领域。而当下，这些问题穿上了一套全新的、实际上是革命性的伪装。这不仅关乎普遍自然（universal nature）这一司空见惯、由来已久的问题：一元论还是二元论抑或是多元论；国际法还是国内法优先；附属的正义还是对等的正义；国家是否拥有主权；国际法应具备跨国家（trans-state）还是国家间（interstate）的特征。

　　这里的要紧问题是，如何构建国际法的新体系，以及如何处理这个"大问题"。例如，这有一个重大分歧：一边是仅将殖民地视为国家权威的一个投影，在某种程度上将其当作国家领土，并将其置于国家的统治之下；另一边则是将殖民制度视为（正如近来所为）国际法的特殊现象，殖民制度的法律基础在于国际法的一个区域性或普遍性的共同体所赋予它的某种托管（mandate）或"代理"（delegation）。在后一种情况下，这意味着《国际联盟宪章》——通常被视为包含某种法律实证主义的方法——第 22 条中的托管观念，是一种新的联合原则，旨在联合国际法的区域性和普遍性这两种特征。

　　另外，如何在普遍的法律体系中处理所谓的在国际法之下保护

---

　　①　接下来的评述仅限于法兰西和英格兰的出版物。美国的文献（Quincy Wright，Hudson 等）将完成一幅总体的图景，当在一份专属美国的评述中加以讨论。

少数民族（minorities）① 问题，并非不相干：保护少数民族要么被视为一种纯属国家内部的行为，即个体国家的 domaine exclusif［专属领域］，要么被视为一种民族性（nationhood）概念的表达，这种民族性推翻国家边界，将民族拔高到国家之上，使之成为国际法的决定性主体。它围绕一个问题，即保护少数民族这一概念，到底是表示国际法对一个国家的成员资格这一概念的有效限定，还是说，保护少数民族是某一特定国家、［国际］集团甚或整个国际共同体的合法托管。

换句话说，紧要之处在于，保护少数民族是一个关乎同种（homogeneity）② 还是关乎干预（intervention）的问题，或是一种当代国际法思想强调个人优先而产生的影响。更多例子表明，这一争论并非与以下争论不相干：但泽自由市在国际法中的地位，是与"各国"并列，还是在日内瓦国际联盟提供的框架中的其他地方；国际联盟是作为国际法的加冕礼（coronation）而存在，还是仅存在于

---

① ［中译按］Minority 并未形成一个得到普遍接受的定义。第一，1919 年的《凡尔赛和圣日耳曼条约》已涉及那些与多数人在民族、语言或宗教方面不同的居民，并注明"民族、宗教和语言少数人群体"（如第 67 条）。第二，1984 年，联合国保护少数人群体和预防歧视人权委员会小组委员会提出"少数人"的如下界定：具有与多数人口不同的种族、宗教或语言特征的国家公民群体，彼此具有团结意识，有上进心，为了生存毫无保留地通过集体意愿，其目的是实现与多数人（群体）事实上和法律上的平等。第三，语言少数人（群体）的定义：语言少数人（群体）应当是一个宽泛的定义，它不仅包括那些母语不是他们所居住国家官方语言的群体，还包括语言地位低于其他占主导地位的语言的所有群体。有学者将该词译为"少数人"，本文依文意将其译为"少数民族"。该词的解释得到西南政法大学人权中心李娟老师的帮助。

② 参 H. Raschofer 的分析，"Die Krise der Minderheitenschutzes"，见 *Bruns Zeitschrift* VI, 1936, 页 238 - 239，在其中，某些个体化构建的自由（individualistically constructed freedoms）被视为 base de l'organisation sociale dans tous les États de l'Europe［欧洲所有国家的社会组织的基础］和"国家结构的标准"。

现有国际法契约框架内。

最后，人们应当想起，"海盗"概念突然再次变得重要起来，长期以来，在国际法的讨论中，海盗概念一直是个值得探讨的问题；如今，海盗概念仍看似是一件纯粹的理论琐事，但实际上却代表一种全新的国际法的突破，这种国际法推翻了国家概念。①

这些例子足以指出国际法体系的实际意义，以及（我姑且这么称之）当前形势下"系统的概念地理学"（systematic conceptual geography）的意义。国际法律体系以特定方式处理某个问题这一事实，已预示了决定性的事件。借用一个年轻法兰西人的生动构想，所谓"概念的轨迹"，② 即国际法中某个概念的连贯性和说服力，不仅由该单一概念的内容决定，而且根本上由此概念在概念体系中的位置决定。

因此，接下来的分析始于讨论两本来自法兰西和英格兰文献的理论著作，这两本著作在许多方面都植根于国际法思想先前阶段的理论课题。然后，该讨论继续处理实际和具体的论证，特别是英格兰作者的论证。下文论述的框架对这些作品学术价值的高低不予置评，相反，所有系统的、理论性的法律诉求都应通过对具体和实际意见（comments）的典型论证来扩展。只有通过这种方法，才能产生一个完整的印象，从而有助于正确理解与日内瓦国际联盟有关的国际法理学的现状，及其对正义战争问题的立场。

一、两部国际法著作研究

有两部理论著作需要关注。第一部为《万民法纲要》（*Précis de*

---

① 参本书页 55 和页 66。
② William Guerdan de Roussell, "Demaskierung des Staates"，见 *Europäische Revue*, 1936, 页 799。

droit des gens），由巴黎著名的国际法学者、国际联盟普世思潮的先驱斯克勒（Georges Scelle）所著。① 如今，斯克勒的著作为两卷本，这本书与以前的著作相比，作者有着自觉的区别意识——它不是将 droit international ［国际法］而是将 droit des gens ［万民法］视为一种真正的国际法理学。

第二部作品为 1933 年的《国际共同体中法的功能》（*The Function of Law in the International Community*），由伦敦大学公共国际法教师劳特派特（H. Lauterpacht）② 所著，献给麦克奈尔（A. D. McNair）。③ 这部作品也值得特别关注，因为作者承接始于奥本海默（L. Oppenheim）闻名世界的法学作品《国际法》（*International Law*）的思想脉络，通过大量最近的国际法交易和契约，支持后者的论证。

无论是斯克勒还是劳特派特，对我而言，他们的作品似乎都是以下事实的重要证据：国际法理学中的争论已经以一种系统的、法律－理论的（legal－theoretical）方式，进入一个新的、有趣的发展阶段。两部作品在其基本的、系统的具体化方面，取代了此前的实证主义和规范主义立场。在两位作者眼中，应该恪守条约这一格言，只不过是一种自愿的（voluntary）国际法的表述，也就是说，这种国际法基于个体国家的主观意志，而无论这种意志能否被理解为特里佩尔（Triepel）提出的产生于"统一"的"共同意志"。④ 两本著

---

① ［英译按］Georges Scelle（1878—1961），法国法学家，法律一元论的拥护者。

② ［英译按］Hersch Lauterpacht（1897—1960），出身加利西亚犹太人的国际法学家。

③ ［英译按］Arnold Duncan McNair（1885—1975），英国法律学者。

④ 特里佩尔的"统一"仍然基于意志的某种心理主义，最终的解释可参看 Gustav Adorf Walz, *Volkerrecht und staatliches Recht*, Stuttgart, 1933, 页 19－27。

作都旨在以制度保障普世的世界秩序，在这种秩序中，日内瓦国际联盟——国际法的一个普世共同体，以全球正义的秩序为目的——与人类相互合作、开拓并追求进步。

费尔德罗斯（Alfred von Verdorß）①在一本近期出版的国际法教科书中，②无视"国际法优先"的原则而把国家定为"主权法律共同体"，并将他的系统建立在国家之上（该系统明确区分国际法与某个联邦世界政府的法），但与他不同，这里讨论的两部作品表明，世界事件的背后动力如何将日内瓦国际联盟所确立的国际法理学引向一种更加激进的制度化设计。当前的实在正义与即将到来的正义之间的差异，正如日内瓦国际联盟与某种普世国际法律共同体之间的差异，理当得到承认，但与此同时，这一差异的意义以一种矛盾和模糊的方式而被削弱。一方面，体系的构建和某些基础的实证化，淡化了这种差异的意义；另一方面，lex lata［现行法］与 lex ferenda［应然法］之间的差异，已成为进步和发展趋势的一部分，因为与这种进步相左的实定国际法，只能视为已被判失败的异类。

因此，与一种纯粹作为现状的法理学不同，现今似乎已产生一项在实质旨趣上相反的成就：一种带有某种正义形式的国际法理学，既是一种革命性的新事物，同时让自己维持着正义的基础；这种法理学将世界事件的进步动力纳入自身之中，并仍处于演化的过程中。通过斯克勒的作品，我们可能会在某一时刻相信蒲鲁东（Proudhon）③对国际法理学的惊人预言已经实现：二十世纪将是联邦主

---

① ［英译按］Alfred von Verdroß - Droßberg（1890—1980），奥地利法学家、教授。

② Alfred von Verdroß, *Enzyklopädie der Rechts - und Staatswissenschaft, Abteilung Rechtswissenschaft*, Berlin: E. Kohlrausch and H. Peters, 1937。

③ ［英译按］Pierre - Joseph Proudhon（1809—1865），法国政治家和哲学家。

义的世纪,正如十九世纪是宪政主义的世纪。①

对比这两部作品,我们就会发现二者的区别不仅在于风格和知识观(intellectual outlook),还与两者的制度化方法有关,此外还在于二者就国际法的制度化共同体的结构和决定其特征的制度所制造的不同概念。斯克勒构建了一种新奇的国际法体系,这一体系尽管与他先前就此主题而发的评论存在许多矛盾,且有些关键问题(例如国际联盟的架构)表达得非常不清楚,但仍作为一个封闭的实体而起作用。斯克勒的作品消除了由国家的中心定位所决定的整个国际法律体系,让这个概念看起来像一个过时的、几乎是中世纪的问题。

斯克勒的体系在以下意义上具有激进的个体主义和民主特征:跨国家的国际正义秩序具有具体真实的(而非仅仅"逻辑上可追溯的")首要地位。人们可以称这部作品是第一个彻底考虑个体主义、自由民主意识形态及其在国际法上的应用的体系。为了给政治目标和理想披上法律规制(legal formulations)和系统构建(systematic constructions)的外衣,斯克勒立身于伟大的法律传统之中——这一传统始于中世纪法兰西法律学家(Legists),经受住了近代欧洲历史的每个世纪面临的各种国外和国内挑战提出的考验。

斯克勒的法学观由以下事实决定:他使立法、立法机构成为制度化的国际法理学的决定性制度,他让立法作为该体系的"首要功能"和基础;至于国际裁决,本身是这一国际体系的"次要功能",将在即出的第三卷中予以论述。长期以来遭到忽视且仅被视为国际

---

① [英译按] Pierre‑Joseph Proudhon, *Du principe fédératif*, Paris, 1863, 页109。在此,蒲鲁东提到的经常会重复的类比(例如,斯宾格勒就提到过),即把当前类比于"亚克兴时代"(Actian Era)的开始,亚克兴时代始于基督前30年,伴随经亚克兴之战而获得的长时间和平。

法的一个陷阱的立法机构，被斯克勒激进地重构为国际法理学的中心。

斯克勒的国际法秩序，声称支配全球，但只不过是某个立法国家——例如法兰西，它长期以来被视为法律编纂的祖国——的跨国家镜像罢了。面对这个受到激进、系统的独特新造之物蛊惑的世界，劳特派特的书自有一种审慎和保守的吸引力，但并非以通常的不列颠方式。事实上，只要对照英格兰法律人（legal minds），如威廉斯爵士（Sir John Fischer Williams）和麦克奈尔的文章（后文将略加评论）便知，劳特派特的作品以不同的方式代表了"具有英格兰典型特征的看法"。如果我们考虑到劳特派特是波兰加利西亚地区人的后裔，① 他的非英格兰本性就容易理解。尽管如此，作为一部法理学著作——虽然它可能更倾向于法律理论而不是一种系统的方法，但它必然在近年来关于该主题的英语文献中占据突出位置。

劳特派特的作品非常关心特殊的英格兰倾向，以此与这一思维方式联系在一起，即与普通法（common law）和法官的审判（justice of judges）相关的思维方式；他的作品通过艰苦的研究，讨论大量初审判决，避免了斯克勒的构建主义术语和取自法律学家的概念。通过这一切，劳特派特的作品遵守了得到普遍接受的法律学说的既认原则。通过批判性分析，劳特派特的作品逐步赢得了概念基础，在这一基础上，国家以及在国家中组织起来的民族最终被摈弃，一个具有普世普通法和由法官制订的国际规则的 civitas maximas ［最高城邦］作为一个具体机构而出现。

---

① ［中译按］加利西亚有两处。一处在今波兰东南境，属维斯瓦河上游谷地，富农林和石油资源。西部居民为波兰人，东部为路得尼亚人，历史上长期为俄、奥争夺目标。另一处是西班牙伊比利亚半岛西北角加利西亚地区，加利西亚人是西班牙少数民族，自称加列戈斯人，该少数民族是否与波兰有历史上的联系，译者暂时未发现。

可以确定的是，这两部作品反映了法兰西国家（French state）与英格兰国家（English commonwealth）的深刻对立与比照：前者是一种法律思维方式，基于一个努力编纂成文法典的"立法机构"，后者则是一种由司法判断决定的、普遍适用的判例法（case law）。国际联盟和人民共同体（community of peoples）的宪政化和制度化（研究这两部作品时，这一点会变得清晰）意味着某些差异，这些差异取决于源自法兰西或英格兰宪法的构建和概念类比，也取决于这些制度首先基于法兰西的法治国家（Rechtsstaat）概念，还是首先基于英格兰的法治国家概念。[①] 尽管存在这些不一致，尽管两位作者在方法、风格和气质上存在差异，但他们都成功实现了自己的目标，即一种普世的、制度性的全球法律秩序。换句话说，两位作者在同一条战线上战斗。这正是我们选择这两部近年来关于国际法的最重要理论著作用于细查的理由。本文对斯克勒的讨论写得更为精心，因为他的作品代表了从纯粹程序和假设出发对一种自由民主的国际正义的首次界定。

（一）

斯克勒激进地摒弃通常处于国际法核心地位的国家。他否认国家具备任何法律人格和任何法律主体性。国家人格（état-personne）对他而言不过是赤裸裸的虚幻之物。正义的唯一真实主体是人类个体；其他所有东西都被当作不科学的中世纪"形而上学"或一种

[①] 法治国家概念导致的差异在于，或取决于一个联邦是否建立在普通法和法官之上，或取决于一个具有行政正义（administrative justice）的法律国家（Gesetzesstaat）是否成问题，对此的讨论，见 *Bruns Zeitschrift* VI, 1936, 页268。关于国际法概念的形成取决于国内法概念的发展，更多内容参看 Dickinson, *American Journal of International Law*, 26, 1932, 页239。

"拟人论"（anthropomorphism）而遭罢黜。这个规范是社会团结的表现，人们组成不同特征的集合体：经济团体、宗教团体、地方团体以及其他集体，国家只是诸多"社会团体"其中之一。

团体的多样性，斯克勒论证说，以其特有的多样性代表着许多不同社会中人类性格的划分，它是这些多样的社会（sociétés）中的人的类别分布图（le tableau de la répartition de l'espèce humaine）。尽管斯克勒并未在他自己的作品中特别提及犹太教授拉斯基（Laski，与劳特派特同在伦敦学院任教），① 后者从真正的盎格鲁－撒克逊人詹姆斯（William James）的实践哲学中创造出第二国际（Second International）的社会理论，但我们至少应该提及这一构建与拉斯基的社会多元论学说之间的关系。②

迄今为止现有的国际法的状态在这一过程中转变为一种受国际法规范约束的委任之权能（delegated competency），并授权给那些在特定时间统治的人。③ 统治者的这一地位具有国际"功能"和国内"功能"这一不幸的双重性（duplicity），这一事实被轻易解释为国际制度现存的原始主义（primitivism）和不完美的产物。但是，正如斯克勒指出，不能据此改变那种秩序的现存、有效的原则。正因如此，那些制度中突然出现的所谓"国际的"事情，此前毫无疑问会被认为是"国家的"事情。这一规范等级，借助"权能"概念，以尽可能简单的方式得到完善，并被阐述为一个国际权威和制度的等级框架。

---

① ［英译按］Harold Laski（1893—1950），英国政治理论家、经济学家和教授。

② 关于这一多元论社会理论，更多内容参看 Carl Schmitt, *Der Begriff des Politischen*, 第 3 版, Hamburg, 1933, 页 20 以下。另参 *Kant - Studien* XXXV, 1930, 页 29 - 30。

③ ［中译按］大陆法系将管辖权理解为职权、权能（competency），这种权能既包括属人的管辖，也包括属物的管辖，是一种管辖权的手段和措施。

在这个体系中，权能控制着国际法秩序，即万民法的全球法律体系（le système juridique mondial du droit des gens）。国际法的这一规范的接受者面临的难题，正如我们常常讨论的转变（transformation）问题一样，变得完全没有意义，因为国家的界限已崩塌，而个体上升为法的唯一主体，并因此上升为国际法的唯一主体。个体成为每个规范的唯一接受者。狄骥（Duguit）① 对客观"社会规则"的思考和凯尔森（Kelsen）的规范主义沉思，强烈地影响到这种思维方式。②

但斯克勒将"动力"形成的原因归之于规范，正是这种动力创造制度并将规范法（droit normatif）转变为构建法（droit constructif），这样，他就成功超越了狄骥和凯尔森的知识遗产。在拒斥所有主体意志的意义上，同时在从"统一"（unification）中产生国际"共同意志"（common will）的意义上，客观的社会规则上升到了立法者（law‑giver）之上，而这种上升是规范主义的、客观主义的（objectivistic）。法律规则，用斯克勒的话说是先于和优于立法者的（antérieure et superieure au législateur）。

与之相反，在需要一个立法机构的意义上，将国际法契约变形成某种"行为规则"（acte‑règle）而以法律学家的风格构建一位"立法者"。不再将国际法契约视为纯粹"契约"（contrat）意义上的强制性法律契约，而视其为立法行为，这样，"国际立法"这个看似无法解决的问题就解决了。只以义务约束为基础，却没有以某种现成"契约"的法律客观连带责任为基础，在斯克勒的体系中，这类

---

① ［英译按］Léon Duguit（1859—1928），法国行政法学者。

② Walter Schiffer, "Die Lehre vom primat des Völkerrechts in der neueren Literatur", 见 *Wiener rechts‑und staatswissenschaftliche Abhandlungen* XXVII, Vienna, 1937, 页 104‑105。另参 Heinrich Drost, *Grundlagen des Völkerrechts*, Munich/Leipzig, 1936, 页 97。

契约非常罕见，它们只不过是世袭国家理论的某种后效而已。在斯克勒眼中，这些契约不过是关乎金钱、自由活动、财产转移这类事情的无足轻重的东西。与此相对，人们所谓的国际法"契约"，不应仅仅是特里佩尔学说意义上的一种"联合"（union），而应同时是一种立法行为，一种"条约-法"（traité-loi）。

因此，国际法契约的约束性不再基于应该恪守条约这一格言，这一格言只不过是旧有的意志理论的一种表述，并因此受到强烈的批评。国际法的立法者是每个有能力践行有效的国际法法律行为的人，由此而实现一项国际法规则：随之产生的立法行为对国际法具有一种"全球性的统一的效果"（effet global et unitaire）。

以这种方式为国际法找到一个立法机构之后，为国际法构建一种宪法权能和具备适当司法权（jurisdiction）的"制宪权力"（pouvoir constituant）看似就不再困难。由此，国际正义体系成为国内宪法的宪法秩序的一个极度膨胀的映像，它忠实地反映了甚至最小的细节。于是，十九世纪的自由主义宪政（liberal constitutionalism）被简单地置换成国际人民共同体（international community of peoples）。斯克勒第一卷书的第三章致力于以系统的构建来考察"联邦现象"（phénomène fédératif），这个考察有助于明确一种有组织的联邦制宪力量的可能性——这种力量类似于其他联邦实体，如大英世界帝国、苏联、泛美联盟和日内瓦国际联盟。同时，斯克勒作品的这一章有助于捍卫国内宪政转变为一种国际实体，反对某种中央化的普世主义（centralized universalism）。宪法化和联邦化就成为一种切实的构建手段，用于构建日内瓦国际联盟和普世国际人民共同体制度化的设计。

"国际宪法"（Dorit contitutionnel international）是这整个体系的关键概念，斯克勒因而将这一概念用作第二部分的标题。正如国内宪政一般，这一宪法化的国际法有助于保护生命、自由以及个人和集体拥有的财产。这一国际法以公认的个人权利为基础：请愿权、生命权、人身自由、自由活动、私人财产权等等。创制和阐述一种实定国际法，就等于创制和阐述一个国际立法机构，在国际法律联盟中，在"条约-法"中，这样的立法机构能够达到自己尽管不完美但目前最高的组织水平。

《国际联盟宪章》尽管源于契约，但应成为一种真正的联邦宪法，一种法律意义上的"宪法"。因此，日内瓦国际联盟成为一个真正的跨国机构，拥有如同一种"制宪权"的"授予宪法的权威"。很显然，以这种方式构建的宪法，只不过是将由两部分构成的自由主义宪法方案落实到国际层面：一是作为基础的个体主义自由权利，二是某个"组织"，特别是某个立法机构。因此，与国家正义相对的"国际法优先"，成为一个具体的宪法现实。

国际法的契约，如今成了国际"法"，直截了当地凌驾于所有国家法和所有国内宪法条款之上。倘若国际法与国内法矛盾，后者——以及任何与国际法矛盾的国内宪法规范——将会被视为 ipso facto [因事实本身] 无效。斯克勒在以下事实中为他的解释找到了例子和支持文件：《凡尔赛条约》① 第80条与《魏玛宪法》设想的第60条第2款矛盾，后者规定了奥地利与德意志的联盟；他还注意到立陶宛宪法第5条维尔纽斯限制条款（Vilnius Proviso）的无效性，

---

① ［中译按］要在本文的语境中区分《凡尔赛条约》与《国际联盟盟约》（Covenant of the League of Nations）。1919年1月28日的巴黎和会，通过建立国际联盟的草拟法案，并在英法两国的操纵下，派一个以威尔逊为首的起草委员会来草拟《国际联盟盟约》，准备筹组国联。1919年4月28日，盟约得到44个国家签订（其中有31个国家在战时支持三国协约或加入协约国）。1919年6月28日在巴黎的凡尔赛宫签署条约，《凡尔赛和约》的第一部分就是《国际联盟盟约》。

以及国际法对少数民族的保护。

因此，哪些国家机关——更准确地说，哪些人——在法律上有缔结国际法契约的权能，这个问题显然是个国际法委任管辖权的问题。按照当前的思路，这不再是国内宪法理论的问题。人们惯于称为"内部"事务的东西，人们惯于称作个体国家的"专属领域"的东西，仍旧存在，但成了国际法和"国际秩序"（ordre international）的委任。

同样的情况也适用于国家政权通常是自治的、有着深远的自由统治传统的地区。国际法如今限制并控制了这一统治。斯克勒写道，实定国际法的现状明显与这种解释矛盾，这一事实只与以下事实有关：国际法与国际人民共同体仍处在原初发展阶段。斯克勒相信，历史的发展不可阻挡，无论有过怎样的失败，尽管有着法西斯主义和国家社会主义这类极端，发展的方向仍将是从国家中心观发展到跨国家观，从无政府状态发展到等级制，到职能的逐步明确的专业化，到一种跨国家的普世天下秩序。

个体主义和普世主义（universalism）是这个国际法律体系的两极。其中逻辑一致的个体主义无所畏惧：无论是在它区分 lex lata［现行法］与 lex ferenda［应然法］之时，还是在它感到不得不谴责当下实定法处境的"原初"缺陷——国家"专属性"的残余，以及接踵而至的国家间的"无政府主义"——之时，它都无所畏惧。

对于斯克勒而言，具有决定性的是，个体被视为国际法的唯一主体，被视为"国际共同体"（communauté international）的直接成员。这个国际共同体是由个体组成的共同体，而不是由国家组成的共同体；同样，日内瓦国际联盟——正如任何集体一样——存在的基础仅仅是个体，而不是国家或政府。换句话说，国际联盟将拥有20亿成员，包括那些生活在殖民地和委托统治地（mandated territories）的人，即使按照当前的规则，这些新成员由于自己的国籍，不幸仍未成为国际联盟的公民（citoyens）。

所谓的少数民族的国际法权利，同样构建于个体的基础上，这一事实无需多言。实际上，个体——独立于国际法中的少数民族保护条约——应该作为公法的主体，享有国际担保的对本国国内诉讼的请愿权。正是出于这个原因，文章提到芬伯格（Nathan Feinberg）① 的美丽进程（beau cours）。② 根据当前的国际法，国际法之下的每个人的这种请愿权，应该已经是一种个体的直接权能（compétence immédiate），"由国际法秩序直接保证"（conférée directement par l'order juridique international）。不幸的是，在这里，所有当前国家的实定国内法再次与这种请愿权矛盾，尽管斯克勒相信，原则上这种请愿权无论如何都应被承认为一种实在权利。

这种逻辑一致的个体主义继续宣称，在任何特定的时刻，每个个体都应该有权选择自己的国籍和公民身份，因为人们无法设想个体违背自身意愿而归入某个既定国家。斯克勒继续谈到，只有在个体的经济、道德和情感利益得到保护的地方，才存在真正的个体自由。因此，当个人不希望放弃公民权时，他应该有权保留自

---

① ［英译按］Nathan Feinberg（1895—1988），出身立陶宛犹太人的国际法学家。

② *Recueil des Cours de l'Académie de Droit International* 40，II，1932，页529 - 639。芬伯格在巴黎犹太人代表委员会秘书长的几年任期内，基于习惯法的发展，在他的要求请愿（pétition - vœu）中论证国际法的普世合法性。但是，在实践中，这不允许与国家法相矛盾。在他的抱怨请愿（pétition - plainte）中，芬伯格基于国际联盟理事会的实践，反对委托统治地上的居民、少数民族成员以及萨尔兰州（Saar）居民的立场，而声张以下立场：所有通过国际联盟理事会的决定而受到委任的各方，对于国际联盟理事会的各种决定，均具备一种直接的申诉请愿国际法权。他继续说道，联盟的每个成员国必须将自己的内部立法纳入这一请愿权。根据费尔德罗斯《国际法》（Völkerrecht，1936）页36，少数民族的请愿权基于以下原则：联盟成员国的成员仍隶属于自己的国家，尽管与此同时与自己的国家"略为疏离"。

己的公民权；德意志1933年7月14日关于废除归化（naturalization）的法律，①被斯克勒视作违反一切国际法的歧视和武断规则的例子。②换句话说，在完全的法律意义上，每个个体同时既是世界公民，也是国家公民。

为了支持这些个体（包括受影响国家的公民）的生命和自由，其他政府，但尤其是日内瓦国际联盟中的政府，应拥有干涉国际法的司法权。干涉成为斯克勒体系中规范和核心的法律制度。他写道，基于犹太人的遭遇，本可允许国际联盟于1933年名正言顺地（à juste titre）干涉德意志。对国家社会主义的德意志进行干涉的努力，正如对布尔什维克俄国和法西斯意大利进行干涉的努力一样，具有合法依据（juridiquement fondés）。

不幸的是，政治仍旧支配着国际法的保证。个体主义在以下声言中达至顶峰：包括国家公民在内的每个个体都有合法的抵抗权，以抵抗违反国际法的国内法令。此刻，这一新国际法的深层含义变得可见：国家战争变形为内战。在国际法不允许的情况下接到动员命令的每个个体，当有权将此命令视为无效，并以一种完全规范的程序，要求撤销动员命令。如同著名的和平主义者韦堡（Hans Wehberg）的主张，斯克勒以实际的理由拒斥个体抵抗一场未经国际法允许的战争的直接法律义务。③但他确实借此机会谴责了实定法的

---

① ［英译按］关于废止归化的纳粹法是一项1933年的法律，这项法律使德意志政府能合法地取消1918年11月9日至1933年1月30日间归化的任何德意志公民的公民权。

② 斯克勒在 Revue 中批评国际法的文章（Europäische Revue，1934，页63以下）持有相同观点，与此相反，参看 Baron Schenk Graf von Stauffenberg 的论述，见 Burns Zeitschift IV，1934，页261-276。

③ Recueil des cours II，1925，页35。另参 Recueil des cours IV，1928，页290。

不足，以及国际正义本身在这方面的不足，因为国际正义不足以保护个体在个体国家内的这种抵抗权。

但不言而喻的必然是，一个法治国家（État de droit）在对保护人身自由和财产作出法律保证之后，便不得不保护个体的生命。基于这个理由，一旦有动员的需要，一个可以号召个人反对为国家权威服役的国际权威就会得到鼓励，倘若关于这个问题的决定是"无可置疑"的。所有集合体都享有一种共同的自决权（self-determination）——甚至享有脱离权。国家统治者不再凭权威拥有维护国家统一的权利。

斯克勒为此理论构建的国际法新体系，使这些法律系统的实际意义和国际法个别问题的系统处置，在任何法学家看来都清晰可见。国际法的所谓少数民族问题，只作为贯彻粉碎国家"专属性"的一个例子出现，这一事实以及个体在国际法中的地位，均已被提及。国际联盟已处理过但泽的法律形势，这个例子说明，这个真正的政府权威有一种政府权力（pouvoir gouvernemental）。人民的普世共同体赋予个体国家以殖民权威。在这方面，先前这整个概念体系的革命（revolution）变得尤为明显。

斯克勒国际法的整个第二卷名为"国际宪法法"（droit constitutional international），正如这里所示，它只是自由主义宪政在普世国际领域的放大镜像。它试图将世界转变成（在世界最深层的意义上）一个全球法治国家。因此，第二卷分为两个部分，对应宪法构成方案（constitutional constitution scheme）的两部分：自由权利和"组织"，尤其是"立法机构"，因为"法治国家"事实上只是一个立法国家（legislative state）。

然而，斯克勒在本书第二卷的第一部分构建的系统却混乱不减。这部分的标题是"社会间环境"（Le milieu intersocial），因为在先前的国家间正义的意义上，国际法看起来只是社会间正义的一部分。

本书的这一部分分成四章，各章的标题和过渡已说明一切，特别是与先前常见的系统相比：

    1. 国家现象（Le phénomène étatique，页73 – 141）
    2. 殖民现象（Le phénomène colonial，页142 – 186）
    3. 联邦现象（Le phénomène fédératif，页187 – 287）
    4. 国家以外的社会现象（Le phénomène social extraétatique，页288 – 312）

紧接着"国家现象"就引入"殖民现象"，似乎两者处于同一层面，这一事实表明以下观念：国家权威和殖民权威都依赖于国际法的普世秩序。今天，每次殖民都从全球国际社会（société internationale globale）获得法律基础，正如早先因教宗恩赐而合法，之后通过欧洲会议委员会（European conference committees）而合法。《国际联盟宪章》第22条所述的确定托管（determining of mandates），仅仅变成将这种普世解释应用于殖民问题的例子，变成普世观点的证据而已。

第三节对"联邦现象"的补充，借助联邦宪法的概念，有助于澄清跨国家宪法的概念。这类联邦主义的对应物（federalistic analogies）也是一种切实可行的工具，将个体国家从国际法理论的深处举起，并插入一个跨国家体系。

第四节所谓的"国家以外的社会现象"是最生动的例子，用以说明斯克勒如何用国际法使国家相对化（relativize）且被贬低。如先前的国际法教科书所言，天主教会在国际法中并不作为一种单一权力存在，只有历史依据；相反，教会仅仅变成国际法中一种新类型的例子，即"国家以外的社会"权力；这一权力，如同殖民地和联邦，被置于与国家相同的层面上，这一权力在国际法中与国家处于同一系统层面。与天主教一道，犹太人在巴勒斯坦的"民族故

土"（national homestead）被当作国家以外的社会权力的又一例证，也作为一种国际机制，应保证

> 这部分人口的物质和精神利益，他们在国家制度的框架内不能充分实现自己的正当努力，或不能为自己的安全找到充分的保证。

斯克勒称，特别是通过日内瓦国际联盟，这类国家以外的社会机构应得到进一步发展。正是在这一点上，令他痛惜的事实是：日内瓦国际联盟没有成功解救备受迫害的亚美尼亚民族。然而，这方面的不成功不应妨碍人们进一步努力构建第四种类型：国家以外的社会现象。

这里之所以详细论述斯克勒的两卷作品——撇开作者数量奇多的其他出版物——是因为他的国际法体系首次将自由主义的个体主义与国际法普世主义的联系，逻辑一致地带到一个新的国际法系统。在他的法律构建中，人们到目前为止仍称为"国家"的东西被普世化为与其他社会现象并列的某种"社会现象"；从法律上讲，国家变成某些人的纯粹"司法权"，这些人在国际和国家职能上扮演着双重的角色。

现实给出了一幅完全不同的国际法图景，这一体系的作者对这个事实一清二楚。但在这种反常情况中，作者只能看见克服各个民族之间的无政府状态的残余，中世纪宗族（clan）"专属性"概念的残余。似乎由于法西斯主义和国家社会主义影响而形成的当前潮流，没有动摇斯克勒对进步的信念。他说，这只不过反映了诚然发生但终将消逝的趋势；他说，从长远来看，这不可能阻碍人类在政治和法律上组织成一个天下性的整体。斯克勒称，国际法偶然因自身的本性而被共同原则如此强烈地渗透，以致在当前法律形势的大多数重要情况下，与这种个体主义解释框架相对应的关节点已经达到。

由于国际法作为一部"未完成法"（imperfect law）的独特状态，不难找到某些构建，凭借这些构建，意识形态假设可以显现为已然有效的实定法。只有在实证法发现自身的处境与一种实际上无法克服的反抗力公开冲突的情况下，lex lata［现行法］与 lex ferenda［应然法］的差异才会明示出来。

当然，这些方法易于对日内瓦国际联盟进行"制度安排"。斯克勒曾提到，日内瓦联盟作为"介于国家联邦与联邦国家之间的中间构建"，并不包括脱离权，后来，他又直接称其为"与国家联邦相关"的实体。尽管斯克勒也注意到，当前的趋势是成为更紧密的跨国家组织，正是这种趋势在日内瓦联盟的形成中起到了主导作用，但是，联盟如今被提升到的地位，是可以适当解决诸多问题的跨国家联邦体系。他称联盟具有一种"制宪权力"；正如此前提到，《国际联盟宪章》是一部真实的"宪法"；与当前的解释相反，加入国际联盟意味着即便联盟中那些投票反对某个新成员加入的成员，也必须从法律角度承认新成员。他将流行的契约观点描述为一个令人苦恼的法律错误。然而，斯克勒注意到，当下国际联盟机构的立法行为，只代表"质料"（material）立法，也就是说，这些立法行为缺乏执行力（force exécutoire），即每个政府能自由决定是否将国际联盟的某项立法行为用于自己的公民。

不幸的是，全体一致（unanimity）的基本原则仍旧得到承认，并对联邦体系影响极大，甚至联邦体系最终不被视为跨国家的，而是"无组织体系的或国家间的"（inorganique ou interétatique）。但是，国际联盟的标志在于，完全含糊地混合了当前与未来的正义，并将制度提升为一种联邦制度，国际联盟的这种观念有别于普世的全球正义秩序的观念。在斯克勒的国际法体系中，日内瓦国际联盟的位置与其他联邦法律机构并列，比如大英帝国、苏联和泛美［联盟］。

尽管如此,斯克勒仍是国际联盟普世性的代表者和先驱;因此,他必须毫不犹豫地确认这个问题:这个"联盟",如果真要变得普世,它是否等同于"万民法的天下社会"(société écouménique du droit des gens)的普世全球正义秩序。至于这个天下全球法律秩序是不是一个"世界国家",斯克勒只提供了自相矛盾的观点。① 根据我们此处考察的这部作品,他认为统一的世界秩序是一个由千差万别的"社会"构成的"世界联邦制度"。

当前的法律形态的构建方式是:日内瓦国际联盟今天大致代表的跨国家权能体系,应该切入全球法律秩序的无政府形势当中,而且,全球法律秩序当渗透、扩展并控制这一体系。斯克勒写道,这种历史发展今天只是被独裁国家和非自由民主国家所遮掩了。与此同时,联邦主义构建的对应物还可以作用于国际法的普世构建,并将旧世界从其古老的法律深处敞露出来。通过暗示自己的联邦主义观念,斯克勒轻而易举地战胜了这种异议:他可能在追求一个中央集权的世界国家。

普世主义与中央集权制之间的区分对斯克勒而言非常熟悉——这对这位法兰西人来说当不言而喻,毕竟他的思想源于狄骥,他也熟悉蒲鲁东。这里实际的困难在于以下事实:至少根据国际法的当代术语,"联邦主义的普世主义"如今本身就自相矛盾。通过考察战争的概念,这种自相矛盾变得水落石出。然而,斯克勒的体系中没有战争的位置;在斯克勒的国际法模式中,战争,在这个词最深层的含义中,变得"不可思议"。因为一场冲突要么正义要么不正义,前者就不是再一场战争,后者则是纯粹的犯罪,例如,侵略战争被描述为一种"国

---

① 更多关于斯克勒反对一个世界国家的早期评论,参 Walter Schiffer 提供的证据:"Die Lehre vom primat des Völkerrechts in der neueren Literatur",前揭,页 145。

际犯罪"。战争概念这一问题，由于其基础性和总体上决定性的特征，将在下一章中进一步讨论。

（二）

在其作品的导言部分，劳特派特讨论了"法官在国际法中的功能局限"这一学说的历史发展：从这个学说 1907 年应用于海牙公约的法律仲裁协议开始，直到运用于近年来的一些条约。作品第二部分涉及国际法的司法权与国际法的总体性之间的关系，也讨论了"国际法中的缝隙"问题，如何填补这些漏洞，以及国际法理学中一种无法可依的容许度（permissibility of a non liquet）问题。作品第三部分讨论司法和国家的分歧与法官的无党派性（non-partisanship）之间的区别。

该书第四部分的主题是国际法如何顺应政治形势变化的问题。以下论题也有所涉及：因缺乏借助立法规则进行的调整而引发的独特形势；通过法律实践或法律比较而展开的多样化调整；clausula rebus sic stantibus［形势变更］原则的司法运用；① 国际法中的滥用司法（abus de droit）学说，以及 ex aequo et bono［出于公平合理］② 的建议和决定的司法权能范围——司法决定由此而成为国际宪法机制的一部分。第五部分讨论正义与利益的冲突、强制和解（coercive comparison）、③ 利益分歧。第六即最后部分论述国际法作为"不完

---

① ［英译按］形势变更。这一观念是指由于国际环境发生根本改变，一项条约可能失效，并非单方面宣布条约无效。

② ［英译按］出于公平合理。这一观念是指仲裁者们在对案件作出裁决时，可基于他们个人在那一案件中所认为的正确、正义和公平，而不考虑法律和规则。

③ ［中译按］comparison 疑为 compromise 之误。

美"正义的特殊特征。

国际正义的共同问题（国际法是正义还是道德？国际法是一种特别脆弱的正义？），以及"协调或者隶属？"这一问题和"国际法中的正义规则"，这些是这部著作的核心问题，而最后的结论是：国际法是完全意义上的法，这点我们已经提到过。因此，国际法理学面临的任务是，将正义的这一形式发展为民族共同体的跨国家规范，既不凭借各国的意志，也不凭借应该恪守条约这一格言——后者毕竟只是回避了这种意志的问题，仅仅凭借格劳修斯论述的 ex fine civitas maxima ［出于最大共同体目标］① 原则。

对法官在国际法中的功能局限这一首要问题的回答是：法律之存在可以没有立法者，但不能没有法官。因此，问题不在于是否存在清晰且充分的规则；相反，一切都取决于给予法官决定争议事项的任务，并赋予共同体和平。国际法的某位立法者本人可以变成某种跨国家存在（trans‑state）；他可以形成一种超国家存在（super‑state）。与此相反，国际法的某位法官，在当前的实践和国际法学说的框架内，可以恢复正义的规则，而无需以他自己的存在支持某个跨国家组织。国际关系学者的任务就发端于对这一事实的认识。

国际法理学的价值在于提升国际正义标准，而不是将标准降低至当前的不成熟实践。试图区分政治和司法问题的努力终究徒劳。所有重要问题都是司法问题。基于这个原因，所有国际法律问题的仲裁决定，以及基本的和平保障，就有可能了。裁决既不可能也不应取代战争，它只是维护和平的规范手段的一个必要（sine qua non）条件。到目前为止，"和平"一直作为正义的首要理由而

---

① ［英译按］出于最大共同体目标。这一观念是指，国际法的发展应以为一个制度化的国际社会奠定法律基础为目标，目的是促进共同的善。

流行于世；但从法律角度看，这个理由只解释了司法体系的统一。"和平"同时与自助（Self-help）观念和战争观念矛盾。劳特派特在其作品的结尾说，法律实证主义因自身的过度倾向，在国际法中已变得不具学术意义。最终，实证主义只希望记录各国的实践，而且在记录的过程中，使每次追求更高原则的尝试和国际法本身的概念都陷于瘫痪。但劳特派特认为，一种学术性和批判性的法理学却能够达到国际法的这种整全性质。

这部作品也结束于"国际法的整全性"概念，结束于已经存在的 civitas maxima［最大共同体］意义上的"处于整体性之中的各个国家"（states in their totality）概念。此书在论证方面比斯克勒的书更加谨慎，避免公开讨论某种跨国家组织甚或跨国家立法。这在其普世主义的实际后果中尤其显而易见。劳特派特将国际法视为一个一致、无缝的整体，由此而构建出一个（据称）已然存在的、法律上可追溯的国际法共同体，一个受益于以下格言的 civitas maxima［最大共同体］：ubi jus ibi societas［有法必有社会］。"制定国际法是为了处于整体性之中的各个国家"，并非为了个体国家的短暂利益。

这种持久的集体利益如何存在呢？这个问题并非由个体国家决定，因为这与以下简单的法律原则矛盾：nemo judex in causa sua［任何人都不能作为自己案件的法官］。① 因此，必须存在一个独立于各国的国际司法权。

但是，普世法律共同体将构建于完整的（free of gaps）正义之上并由法官裁决，同时废止对大陆国家而言非常典型的立法对应物，这两个事实其实创造出盎格鲁-撒克逊的普通法的法律条件

---

① ［英译按］任何人都不能作为自己案件的法官，指没有人能裁决涉及自己的案件。

和司法制度之间富有启发的联系，这以法律而非国家为基础——这一学说与法兰西的国家优先学说矛盾。劳特派特思路的独特之处不在于他构建了什么国际法的新体系。更确切地说，他认为要被取代的国际法的原则之所以总是相互矛盾，是由于国家的缘故，这在一般的法律理论的论证中非常典型。

最后，他发现了超越个案的真正正义原则——案件背后的法律。劳特派特宣称，得到普遍承认的 nemo judex in causa sua［任何人都不能作为自己案件的法官］原则有效，常设国际法院（Permanent Court of International Justice）在摩苏尔事件（Mosul Affair）① 中明确承认了这一原则（1925 年 11 月 21 日的 B12）——甚至霍布斯也允许这一原则适用于 bellum omnium contra omnes［一切人对一切人的战争］的自然状态。劳特派特认为，这与许多其他原则相抵触：例如，由主权和国家平等而产生的原则，即没有国家可以违背本国意志而屈服于一种外国的司法权（par in parem non habet imperium［平等者间无治权］）；或者推导自 par in parem non habet imperium［平等者间无治权］的 omnis judex in causa sua［每个人作为自己案件的法官］② 原则。法官这一概念预设了他的无党派性；唯一有资格成为法官的一方是不受争端各方约束的人。

换句话说，无需发展出某种全新体系，也无需使用斯克勒那里常常使用的明显对比和正面攻击，一切都在劳特派特的体系中得到承认——但同时只是相对化的处理，仍旧存在各种问题。此前的契

---

① ［英译按］摩苏尔事件是 1925—1926 年间的一场国际危机，危机的根源是土耳其与英国就摩苏尔城应属伊拉克还是土耳其而产生的分歧。随着战争的威胁，国际联盟理事会宣布摩苏尔仍属伊拉克，布鲁塞尔线（Brussels Line）构成土耳其–伊拉克边界的基础——这一边界持续至今。

② ［英译按］每个人作为自己案件的法官，指任何人都能裁决涉及自己的案件。

约实证主义（contractual positivism）理论，经由普通法原则经年累月地使用，如今已经达到荒谬的地步。同时，先前占据主导地位、本质上以国家为基础的国际法理论，以"形而上学"和"不科学"为名而被弃置不论。

与正义和政治之间原始且不充分的区别相反，劳特派特正确地认识到，每个国际问题——就像它包含变成政治问题的可能性一样——在某一点上，有法律的一面，并具有潜在的可诉讼性（litigable）。普通法的原则和概念，可以填补正义的每个缝隙；虽然承认国际法的特殊困难和缺陷，但它的弱点仍可弥补，尽管在国际司法制度内部为 non liquet［无法可依］①的授权做出证明，与为国内法官的这种授权做出证明同样很难。因此，通向由法官决定的普世国际法共同体的路途上，不再有任何障碍。如此，此处已实现了制度化的处理。

这里唯一不同于斯克勒模式的变化是，核心的、决定结构的制度，并非像在斯克勒那里是一个立法机构，而是（以一种典型的英格兰方式）一个法官的共同体，这些法官根据国际普通法作出裁决。②

诚然，劳特派特的国际法体系与斯克勒的体系存在各种分歧，甚至对立。但这两个体系的实际效果总体一致：两者都找到一些具体制度，以支持一种将国家贬低为法律制度的法律。这里存在这么一种对比：论证确实存在分歧，但与此同时，两人作品的实际最终结果却又存在某种一致（concord）——从劳特派特在1935年秋国际

---

① ［英译按］无法可依。一种没有适当法律的情形。
② 1934年在海牙学院举办的"常设国际法院对国际法的发展"（The Development of International Law by the Permanent Court of International Justice）讲座，体现出与"案件背后的法律"这一阐述基本相同的思想和方法。

联盟的制裁的具体问题上的立场中可以非常清楚地发现这种一致。

当时，劳特派特为《不列颠国际法年鉴》(*The British Year Book of International Law*)写了篇文章，讨论与国际法的其他契约规范相比，《国际联盟宪章》是否代表一种更高的法（higher law）。对于众多参与对意大利的所谓国际联盟"制裁"的国际联盟成员国而言，这个问题非常重要，若考虑到实际决定现有贸易条约（这些条约对大多数缔约方有利）的有效程度，应依据《国际联盟宪章》第16条来处理。"法律小组委员会"认定《国际联盟宪章》优先，但这个委员会只是根据另一个拼凑而成的"协调委员会"的建议而成立。劳特派特的法律论证令人感兴趣的是，他将《国际联盟宪章》第20条作为自己论证的核心（该条在迄今为止的此类论争中几乎不起作用）。① 他总结道，《国际联盟宪章》只要还是一种契约，就建立在更紧密的联系上，在这个意义上，它代表一种比其他国际契约"更高的法"。

因此，劳特派特以挖苦的口吻反对赋予《国际联盟宪章》一种立法甚至宪法特征的努力——这种努力对像斯克勒（这里没有提到他）那样的人来说非常典型。在劳特派特眼中，这类对于立法特征的构建，不过是"一种高级艺术的"空洞"咒语"。劳特派特坚定地认为，《国际联盟宪章》讨论的核心是契约性和义务性的责任，而非法律上或宪法上的责任。但这个孤立的联系足以让劳特派特得出结论，即《国际联盟宪章》具有一种"更高的法"的地位，依循所有法律学说的基本原则：与已生效契约矛盾的契约不具约束力。对劳特派特而言，《国际联盟宪章》第20条仅表达了矛盾契约无效这一普通法律原则。劳特派特说，第20条中的"废止"这一表述证明了他的以下论点：《国际联盟宪章》比其他契约"高级"。因此，各

---

① 第20条条文为："联盟会员国各自承认，凡彼此间所有与本盟约条文相抵触之义务或谅解，均因本盟约而告废止，并庄严保证此后不得订立类似协约。"

成员国对国际联盟的责任是否得以明确保留，或者《国际联盟宪章》是否缺少这种明确的保留，两者没有任何差别。① 《国际联盟宪章》被回避了，但实际效果与最近的不承认（non-recognition）学说其实一样，② 只是劳特派特这里是借助普遍认同的原则而达到其效果。作者还明确强调，这样，《国际联盟宪章》就成为"人类政治一体化进程中的一项有目的的工具"。

二、略论《不列颠国际法年鉴》中的两篇文章

只考虑斯克勒和劳特派特的那些系统-构建性或法律-理论性的努力，无法全面了解国际联盟的法理学的最新发展阶段。欲使一幅相当详尽的图景变得可见，需加上另外一些作者的代表性看法，他们以一种典型的方式就任何国际法理学的决定性问题，即战争与中立，表达过看法。也许，这些作者最与众不同的地方在于，他们的作品如何避免受到下面两种情形的支配：一是一般性的理论论证，一是犬儒式和战术式的论证。

---

① Charles Rousseau, "De la compatibilité des normes juridiques et contradictioires dans l'ordre international", 见 *Revue générale de droit international public* 39, 1932, 页132-192, 尤参页161论《国际联盟宪章》第20条，并提出警告：国际联盟的契约作为一份"有着加强权力"的契约，比其他所有与之矛盾的契约都更"优越"，无论其他契约先于或后于联盟，是两方签订或多方签订。

② 联系1932年1月7日国务卿史汀生（Henry Lewis Stimson）向日本和中国发表的照会，据此，美利坚合众国不承认任何与《国际联盟宪章》或《凯洛格公约》矛盾的情形（所谓的史汀生学说），国际联盟大会3月11日的决议宣称所有的国际联盟成员有责任不承认任何与《国际联盟宪章》或《凯洛格公约》冲突的契约或协议。更多内容参 *American Journal of Law* XXVI, 1932, 页342、499；Sir John Fischer Williams, "The New Doctrine of Recognition", 见 *Grotius Society* XVIII, 1933, 页109。[中译按] 史汀生，二十世纪三十、四十年代对美国外交政策有重大影响的美国政治家。

关于国际联盟的法理学问题的讨论，自试图制裁意大利以来产生的影响深远的法律作品中，有两部特别值得考虑。这两篇有着巨大意义的文章，威廉斯爵士的论文《盟约下的制裁》(Sanctions under the Covenant)，以及麦克奈尔的文章《集体安全》(Collective Security)，均发表于《不列颠国际法年鉴》的最近一卷，以回应国际联盟 1935 年的行动。两位作家的名字已表明，这两部作品代表了英格兰人对国际法的这些重要问题的思考方式。实际上，二者代表了利用所谓制裁意大利的机会来证明日内瓦国际联盟是真正的共同体的部分努力。正如我们所见，二者试图使日内瓦国际联盟"联邦化"。

虽然这些作品与一种法语意义上的确实的制度化无关，但它们的成就确实比法语中关于同一主题的大多数类似的法律观点更重要。那些法语作品由于其以国家为基础的法律概念，易于陷入法律概念和逻辑主义（logicisms），这可见于夏尔·卢梭（Charles Rousseau）文章。① 卢梭的作品虽然在讨论其他所有论题时都很有意思，但关于国际联盟的法理学问题，他展示出自愿的国际法与客观主义国际法的完全对立，展示出"契约个体主义"（individualisme contractuel）与"客观规范"（objective norm）之间的完全对立。这部作品试图更精确地说明国际联盟的概念立场（conceptual positions）的法律本质，并考察"第三方"（third state）的整个问题，以便加强国际联盟的社团特征（caractère sociétaire）。

---

① Charles Rousseau, "L'application des sanctions contre l'Italie"，见 *Revue de Droit International et de Législation comparée*, 3rd Series, XVII, 1936，页 5–64。[中译按] 夏尔·卢梭曾任法兰西巴黎第一大学教授、名誉教授，巴黎法律、经济、社会学大学名誉教授和国际法学会会员，是当今世界上享有较高声誉的国际法学家，1983 年曾出版 5 卷本《国际公法》，该书出版后被西方国际法学者誉为武装冲突法方面的经典著作。中译本有张凝等译，《武装冲突法》，中国对外翻译出版公司，1987。

而英格兰的法律学者在法理学中的标志不是国家与法律之间的区分，而是普通法，并由此避开这些概念上的对立，通过自己论证的实用且具体的（practical - concrete）性质而开展有效论辩。但一旦触及关键问题——正义战争问题——他们的坚决不亚于这里讨论的两篇英文论文，这两篇文章都以一种不同寻常的、实际上危言耸听的强力（forcefulness）结束。

这里应提到这本年鉴同一卷中 J. G. Starke 论 "一元主义与多元主义" 的短文（页 61-81），这不是因为此文与那个备受尊敬的法律出版物的著名出版社的那两篇文章同样重要，而是因为该文可视为简单幼稚（naiveté）的一个象征，正是由于这种幼稚，规范主义一元论的概念可以包含经验现实，借助联邦主义的对应物，还可以促进一个跨国家机构的 "制度化"。Starke 赋予 "假定原始规范"（hypothetical original norm）一种经验现实。因此，在他看来，一部国际宪法在今天已然可能：一部有着国际法的宪法性——或如 Starke 所说，"功能性"（functional）——规范的宪法。这些是此前国际法规范和国内法规范的 "原初规范"（original norms）。

否认国际法宪法性规范的有限，对 Starke 而言似乎意味着否认国际法本身。这种过时的二元论理论是无政府状态和虚构（anarchy and fiction）；"国家法受制于国际法"（页 477）。国际法实践仍出自国家意志这一事实，以及常设国际法院在关于莲花号案（Lotus case，Case A10）的报告中依附于 "不怀疑国家主权的限度" 原则这一事实，"更是对一种历史事实的声明而非对真正的法律情形的分析"（页 81）。这篇文章极为清楚地表明，联邦主义对应物在支持、拓展和推进国际联盟和普世国际秩序时多么有说服力和影响力。

Starke 对澳大利亚联邦宪法的知识对他有所帮助。联邦宪法对个体宪法的优先，对他而言代表具体规范等级的 "一个绝佳例子"，因此代表现实制度。与联邦法的这一对应也承认，国际法宪法性规范与纯粹国际法规范之间的差异。因为除联邦宪法秩序外，还有一种简单的联邦法秩序。无论如何，"某些区别"（Certain differences）产生自以下事实：在规范的联邦体系中，一部成文联邦宪法勾勒出联邦与国家之间的责任区分。于是，普世国际共同体在一段更长的历史发展过程中得以实现。很自然，当前的"功能性规范"，例如国际联盟的那些规范，反映了这种缓慢的发展。此外，这篇有意思的文章因此揭示出一幅典型的图景：国际联盟的制度化和通过联邦化实现国际法的普世秩序；一种对进步和发展的天下信仰，弥合了当下现实与普世主义建构之间的明显差异。

（一）

威廉斯爵士关于国际联盟制裁的文章，以"进一步发展"之名，讨论国际联盟章程的一个变化，根本上说就是这篇评述所称的日内瓦国际联盟的"联邦化"。这篇文章涉及与国际联盟有关的一个法律问题，1935 年 10 月这个问题变得非常尖锐：依据《国际联盟宪章》第 16 条，国际联盟各成员国对一个违背《国际联盟宪章》的联盟成员采取一项共同的集体行动。对这一问题的分析无论在今天还是将来都有其意义，即使未来事态的进程，随着意大利在阿比西尼亚（Abyssinia）① 的胜利和征服，使这些分析在政治上无关紧要。

威廉斯没有将战争说成一项"国际犯罪"，也没有说是惩罚行为，因为这两个概念——犯罪和惩罚——均不适用于国家或民族行为，仅适用于个体行为。按照同样的思路，他指出，《国际联盟宪章》第 16 条对"制裁"一词一无所知。如何理解第 16 条？该条款的真正含义是什么？只不过是为了阻碍一场违背《国际联盟宪章》的战争获胜，这样一来，只要联盟成员考虑到假如自己确实发动这么一场战争将会遇到的阻碍措施，就会遵守《国际联盟宪章》条款。

当然，第 16 条的适用和进一步发展还有待进一步讨论，特别是考虑到关于第 16 条的讨论如何首先围绕意大利 - 阿比西尼亚冲突而产

---

① ［中译按］阿比西尼亚，1936 年被意大利武力占领，1941 年复国，改名埃塞俄比亚。根据作者撰写文章的年代，译者将其译为阿西比尼亚。

生。对意大利的制裁，并非如一般的看法所以为的，始于国际联盟理事会的一项决议；① 在 10 月 7 日的理事会会议中，除意大利外，理事会的个体成员们表达了以下观点：意大利已"采取战争步骤"，将《国际联盟宪章》第 12 条抛诸脑后。理事会会议主席注意到这一事实：

> 国际联盟理事会 14 个代表成员认为，我们发现自己正面临一场战争，这场战争始于藐视《国际联盟宪章》第 12 条规定的责任。

关于这一评论，主席还宣称理事会六人委员会已向他提交一份结论相同的报告。主席还建议将 10 月 7 日会议的议定书送达国际联盟的所有成员，并提醒所有人注意 1921 年 10 月 4 日关于"第 16 条的经济武器"的共同会议。他还补充道："理事会［必须］担负起协调针对意大利的行动的责任。"根据威廉斯的说法，这一行动不再是《国际联盟宪章》相关规定的实践，而是一种必要且合法的"进一步发展"。

---

① 1935 年 10 月 7 日提交给国际联盟理事会的报告，由六人委员会（Committee of Six）撰写，关乎阿比西尼亚冲突在第 16 条的意义上违反国际联盟理事会宪章的问题，此报告见 *Bruns Zeitschrift* V, 1935, 页 920 – 922。1935 年 10 月 11 日至 19 日关于适用第 16 条之措施的决议和建议，以及协调委员会的建议，见 *Bruns Zeitschrift* VI, 1936, 页 137 – 148（法律小组委员会的报告见页 143 – 146）。同时，意大利政权的抗议，见 *Bruns Zeitschrift* VI, 1936, 页 377；关于在地中海地区相互协助的听证会，见页 380。关于从一个德意志人的视角来看待法律"制裁手段"，E. Woermann 的文章值得注意，见 *Völkerbund und Völkerrecht* II, 页 605 – 611, 这篇文章是对制裁企图的内在矛盾的一份丰富总结。此外，A. Mandelstam 发表于 1937 年的文章 "Le conflit italo – éthiopien devant la Société des Nations"，提议在海牙常设国际法院就违反和平的问题作出裁决；Mandelstam 认为，1935 年秋的法院审理程序仓促且不客观。通向正义之路必然更深地导致法律歧视，并在这么做的同时导致战争概念的无效，这一事实通过我们评述中随后的评论（即页 67）将变得更显而易见。Briand 为了将德意志－奥地利关税同盟问题提交常设国际法院而在国际联盟理事会前说的"我们的心告诉我们法律"这一原则，已不值一提。

第二次"进一步发展"接踵而来：第 16 条未提及的一次国际联盟大会被列入议程。但这次大会没有做出任何决断；相反，每个成员就 14 位理事会成员早先发表的意见表达了自己的立场。但这里"沉默即同意"原则只用于少数情况。除此之外，众所周知，三个国家——奥地利、匈牙利和阿尔巴尼亚——表示异议。无论如何，这次大会提出了一项"建议"，1935 年 10 月 10 日大会发布一项"盟誓"（vœu），邀请各成员组建所谓的"协调委员会"，共同协商并"促成"参与各国深思熟虑的措施。

任何对联邦宪法及其历史有点兴趣的人，都对某份集体条约的"进一步发展"这项议程饶有兴致。困难在于为授权采取集体行动而要求全体一致，将联邦视为一个"共同体"而对条约进行典型的"联邦式"扩展，这样就可以克服这个困难。一项产生自个体成员国的立场、产生自简单多数的"推荐"的"共识"（general sentiment），便可成为联盟采取共同行动的充分基础，从而消解了"全体一致原则的内在困难"（built-in difficulty of the principle of unanimity，威廉斯的术语）。

而且，一种更深层面的、绝不"仅仅"是内在的困难，也以一种类似的"联邦"方式得到解决。第 16 条赋予联盟的每个个体成员以下权利（而非责任）：对违反《国际联盟宪章》的国家发动战争。因为根据第 16 条（此条是决定违反者已首先发动战争的相关启发项[relevant heuristic]），违反者 ipso facto［由于事实本身］已对联盟的每个成员国实施战争行为。但是，如果联盟的每个个体成员都发动战争，那么，这种发动战争的权利与宪章的"一般含义"和"精神"矛盾；一场"法律允许的战争不应作为阻止另一场战争的工具，尤其不应作为阻止另一场法律允许的战争的工具"。换句话说，这种战争的权利符合《国际联盟宪章》的精神———一种首先将自己限制于经济强制手段的精神。除此之外，战争的权利在下述情形中更加呼应了《国际联盟宪章》的精神：这些强制行动由个体成员国实施，这些成员国如此行事，是作为一种共同、集体的行动，按照威廉斯的说法，这些行动代表了联盟的措施，而不只是个体成员国的个体行动。

联盟制裁的出发点——确定一种违背《国际联盟宪章》的做法——本身并不是国际联盟的行为，而是个别国家的行为，这一点并未使这个英格兰人不安。同时，这些个体国家，本着自由决定的精神而反对违背《国际联盟宪章》之国家，进而应当采取的任何行动，都应在联盟本身明确实施的一种集体联盟行动的框架内进行。1921年10月4日国际联盟大会关于"经济武器"的决议，不过是"建议"，并不具备与《国际联盟宪章》相同的优先地位。但如果所有国际联盟成员在一次面向整个世界的大会期间一致同意《国际联盟宪章》的某种既定解释，则"很难认为这些成员国不是通过各自的声明而联合起来"；如果不这么看待的话，那么，一种"严肃的行动将被剥夺任何它可能拥有的意义"。鉴于一种可能的法律动机，人们会想起"禁止翻供"（estoppel）这一英格兰法律原则，① 尽管这类对应不具有决定性。

法律史，尤其是英格兰法律史，有着许多成功的法律推演和改革的例子，它们通过其他案例而非立法者而得以成就，倘若一个主权立法机构不能实施必要的扩张的话。因此，日内瓦国际联盟变成了一个具备行动能力的"集体"实体；联盟并未真正"制度化"，

---

① ［英译按］"禁止翻供"是普通法中的一种法律原则，该原则禁止契约关系中的一方基于一种平等的理由提出某种主张。一般而言，该原则保护受害方，若对立方给予受害方某种期许，且受害方合理地依赖于这一期许，一旦不能如愿将遭不利。例如，如果某债权人曾非正式地告之某债务人，债务在没有任何正式文件的情况下已经免除，则该债权人后来在索取债务时可能被法庭"禁止翻供"，因为这一变更会不公平。

《国际联盟宪章》依然是一纸契约，但联盟以一种有效的方式变得联邦化，尽管从未用过"联邦"一词。这样，联盟的配置和程序政策获得了一种具体的"联邦"效力。因为只有根据这些配置和程序，才能确定基本问题，即对一个国家采取强制性军事或经济措施是正义还是非正义的问题。

威廉斯文章的最后一部分扩大并深化了日内瓦国际联盟的这种"非制度化的"联邦化，触及关于"中立"这一新问题的基本争论。在这里，中立问题也是一项典型的共同体－法律和联邦－法律条款（communitarian – legal and federative – legal clause）：日内瓦国际联盟内部，不可能漠视战争的法律——这实际上是此前的中立概念的立场。在这里，中立的可能甚至更小，因为，与《凯洛格公约》相反，《国际联盟宪章》明确安排了对破坏《国际联盟宪章》和发动战争的成员国采取反击行动的做法。显然，中立的权利不能容纳有效法规裁定的执行。1935年10月23日艾登（Eden）先生的著名政府声明证实了这个事实。在声明中，他断然拒绝"违约国家拥有要求其他联盟成员遵守某项中立法律的法律权利"这一观念。对破坏和平者，毫无中立可言。

尽管如此，在联盟对意大利的行动中，英格兰政府将海牙中立公约（Hague Neutrality Convention）的规则用于意大利军舰和支援舰，换句话说，不将意大利当作国际"法的破坏者"，而是采取一种看上去与旧的中立权一致的"无党派"的方式。威廉斯解释这种明显的"不一致"时说道，倘若联盟采取行动，不存在无视最必要行动的法律责任。

纵然如此，当威廉斯提出以下问题时，法律－逻辑困难变得更大：在多大程度上允许一个违背《宪章》的联盟成员国对一个非成员国实施封锁（假定战争状态不存在）。依据此前的中立权，这种封锁当然会被解释成违背国际法。试图将这种行为解释为某种符合国际法的东西，将是一种概念上的诡辩，是与英国法学家的常识矛盾的诡辩。但是，威廉斯看到，某种与和平时期的封锁这一旧问题完全不同的东西正濒临险境，因为联盟对成员国的封锁在《国际联盟宪章》条约的授权之下进行，受影响的一方在采取进攻行动之前已同意这一条约。假使联盟对被封锁国家采取行动，非成员国是否仍有权对受影响的被封锁成员国进行不受限制的商业贸易？这仍是一个悬而未决的问题。

出于同样的原因，仅在战争中允许的违禁品申报的有效性问题，依然有待商榷。假定：即便战争得以避免，但一场潜在的战争实际上就在眼前，这一事实可能仅被视为一种法律构建。但这仍将是一场战争，在这场战争中，联盟列强被视为战争中未来法律伙伴的"准受托人"（quasi-trustees），它们能够认识到自己的所有权利。

因此，威廉斯阐述的这一部分之所以对我们来说尤其重要，就因为这一部分在揭示任何使日内瓦国际联盟具体化的企图必将导致的困难和矛盾时采取的方式。事实上，除了旧的中立概念之外，不存在摆脱这一困境的其他方式，而旧的中立概念本身取决于过时的非歧视性的战争概念。这就是改变国际法面貌的革命性（revolving）结果，这位英国法学家在他文章引人注目的结束语中严肃地承认了这一结果。

威廉斯在这里给出一种对未来的见解，揭示出问题的严重性，且比任何其他言论或论证都更为清晰敏锐地使人们意识到国际法当前发展阶段的核心问题。他说，下一代可能会更强烈地考虑中立者的责任而不是他们的权利。此外，可能会发生的战争中，不选取立场——无论是在军事承诺方面还是仅仅在思想上——在任何有道德意识的人看来都不再可能。在这样一场不再仅仅是"狗咬狗"（dogfight）的战争的世界大战中，人们将被所有可能的道德能量所引导（用当前通常的话来表达便是：一场"总体"战争）；中立，尽管可能值得尊敬，但不会受尊敬。这位著名的英格兰学者以此作结：但丁对那些在上帝与魔鬼的大战中保持中立的天使施以独特的蔑视和惩罚，不仅因为这些天使因违背为正义而战的责任而犯了罪，还因为他们误解了自己最个人、最真实的利益。① 换句话说，在这么一场斗争中，中立方遭受的正是这般命运，对此，但丁和马基雅维利都会深表赞同。

因此，Vae victis［哀哉败者］！这句古老警告已换作 Vae neutris［哀哉中立者］！这一告诫的法学背景基于这一事实：日内瓦国际联盟作为一个真实的共同体，诸如联邦、共同体和社会这类法律概念之间的区分在其中并不重要。因为日内瓦联盟无论如何都不是一个"社会"，仅仅它的存在就使以下这点在法律上不可能：倘若出现违背《国际联盟宪章》的情况，一成员国对其他各成员国可保持中立。它并非一个 eo ipso［本身］就要求每个成员都以这种方式处理自己事务的"社会"，以期得到其他成员国的信任，使一种"共同体精神"（spirit of community）成为可能。

在威廉斯的论证中，"一般情绪"（general sentiment）和共同"精神"这类概念，对应于德意志联邦制的宪法学说中所谓的"契约式信任的基础和联邦式兄弟情的信念"或"联邦式友好行为的共同联邦式法律规定"，由于这一对应，该学说幸运地克服了一种所谓的"纯粹法"方法的形式主义。② 引入这种典型的"联邦"概念，并使其具体化，其中包括日内瓦国际联盟最有效且最重要的联邦化，

---

① ［英译按］威廉斯这里指的是但丁《神曲·地狱篇》第三首第 25 – 51 行。

② Rudolf Smend, Commemorative Paper for Otto Mayer, Tübingen, 1916，页 260 – 261。另参 Rudolf Smend, *Verfassung und verfassungsrecht*, Munich/Leipzig, 1928，页 170 – 171；Carl Bilfinger, *Der Einfluß der Einzelstaaten auf die Bildung des Reichswillens*, Tübingen, 1923，页 52 – 53。

因为这使现存的各种机构（establishments），特别是理事会，成为具有一切必要的联邦司法权的真正的联邦强权（powers）。一旦一个真正的联邦可能实现，一切都将自行发展。

这样，威廉斯的文章就规避了所有概念-构建性的问题，例如"国家联邦或联邦国家？"威廉斯在其他地方曾将《国际联盟宪章》比作一幅印象派画作：不应该用一架法律的显微镜，而应该用某个实践者的眼睛去察看。① 因此，《国际联盟宪章》是宪法还是契约，对威廉斯来说无关紧要。他合理地坚持自己的目标：在不放弃个别成员国超出必要的自由或决定权的情况下，对违反《国际联盟宪章》者采取有效行动。正是在这一成就中，人们发现这一异常重要的国际法文章的独特风格和卓尔不凡。文章更深刻、隐含的中心思想是，强迫每个国际联盟的成员国参与联盟的共同行动并不重要。相反，文章强调，重要的是，所有"第三方"（third states），无论它们是成员国还是非成员国，都同意这一行动的正义性。

（二）

麦克奈尔文章的异常重要之处在于，他文中直接攻击最后和决定性的问题——一种新的战争和中立概念。麦克奈尔援引他的前辈，荣膺剑桥惠威尔教授讲席（Whewell Professorship）的布莱尔利（Brierly），② 并以此提醒他的读者，格劳修斯如何探讨区分正义与非正义战争的问题。但是，麦克奈尔表明了这一区分如何完全消失于国际法理学，并最终在无条件的主导范式看来，战争是"外在于法

---

① Sir John Fischer Willams, *Some Aspects of the Covenant of the League of Nations*, London: Oxford University Press, 1934。

② ［英译按］James Leslie Brierley（1881—1955），英国国际法学者。

律的"（extralegal），甚至不再提出战争的"非法性"（illegality）这一司法问题。

这一非歧视性的战争概念不那么严肃的一面，则是某种中立的概念，这一概念将非交战国界定为一种完全无党派行为的责任，却不考虑交战方正义与否。但是，麦克奈尔相信，这一概念已变成某种完全不同的东西，至少对大部分世界而言是如此。鉴于国际联盟成员国面对意大利-阿比西尼亚战争时的行为，麦克奈尔认为有证据表明，《国际联盟宪章》，至少就它目前为止所存有的形式而言，因其对非歧视性无党派行为的要求，已经取消了中立权。对于那些非国际联盟成员国来说，区分正义与非正义战争的要求当来自《凯洛格公约》，除了一些不引人注意的例外，《凯洛格公约》对地球上的所有国家仍有效。

新的中立概念产生于这一进程。通过"集体抵御入侵者"这一方法的逐步发展，这个星球上的新秩序得以确定。联邦化的趋势获益于"集体化"（collectivization）。麦克奈尔明确指出，随着针对侵略者采取的行动的集体化，新的集体方法对修正现状以及集体执行这类修正而言变得必要。麦克奈尔在迄今为建立某种共同互助机制所作的努力中（1923年的草案、1924年的日内瓦议定书、1928年的一般法案等等）① 看到以下事实的证据：人类发现自己正走向某种

---

① 参以下文集中的文件：Georg von Gretschaninow 编，*Political Contracts*，卷二，Berlin, 1936。尤参该书"第一部分：与国际联盟框架内安全问题的发展相关的材料（1920—1927）"中的那些材料。1928年9月26日的日内瓦一般法案，见 *Recueil des Traités de la Société des Nationas* XXII，页272。关于进一步的建议，尤参 M. Bourquind 对1935年6月3—8日关于集体安全的伦敦会议的评述，见 *Société des Nations, Coopération Intellectuelle* 53/53。另参 Bourquind 的演讲，"Le Problème de la Sécurité Internationale"，见 *Recueil des Cours*，Volume 49, 1934。关于德意志方面的论述，参看 Baron von Freytagh-Loringhoven，"Die Regionalverträge, fünf Vorlesungen an der Haager Akademie für Völkerrecht"（德文版见德意志法学会的期刊，*Völkerrecht* Group#4）；Asche Grafvon Mandelsloh，"Politische

高效集体化的新形式。强制和暴力并未废止，而是被"集体化"和"去民族化"（denationalized）。这不是通过构建一种独立的国际政权（如某些人所建议），也不是通过某种不同于个体国际政权的新的国际力量来实现的。权力的运用必须掌握在个体国家政府的手中，个体国家政府在共同商议和协作的框架内决定这种行动的条件和类型。

日内瓦国际联盟的联邦化，如威廉斯爵士所说，将通过务实、明智地结合各联邦主义概念而实现，但不需要对立的升级，也不需要具有典型法兰西特色的制度化。他注意到，这些改革将在契约式基础的保护下进行，并审慎考虑各个个体国家的独立性。没有一个国际联盟成员被迫参与某次军事行动，《国际联盟宪章》若认为这种行动是正确之举，便授权该成员参与。

基于这一点，每个成员都有合理的咨询权，且一旦侵略者被怀疑将以其武装部队采取入侵行动，每个成员都有权决定以足够强大的协作力量提供抵抗。但比任何其他事情更重要的是区分正义与非正义战争，并对侵略者——换句话说，对以不正义的方式发动战争的国家——实际执行这种区分。在《国际联盟宪章》的第10条和第16条中，麦克奈尔看到对从正义与非正义战争的区分中得出实际结论有效的法律基础。他希望美利坚合众国政府遵从它加入《凯洛格公约》而理应得出的必然后果，希望当它面对某个侵略国家时，不要攥着已废弃的中立概念不放——尽管他注意到，在意大利与阿比西尼亚的冲突中，合众国总统仍未在侵略者与被侵略者之间作出必要的区分。

Pakte und völkerrechtliche Ordnung", 见 25 *Jahre Kaiser Wolhelm – Gesellschaft*, 卷三：The Humanities, Berlin, 1937; Carl Schmitt, "Über die innere Logik der Allgemeinpakte auf gegenseitigen Beistand", 见 *Völkerbund und Völkerrecht* II, 1935, 页 92–98。

这些分析尽管篇幅很短，但对国际法影响巨大；这些意味深长的分析专注于基本原理，完全意识到国际法当前阶段最具决定性的问题。这些分析以令人印象深刻的直率将问题置于正确的层面，即战争概念的层面。麦克奈尔作品的最后部分让人想起威廉斯爵士文章的结尾。麦克奈尔首先打了一个比方，对那些容易摇摆的读者而言，这个比方似乎开启了这篇文章非常奇妙的层面。他指出，面对修正现状的必要性，富裕的英国可能会发现自己的角色是一个偶然接触到福音书的年轻人；这个年轻人，尽管意图极好，但一旦知道实际上期望于他的是放弃自己所有的尘世财富，就"伤心地把整个事情都抛在脑后"。

不幸的是，这个可爱、锐利的比方只停留片刻；这个年轻人的形象稍纵即逝，从那以后，未再提及遵循此比喻的任何具体结果或实际细节。相反，读者被告知，英格兰通过在萨尔兰公民投票事件中配合组建国际部队，并通过 1935 年 9 月在国际联盟的表现，① 对集体行动已作出重要贡献。麦克奈尔总结道，由于英格兰已采取这些步骤，其他国家如果希望分享集体安全的福佑，如果希望持久和平的条件逐渐成熟（comes to bear），也必须准备承担新方法的责任和风险。

三、对国际法近来转向歧视性的战争概念的批判性讨论

这两篇来自《不列颠年鉴》的文章关注所谓的"制裁"这一具体问题，它们比斯克勒的系统－构建性的作品或劳特派特对法

---

① ［中译按］一战德意志战败后，《凡尔赛条约》将萨尔州从德意志分离出去，并在该区域成立自治州政府，法兰西曾试图谋求萨尔区的控制，使之置于国际联盟管辖之下。1935 年 1 月的全民公决中，90% 的公民投票赞成归属德意志帝国。文中所指 1935 年国际联盟的集体行动便是该事件。

律理论的担保更有说服力，也更吸引人。因为麦克奈尔和威廉斯都表明，如今——正如国际法历史上的每个紧张时刻——战争概念处于所有争论的核心，且已变成一切国际法的试金石。对斯克勒而言，战争一方面只是一种纯粹的"国际犯罪"，另一方面则是一种可管制的行动，因而是一项法律程序。这一点也将在一个跨国家组织中全部完美实现。① 人们可能会期待，想看这位法兰西法学家如何在后续作品中系统地描绘战争的法律问题，或者，他是否凭借自己的勇气和逻辑一致性，认为这个问题已经解决并不再提它。

战争在劳特派特的法律理论作品中则是一个悬而未决的问题。劳特派特在他编辑的奥本海默的《国际法》一书中，从过时的战争概念出发，试图为《凯洛格公约》和日内瓦国际联盟对中立权的改变辩护。他之所以这样做，是因为他相信，通过《国际联盟宪章》和《凯洛格公约》，中立权的这些改变在契约上得到了保障。

正因如此，对违反《国际联盟宪章》者的歧视性程序，不应视为违背了中立权所要求的关于无党派性的责任。根据放弃中立主张并同意歧视行为的过时的国际法条约，这种行为是允许的。国际联盟各成员由于认可《国际联盟宪章》第16条，从一开始就会宣布彼此处于相互理解的状态。劳特派特写道，所有其他国家通过签署《凯洛格公约》而预先同意歧视违反条约者。尽管这一论证忽略了威廉斯和麦克奈尔最近提出的战争概念和中立性的问题，但似乎实际上得出了同样的结论。

---

① Alfred von Verdroß, 见 *Recueil des Cours de l'Académie de Droit International* IV, 1932, 页680。

最近的国际法教科书，尤其是费尔德罗斯①和沃尔加斯特（E. Wolgast）② 的教科书，仍坚持过时的非歧视性的战争概念和中立，尽管有一些保留。这一说法也适用于孔慈（Josef L. Kunz）最近的长篇专著。③ 瓦尔德克尔（E. v. Waldkirch）④ 和万赛罗（E. Vanselow）⑤ 在《国际法指南》（Handbook of International Law，由瓦尔茨 [G. A. Walz] ⑥ 出版）一书中对中立权的论述，仍坚持这些过时的基础。⑦ 尽管如

---

① Alfred von Verdroß, *Völkerrecht*, Berlin, 1937, 页 192 – 193 解释道，战争只有在作为一种关乎 justa causa [正当理由] 的国际法强制措施时才是允许的。这也是基于《国际联盟宪章》第 15 条第 7 款。费尔德罗斯的作品在第 88 页暗示了一种强制性的和平条约与一种合法的战争之间的联系；因为国家当然仍是主权者，仍是战争的正义性或非正义性的决断者，我们仍持有旧的非歧视性的战争概念。因此，费尔德罗斯的作品在第 320 页提到中立原则："这种无党派性原则是贯穿整个中立权的线索。"

② Ernst Wolgast, *International Law*, Berlin, 1934, 此书凭诸多惊人的原创观点脱颖而出，但在这一点上相当克制。第 493 节（页 934 – 935）也许说了已不可能准确描述中立权的当前状态（"与国际联盟一样，《凯洛格公约》和史汀生学说已使中立权在整体上受到质疑"）。也可参看第 475 节和第 477 节。但在"最高原则"上，这意味着做法"一致"的责任排除了"善意的中立"（benevolent neutrality）的假设。换句话说，沃尔加斯特清醒地认识到这一两难之处：中立还是不中立。[英译按] Ernst Wolgast（1888—1959），德国法律学者。

③ Josef Kunz, *Kriegsrecht und Neutralitätsrecht*, Vienna, 1935。[英译按] Josef Kunz（1890—1970），德国法律学者。

④ [英译按] Eduard Otto von Waldkirch（1890—?），法律学者。

⑤ [英译按] Ernst Vanselow，德国海军军官，出席了第一次世界大战停战协议的签订，并且是瓦尔德克尔的学术合作者。

⑥ [英译按] Gustaf Adorf Walz（1897—1948），德国宪法和国际法学者。

⑦ 瑞士的中立问题不应在此讨论。我提及此事只是想指出，在瑞士的中立问题中，确实可以看到"中立或不中立"这一两难的强制特征。与此相反，一种"有差异的"的中立（比如 Dietrich Schindler 在 *Völkerbund und Völkerrecht* II, 页 524 中为之辩护的那种中立）站不住脚。与这一决定——决定开战方的正义或非正义——的关联排除了中立的法律本质，即无党派性。不存在半 – 无党派性。

此，我们不能否认，战争的法律概念，以日益增长的力量和无可估量的重要性为标志，已主导当今的国际法发展。"正义"战争的问题已经凸显出来。

麦克奈尔如此清晰地提出这一决定性问题，其勇气和率直可嘉。日内瓦国际联盟和《凯洛格公约》建立了新的战争的法律概念，区分了战争正义与否，但这一新概念在目前的国际法领域已广为人知了吗？与世界大战期间提出的各种主张相比，这种新的战争概念是新秩序的有效元素吗？现在比1917—1919年间更有效吗？如果有人想确认这个问题，在我看来，麦克奈尔和威廉斯爵士的阐述，与这一方向的许多其他努力一样，只提供了一个无力且有问题的证据来支持这一观念；二者似乎都预设日内瓦国际联盟是一个已经存在的、具有联邦特征的共同体。

我绝不会错判以下事实的国际法含义：英格兰、法兰西以及美利坚合众国这样的强国对歧视性的战争概念兴致盎然。但我无法相信，这种迫切的可怕转变已经发生在现实中，也不相信这种转变背后的纯粹程序充分清晰、没有矛盾。使国际联盟和国际社会制度化的系统、法律－理论性的尝试，正如威廉斯和麦克奈尔的实践－具体论证一样，需要一种基于战争概念的法律澄清。如我们迄今为止的解释应该表明的那样，要紧的不仅是概念上的或理论上的争议，而是一个关于最基本的实际意义的问题，即，一场可能到来的战争的中立问题。①

---

① 我们必须提醒以下事实：比利时人在反德的世界大战中，第一次相当努力地消除正义与非正义战争这一区分的实际效果，以追求一种中立权。这一点我们可见于 Charles de Visscher 发表于1916年7月28日的演说，"De la belligérance dans ses rapports avecla la violation de la neutralité"，见 *Grotus Society* II，页102："在一场有规则的战争中，这种法律平等存在于正常的交战方之间，在这里，这种平等因侵略行为的不公正而被排除在外。"

格劳修斯谈及正义与非正义的战争，他称不正义战争为 latrocina ［掠夺］，甚至称臣民并无任何法律责任跟随君主进行非正义战争，这是对的。但格劳修斯关心的显然并非基于民族组织成国家这一理念的国际法，而实际上是带有中世纪和自然法色彩的普通法治下的封建联邦。因为这个原因，格劳修斯仍谈到"私战"（private wars），一旦开始存在一种封闭的国家秩序，这种秩序集中并垄断国家内部的 jus ad bellum ［战争权］，私战的概念就会自我终结，转化为"法律上可惩罚的犯罪事实"。至少，现代国家自身的形成，可以阐明由这些国家所承担的国际法的独特形态，也解释了这种形式的国家特有的非歧视性的战争概念。

在十八世纪，瓦特尔（Vattel）① 在《万民法》（*Droit des gens*，1758）中为这种非歧视性的战争概念辩护。虽然这个战争概念可以从每个独立国家都应在可疑情况下决定战争的正义这一角度来看待，但瓦特尔花大量篇幅谈论正义与非正义战争，甚至私战，尽管他在这里提到"私战"仅仅是作为"自然状态"② 的一个例子。

根据格劳修斯的观点，不正义的战争理所应当是一场战争，既不同于制裁，也不同于谋杀、抢劫或海盗行为。格劳修斯明确提到：Justitiam in definitione（sc. belli）non includo ［正义不属于（战争的）定义］。③ 他在《战争与和平法》（*jus belli ac pacis*）中当然仍可谈及

---

① ［英译按］Emerich de Vattel（1714—1767），瑞士哲学家，法律学者，外交家。

② Georges Scelle, *Le droit des gens*, 第二部分, 卷三, 第一章, 第 2 节以及第三章；在卷三，第一章，第 39 和第 40 节中，斯克勒声称每个民族都相信自己的正义，每个主权国家必须自己凭德性决定自身的主权，在这里，不可知论的观点变得显而易见。

③ ［英译按］正义不属于战争的定义。这一观念指战争不可能在定义上正义。

正义与非正义战争，就像最近的国际法可以有效但现在已经过时一样。然而，他的《战争与和平法》在不摧毁这种战争概念以及整个国际秩序结构的情况下，既不能吸收战争的概念，也不能吸收相关的中立概念。

In praxi［实践中］的真正问题在于：到底是每个国家都能决断，能拥有战争是否正义的 jus supremae decisionis［最高决断权］？还是另一个国家或集团能在法律上决断战争的正义与否，且这一决断对第三方有效？① 面对这个基本问题，如何从一个法律 - 理论视角构建战争，如何描述战争，这些都无关紧要。战争是一种"行动"还是"状态"，是一种法律程序、一种法律制度、自助，或者仅仅是一种不与法律秩序相对但外在于法律秩序的行为，这些都无关紧要。战争正义与否的决定因素是"战争意志"（will to war）还是"客观"事实，这也无关紧要。② 这类问题都不是什么打紧的事情。每个处于战争中的国家向来都理所当然地把自己的行动视为正义而把对手的行动视为非正义，这一事实对我们目前的问题而言也无足轻重。至于第三方，有些试图以一些附加词来修饰中立，比如"善意的中立""武装的中立""有条件的中立"等，这也无关紧要。中立的实践总是存在诸多细微差异。但是，关于战争正义与否，这类细微差异的尝试，从未宣称受第三方国家或国际社会的必要决定。

如果一个中立国发现自己处于一个必须决定一个国家对另一个国家发动的战争是否正义的地位，那么，这个第三方是否可以自由

---

① 中立国在承认另一方发动战争的正义或非正义时会采取何种实际反映，这是另一个问题。但无论如何，在正义与非正义间作出区分的第三国不再是中立的，即使它并未参与军事或经济的强制手段。

② 参看 J. Kunz 的概述，前揭，页 4-5。关于"意志理论"（will theory），另参 Georg Kappus, *Der völkerrechtliche Kriegsbegriff in seiner Abgrenzung gegenüber militärischen Repressalien*, Breslau, 1936。

加入战争，站在它认为正义所在的一方，从而变成战争发动方？即使这样，这个第三方也不能使这个关于战争正义与否的含蓄声明在国际法中具有普世性和强制性。在这一决定性时刻，考虑到当代国际法在多大程度上承认正义与不正义战争，一个简单的非此即彼的问题就出现了，这个问题具有真实的力量："一方要么是中立的，要么不是。"① 中立可能有细微差别，但绝不能一分为二。中立既不能从国家和民族概念中分离，也不能从国际法的当前秩序中分离。②

如今，当某个国家或某个国家集团放弃这种基本的非歧视行为，从第三方的角度区分正义各方与非正义各方，以这种方式卷入战争，就含蓄地提出了这一主张：人们不仅以自身的名义行事，还以更高的（即跨国家的）秩序和共同体的名义行事。因此，提出这一主张是为了做某件与"战争行为"一语所理解的完全不同的事情。这件事不能被简单称之为一场"战争"——在这个词在国际法中的当代意义上。一旦否定了中立这一概念和某个无派别的"第三国家"的可能性，就会含蓄地主张一个普世或区域性的权威。

某种建于民族-国家之上的国际法秩序，奠基于以下两个概念：一是涉及国家的 jus belli［战争法］时作为最终决断者的国家概念，一是逻辑一致的非歧视性的战争和中立概念；当这种国际法秩序存在，

---

① Dag Hammarskjöld, *La neutralité en général*, Leyden: Bibliotheca Visseriana III, 1924, 页 59。

② 参看 John H. Spencer, "Die Vereinigten Staaten und die Rechte der Neutralen im Seekriege", 见 *Bruns Zeitschrift* V, 1935, 页 293–304。尤其是近些年来出现的影响广泛的美国文献，均围绕这两个极端的两难之处。这一两难之处的强制特征直接产生自另一个两难之处：战争或非战争，如正文所述。事实上，情况就是这样，对这份评述的目的而言，进一步论述这些美国文献并非必要。与承认的实践类似的知识，可参 Marakov 的作品，见 *Bruns Zeitschrift* IV, 1934, 页 3。

那么，采用一种权威的歧视政策，从根本上不仅质疑非歧视性的战争概念的有效性，还质疑任何战争概念的有效性。事实上，问题不再是正义战争或不正义战争，允许或禁止战争；而变成是不是不战争。民族间伟大的"行星"（planetary）之争如此之深，甚至触及最终的基本概念和这里真实的两难之处：是不是战争？对中立概念而言，这种发展也导向一种类似的选项：中立是否仍然存在？只有先反思这些问题，我们才能解释美利坚合众国从1914年至今的异常行为，其特点是从一种严格被动的、逻辑一致的、无区别的中立概念，走向废除中立概念，并最终转向一种就战争正义与否作出决定的歧视性的战争概念。

因此，如今所有想借助日内瓦国际联盟将歧视性的战争概念引入国际法的企图，终将面临两个大矛盾：一方面，每个战争概念与国际联盟主张的新秩序都不可调和；另一方面，在国际法当前的危机中，普世主义与联邦主义不可调和。

（一）

今天仍旧盛行的战争概念使这一点成为可能：通过非歧视的态度和重视双方的平等，双方的武装冲突可以在法律上视为统一的法学概念。这种体系的假设不适用于第三方，换句话说，正义与非正义战争之间的法律区分对第三方无效。一旦涉及战争合法与否或战争可允许性的决议适用于第三方，战争概念的统一将被推翻，剩下的或是国际法允许的正义战争，或是不正义、不允许的"战争"。这两个概念实际上代表两种战争，每个概念都意味着某种完全相反的东西，因此不能用同一术语"战争"来描述彼此的相对关系。正义与不正义不能在法律上与同一概念相结合。

在同一法律秩序内，一项公认的合法行为与一项公认的非法行为不能构成一个相同的法律概念。否则简直无法想象,就好像一个国家试图将警察与罪犯之间的打斗,或非法军事袭击与正当防卫行为,归类为一种统一的法律构建,具有"合法的一面"和"非法的一面"。出于相同原因,只要一种法律秩序允许类似决斗的行为或承认它是一种法律构建,这种法律秩序也可将某些争端视为"非决斗";例如,它可以将一场争端仅仅认定为一项应受惩罚的人身伤害行为。但只要决斗存在,这种法律秩序所不能做的是区分"正义"与"非正义"决斗。一旦一种国际法秩序——换句话说,一种跨国家的国际法秩序,能以第三方权威的方式区分战争是否正当——在"正义"与"非正义"决斗或"正义"与"非正义"战争之间作出区分,正义一方的武装行动不过就是实现正义。无论这种行动采取执行、制裁、国际司法、治安行为或任何其他可能的形式,都是如此。然而,就战争的非正义一方而言,这类行为是对合法行动的反叛,因此是反叛或犯罪,当然也就不是"战争"这种过时的法律制度。

居尔克(Norbert Gürke)对正义战争问题采取具体区分的立场,而非诉诸学界常见的基于自然法的普遍性,这一点非常值得肯定。他通过以下对比做到这一点:一是以补偿生命损失为目标的正当战争,一是由某种普世主义意识形态推动的针对"总体敌人"的灭绝战争(见 *Volk und Völkerrecht*,Tübingen,1935,页73;"Der Begriff des totalen Krieges",见 *Volk und Völkerrecht*,1937,页207、212)。这个区分富有成果,使得普世主义的世界观与政治多元主义的世界观之间的对立显而易见。必须注意以下事实:以普世主义意识形态为理由的灭绝战争,因其天下性的主张,使国家丧失以前作为一种封闭的民族空间秩序的特征;灭绝战争使国家战争转变为某种国际内战(因此,所谓的"内战"当然不再是与国家战争类型相同的战争);在这么做的时候,这种普世主义的灭绝战争使战争概念和敌人丧失荣誉和价值,从"正义"一方看,战争转变为某种执行行为或清洗行动,从不正义一方看,战争转变为由歹徒、闹事者、海盗和匪帮领导的某种反对所有正义和道德的抵抗，灭绝战争以此消灭战争的这两种概念。居尔克提到我的作品《政治的概念》（1927：第一版；1932：第三版），在那本书里，我已清楚地说明废止战争和敌人的概念与普世主义的和平主义之间的这种关联。这种从"战争"到"非战争"的转变与纯粹概念上的微小区别无关，这一事实证明那些作者的努力，他们将德意志空军（Luftwaffe）描述为一种武器，这种武器服务于制裁或内战，证明军事技术的进步对应于从战争转变为针对叛乱或落后人口的平定行动这种世界历史的进步。因为，向这类人口投掷炸弹当然不能被称为"战争"。关于这方面的更多内容，参阅本文的下述评论。

日内瓦国际联盟并未就战争概念作出决定。在《国际联盟宪章》第16条中，违反宪章的军事行动被描述为"战争"，对违反者的反击也同样是"战争"。第15条第7款仍以古老的方式看待战争（双方都是"为了维护法律"）。同样，在这一点上，联盟的法理学以中立的两种不同概念区分"允许"与"不允许"的战争：新概念用于不允许的战争，旧概念则用于允许战争。

劳特派特试图根据《国际联盟宪章》和《凯洛格公约》，将歧视与过时的战争概念结合起来，他通过以下说法支持自己的论证：国家内部的法律秩序也必须拒绝内战，这既不能妨碍成功的革命者被视为战争发动方这一事实，也不能妨碍公民谈论内战这一事实。这一论证在这里之所以重要，不是因为它适用于这里的情况，而是因为它允许承认歧视性的战争概念与从国家战争到内战之转变的联系。更多内容，参看 Wolzendorff, *Die Lüge des Völkerrechts*，页45，论"战争"的法律制度在逻辑上的必然否定。

John B. Whitton 的演说，见 *Recuil des Court de l'Académie de Droit International* XXVII, II, 1927, 页453–471，就国际联盟在允许与不允许的战争以及新旧中立方面的法律利益的多样性作了有趣的讨论。Philippe Michailides 的巴黎论文（见他1933年出版的《中立与国际联盟》[*La neutralité et la Société des Nations*]）称，尽管早期的中立权已发生巨大改变（因为联盟成员国组成某种类似"部落家族"的组织,在其中,每个成员国都团结一致,反对任何成员遭到的非正义),仍有诸多旧中立的例子。德意志人对这个问题的解释,要等到 G. von Schmoller 出版他对该问题的概要性论述。在那之前,参看以下文章:Baron von FreytaghLoringhoven, "Neue Neutralität", 见 *Zeitschtrift für Völkerrecht* XX, 1936, 页 1 – 13; W. Troitzsch, "Ende oder Wandlung der Neutralität?", 见 *Völkerbund und Völkerrecht* II, 1935 / 1936, 页 237 – 243; K. Keppler, "Zwischen Neutralität und Sanktionen", 见 *Deutsche Juristen - Zeitung*, 1936, 页 1336 – 1344; H. Rogge, *Kollektivscicherheit*, *Bündnispolitik und Völkerbund*, Berlin, 1937, 页 360 – 361(尤参"中立政治的回归""'中立政治'的安全计算"以及"中立政治的社会学"等部分)。

然而,这两类战争都应在"战争"名下作为一种法律概念而保持统一。① 在此,谁都能看清《国际联盟宪章》优柔寡断的折中办法,因为《国际联盟宪章》引入新的区分却无法贯彻,与此同时,将两个极端相反的法律行为结合为一个相同的概念:"战争"。

事实上,《国际联盟宪章》描述了三种类型的"战争":关于制裁或扣押(impounding)的战争、容许的战争、禁止的战争。这应该对应三种不同的中立概念。《国际联盟宪章》本身并不关心将"扣押行为"(换言之,即法律上受到禁止的行为)与已宣布为非法的行为(换言之,即受到禁止的行为)结合成一种相同的法律概念,这一事实无需进一步讨论。② 在对意大利实施制裁期间,人们试图以一种法律主义的、最为审慎的方式,避免战争概念的问题,并在决策自由的框架内向各国提出所谓"制裁措施"的问题。这是一种

---

① Josef L. Kunz, *Kriegsrecht und Neutralitätsrecht*, Vienna, 1935, 页 2, 注解 4:"的确, jus ad bellum [战争权] 存在契约性的限制。但《国际联盟公约》和《凯洛格公约》都在原则上允许战争作为一种法律制度存在。"

② 关于得到较少容许的战争,或狗咬狗,参本文第 61 页。

去民族化（entnationalisiert）的行动。

但如果这样做，内在矛盾就会变得明显。我们完全不清楚什么是与"个体国家的行动"相对的"联盟行动"。斯克勒提到这一事实，即"在一系列类似的国家行动中"（en un faisceau d'actions parallèles étatiques），"联盟的集体行动"（action collective de la Société）先于一切。① 威廉斯爵士在前述文章中努力在个体决断与集体共同体之间建立联系。但到了最后，这些协调的尝试只表明，日内瓦国际联盟既没有保持与过时的战争和中立概念的联系，也没有用真正新的概念取代这些旧概念。"联盟对破坏和平者的扣押，还是用以促成前一种类型的各种个体行动的纯粹协商程序？"面对这样的两难之处，联盟既不敢通过抛弃此前的战争概念坦承自己对全球秩序的普世主张，也没有鼓起勇气干脆地放弃自己的托词（pretensions）。

我们应该提到，战争的"去民族化"和引入某种歧视性的战争概念所导致的进一步灾难性影响：将组织成国家的民族的内部（inner）、封闭的统一体这一先前的法律假设分割开。威廉斯似乎已注意到这种分割，但没有抓住重点，因为他没有在第16条规定的针对违反《国际联盟宪章》者的行动与类似制裁或仅仅是惩罚的概念之间建立联系。此外，他也没有如实描述第16条的这些行动——这种惩罚性概念的客观形式。斯克勒没有那么克制，他提到"国际犯罪"（crime international）。只有韦堡（Hans Wehberg）十分坦率地将后果追踪到底，并建议"非正义"战争的发起者当然必须在国际法庭面前作为"战争罪犯"受审。②

---

① 参 Georges T. Elès 书的前言，*Le pincipe de l'unanimité dans la Société des Nations et les exceptions à ce principe*，Paris，1935。

② Hans Wehberg 的演讲，见 *Recueil des Cours de l'Académie de Droit International* XXIV，1929；也发表于德文版 *Recueil des Cours de l'Académie de Droit International* XXIV，Berlin，1930。

而且，国内对这种犯罪的惩罚也是必要的。威廉斯有一个恰当的引用："你不能禁绝（interdict）一个民族。"霍布斯曾表达过相同的想法："当教宗将整个民族逐出教会，我认为他是将自己而非他们逐出教会。"① 必须承认，可以设想，国际行动能够针对国家和民族本身。但这些国家和民族实体很少整体犯罪，不至于整个民族都一定变成 hostis generis humani ［人类公敌］和"不安分的"民族。当跨国家的权威施行制裁或惩罚措施，战争的"去民族化"常常导致国家与民族之间的区分：尽管两者通常具有某种封闭的统一，但一种来自外部歧视性的分割被引入这两者之间。换句话说，国际强制措施——或至少对这些措施的许可——不针对民族，而针对当前政权及其拥护者。

但这类措施在国家领导层与民族之间画出一条线，暗示着一个政权不再代表自己的国家或人民。换句话说，这些统治者变成"战争罪犯""海盗"或——海盗的当代都市形式——"匪帮"。这些词眼或多或少是某种恶意宣传的行话。这就是已经体现在歧视中的战争的去民族化的法律和逻辑后果。海盗概念提出今日争论的普世主义和天下方面的问题。

事实上，海盗概念最重要的标志是：海盗是"去民族化的"，并被允许脱离（fall by the wayside）他想必属于的国家。通过这一事实，存在于跨国家的、普世主义的概念性创造物中的十分重要且极易扩张的断裂浮现出来。这些概念性创造物有可能把整个国家和民族视为海盗，并以更大的强度重新唤起流氓国家（一个世纪以来，这个字眼本身已被认为完全过时）这一概念。将国家炸裂和分割成（犯罪的）政权与（无罪的）人民（从政权之外的人无罪的意义上说），事实上只表明战争概念的爆炸和消解。对战争概念的这种破

---

① Thomas Hobbes, *Behemoth*，第一部分，1750，页491。

坏，除了将歧视性的战争概念引入国际法之外，没有别的意义。

在对德的世界大战中，我们亲身经历了引入歧视性的战争概念这一企图的后果。我们的对手在多大程度上将世界大战视为针对国际法违反者的一种法律行动，世界大战就在多大程度上被视为一种不针对德意志人民而针对他们的政府的惩罚行为。然而，这两个实体有着不可分割的联系。以下事实彻底证明这一点：威尔逊总统1917年4月2日的声明，打破过时的、非歧视性的中立概念，开始提到分割德意志的国家统一体；显然与废止非歧视性的中立概念相关，他宣称，"我们不与德意志人民为敌"。

这一立场的实际结果可见于《凡尔赛条约》题为"确定惩罚"的第七部分：德意志的前皇帝（Kaiser）"因严重违背国际道德和契约神圣性"，"受到公开指控"；德意志政府应该交出所谓的德意志"战争犯"。如果斯克勒赞成对法西斯主义或国家社会主义国家进行人道主义干涉的观点，并想将这种观点提升至国际法制度的层面，那么，他使战争"去民族化"，为了使战争"国际化"而消除国家间的战争；换句话说，将战争转变为可怕的内战——二者有着相同的传统和逻辑。

因为这个原因，当威廉斯爵士和麦克奈尔提到从非歧视性的战争概念到歧视性的战争概念这一转变的极端重要性时，他们完全正确。他们只忽视了这一事实，即这一转变不只是消灭每个战争概念，更深远的是，这一转变是歧视的结果；与此同时，不再可能存在一种也许更弱，但肯定更坦率且更现实的国际法思想流派，取而代之的，不过是一种消灭国家和民族的普世托词。在国际联盟提供的法律上允许与禁止的战争这一区分的帮助下，歧视性的战争概念至少已初步制度化，由于这一事实，当前整个国际秩序变得错乱，没有任何新的东西来取而代之。有人提出一种新的统治世界的主张——只有一场新的世界大战才能实现这一主张。

(二)

当前的国际法危机之下，联邦主义与天下普世主义相互抵消。前文提到的作者未经进一步反思①就从以下假设出发：尽管日内瓦国际联盟也许仍然不是普世的和天下性的，但它终将如此，而且至少以普世主义为最终目标。与此同时，这些作者试图以各种具体化的手段将联盟变为真正的联邦实体。这样，集体武装行动的问题又一次浮出水面。换句话说，战争概念问题是最为可靠的试金石。

战争不可能存在于任何类型的联邦中——只要联邦存在。事实上毫无疑问，这个观点是威廉斯爵士文章的核心。但一旦出现将非成员国纳入这个联邦制体系的问题，或者说，一旦出现天下普世主义这一问题，无解的难题就摆在他和其他持相同信念的作者面前。根据当前非普世主义的国际法，不可能纳入非成员，因为战争概念总需要一个简单的裁决。战争概念的逻辑重要性如此强大，而且具有决定性意义，甚至可以说，从中产生的唯一真实的两难之处仅仅在于是不是战争。

人们必须始终以战争概念为基线来定义那些概念。非"战争"即"和平"。如果"集体化"确实带来一个真正的联邦，这一逻辑就将走上正轨。在联邦内部，人们将不再裁决正义与非正义战争；因为不再有任何战争。那时只存在执行行为。仍可设想"得到允许的"战争，但仅限于不构成危险的小型战争，如威廉斯所谓的狗咬狗的战争。联邦内部可容许这类战争，就像现代国家秩序可以容许

---

① 作为这类反思的尝试的一个例子，在此应提及 R. Genet 的论文，"La Société des Nations et la Communauté international"，见 *Revue Internationale du Droit des Gens*, I, 1936, 页 92–93, 页 149–150。

决斗一样。但在联邦之外，战争仍完全可能。然而，这些战争属于旧的、非歧视性的战争概念。如果属于联邦的国家宣称要发动一场正义战争，那么，从国际法的立场来看，这一宣称对非成员国不具有权威性。这看起来就像某个国家试图裁决自身范围之外——换句话说，自身边界之外——的正义与非正义一样没有权威性。

但战争概念的补救办法并不像麦克奈尔希望的那样，以《凯洛格公约》的方式代替现有的契约性纽带。相反，这种补救办法通过制度性的、有组织的语境而发展成一个联邦。先前国际法概念的基础是：战争是更强大的概念，可以废除交战各方之间的所有条约，且战争固有的这种违约属性并不会取消战争，对中立的第三方而言这仍是战争。这些作者希望从《国际联盟宪章》中总结出真正的"宪法"而非契约，试图在制度化概念的帮助下建立一个真实的联邦。只要他们赋予国际社会这么一部宪法，他们也就彻底废止了迄今为止一直存在的、基本上非歧视性的、基于平等的战争概念。

今天，无论和平主义者的嫉妒（jealously）① 还是对战争暴行的厌恶，都对这一事实无能为力，即今天两国之间的战争不是谋杀、抢劫或海盗行为。在战争概念可以被废除、从国家战争转变为国际内战之前，首先必须废除地球上组织成国家的各个民族。根据现在已过时的国际法，战争将自身的正义、荣誉和价值归于以下事实，即敌人既非海盗也非匪徒，而是"国家"和"国际法的主体"。只要存在某种具备 jus belli［战争法］的政治组织，这一观念就依然有效。但联邦概念以放弃联邦内部的 jus belli［战争法］为前提。如果有人试图以这种方式废除 jus belli［战争法］，便不仅会影响联邦成员，还会影响联邦以外的第三方国家，那么，这

---

① ［中译按］疑为"jealousy"之误。

个联邦的暗含主张就不再关乎国际法，而是关于世界新秩序的普世主义统治。

鉴于这种全球正义的托词，一旦发生总体世界大战，一旦某个足够强大的对手发起"不正义"的战争，那么这个对手就会使旧的国际法战争概念——合法的不歧视概念——永久化。在这种情况下，经国际联盟合法化的战争，仍是战争，只不过以先前的国际法的方式，即世界大战的方式进行。跟以往一样，这仍将是一场战争，尽管有着种种努力，试图将战争转变为针对不同于德意志人民的政权的国际法"执行行为"，尽管有着对德意志的种种歧视行为。如果发生世界大战，这只是因为德意志民族的抵抗力量。但在其他情况下，即在这种抵抗不能实现的情况下，一种对世界霸权的普世主义主张将更接近其最终目标。如果普世主义的最终目标得以实现，这个星球上的民族之间将不再有任何战争，既不会有正义战争，也不会有非正义战争。但只要这一最终目标尚未实现，联邦主义与普世主义的国际法概念和方法仍将相互排斥。

在国际法当前的发展阶段中，联邦主义与普世主义在规范上和逻辑上也许可以互相协调。但是，一旦有人着手处理一个联邦在制度上的具体实现，每个人都能马上清楚地看到两者之间互不相容。如今日内瓦国际联盟的联邦化必然要求更坚实的中央集权化和集体化，并时刻警惕，依靠相当强大的军事力量来抵抗联盟的事件是否必然发生，换句话说，人们必须加强对战争的防御。只要这种情况一直持续，引入正义与非正义战争间的区分，in concreto［具体地说］，就只意味着日内瓦联盟战争和其他战争，并以此为理由强化战争和敌意。而基于威尔逊总统之行为的力量，我们在世界大战中的经历只会重演。

在这种情况下，联邦化是一种强化手段，因为它试图将国际联盟转变为一个更"有效的"组织——一个更适应战争事件的组织。

这里唯一的结果是：区分正义与非正义的战争将导致更深刻和更紧张的敌友之分。在这个计划的最终实现与今日现实之间，必将出现另一场战争，一场"人类的决定性的最终战争"——无论如何，这是一场深层的敌对性的"总体"战争。这一点毫无疑问接近威廉斯爵士的文章——Vae neutris［哀哉中立者］！虑及这种战争的可能性的所有类型的联邦，如果它们仍希望有正当理由声称，要努力实现人类共同体（one humanity），并克服对这种统一的所有进一步阻碍，那么，它们就必须将自己与普世主义的理想区别开来。

今天意味着国际联盟的有效联邦化的一切，在最好的情况下，只创造出另一个联邦。这些新的联邦主义制度建立得越完美，联邦在区分正义的（联邦自己的）战争与非正义的（联邦的对手的）战争时越合逻辑，敌友之分就越严格。换句话说，日内瓦国际联盟不只面临布伦斯（Viktor Bruns）提出的这种两难之处："联邦还是结盟？"① 此外，国际联盟与普世国际社会这一观念的混合，导致了另一个同样困难的选择：对世界和人类而言，是否应当有一个制度化的联邦或一种天下秩序？

最后，联邦主义与普世主义这两种趋势势不两立。人们不能指望跳过这个致使战争强化的联邦主义阶段，也不能指望通过制度化直接进入天下普世主义。那些以日内瓦国际联盟的联邦化为手段、为达到普世主义的最终目标而努力的人，肯定会假定联邦主义与普世主义之间的矛盾只在短暂的、无法避免的过渡期间有效。但这个过渡期，至少从人类的先见和规划来看，确实是一个新的历史时期，一个带来新的、更激烈的战争的时期。

对所有终有一死的凡人而言，这一新时期是一段不可预估的时

---

① ［英译按］Viktor Bruns（1884—1943），德国法学家和教授。

间，有着不可预计的后果。在反德的世界大战中，威尔逊总统以及合众国宣称，他们拒绝过时的、非歧视性的战争和中立概念，由此开创出国际法的新时代，这一宣称事实上会带来重大的后果。他们声称开创出一个新时代，在这个时代中，他们能够在自己的领土之外决定交战方是否正义。如果有人觉得拙文在很大程度上要回到以前的观点，这并非因为我希望搅起国际法的旧论战，而只是因为我不希望看到国际法历史上最重要的经验之一——如果不是唯一的话——遭到遗忘。

我们已经讨论过美利坚合众国的政治，合众国在以下两者之间摇摆：一方面是希望几乎无人注意到自己的消极中立，另一方面是为其他国家决定正义与否的干涉主义立场。这个国家的政策已经在世界大战中显露出来。在战争的开始阶段，威尔逊是解释非歧视性的中立概念的一位严谨、甚至一丝不苟的先驱。他在1914年8月19日的演讲便是这一点的最好例证。① 威尔逊于1917年4月2日宣战时，完全改变美国的立场，暗示中立概念已不再可行、对世界和平和各国和平已不再可欲，经由这一事实，他将一个根本性的新问题引进国际法。

George A. Finch 最近就 1937 年 9 月 14 日的《尼翁反海盗协议》（Nyon Anti-Piracy Agreement）发表评论，见 *American Journal of International Law* 31，1937，页

---

① 在这篇演讲中，威尔逊甚至警告他的国民要警惕党派性的诱惑，即便是仅仅存在于思想和感觉中的党派性（"引导灵魂跌入诱惑，在名义上保持中立"）。"我们必须在思想上和行动上不偏不倚，必须控制我们的情绪，必须控制每一项可能被理解成偏向于斗争中某一方的事务。"另参 H. Pohl，*Amerikas Waffenausfuhr und Neutralität*，Berlin，1917，页 17-18，本书今天仍有意义。关于威尔逊不断变化的立场，更多有意思的相关文件，参 Felix Brüggemann 发表于 1933 年的论文，参 Giesen，"Woodrow Wilson und die Vereinigten Staaten von Amerika"，文中提到了更多文献。

665，他提醒读者注意威尔逊的论证与海盗行为的定义之间的联系。在1917年4月2日的讲演中，威尔逊可能没用"海盗行为"这一表述，但他的确称德意志的U型潜艇是用于"反人类"战的手段，这场战争"反所有民族"。因此，描述德意志时用了与海盗相同的公式：hostis generis humani［人类公敌］。这一切的法律－逻辑结果便是战争不再是战争。因为，人们不对海盗开战，海盗仅仅是反犯罪或海事警察行动和任意手段的对象。

［中译按］尼翁，瑞士城市，位于日内瓦湖北岸。1937年9月14日的《尼翁协议》将"海盗"视为"人类公敌"，并将"海盗罪"列入国际犯罪种类，使之成为国际社会最早认同的典型犯罪。

这个新问题因围绕中立权的问题而暴露出来。但这不仅关乎不能被孤立的中立权，而且关乎战争概念，因而与国际法秩序的整体结构相关。在世界大战之后，所有改良国际法的尝试都围绕这一问题。所有定义侵略和侵略者的努力，所有加强和使《国际联盟宪章》第16条实证化的努力，以及诸多集体安全和互助计划，甚至将英格兰的海盗行为概念用于1937年9月的尼翁会议，都由以下事实决定：这一切都试图通过与正义战争相关的法律标准，废除此前持有的、非歧视性的战争概念。①

迄今为止的结果无异于在总体上动摇了旧的战争概念，并因完全缺乏一个富于启发的新的战争概念而变得更糟。实际上，这意味着：是战争但又不是战争、无政府状态，以及国际法的混乱。直到

---

① Carl Bilfinger, "Die russische Definition des Angreifers", 见 *Bruns Zeitschrift* VII, 1937, 页490，这里将这类定义的尝试称为"针对袭击者的正义战争这一观念的限定和组织"。关于海盗行为的概念，更多论述参看 Carl Schmitt, *Völkerbund und Völkerrecht*, 第4版, 1937, 页351。在页73提到的 J. G. Starke 的文章（J. G. Starke, 见 *British Yearbook of International Law* XVII, 1936, 页71）中，人们发现以下事实的一个极佳例子：海盗行为的概念可能是"国际法优先"的突破口。

今天，我们才能够认识到废除旧的战争概念的含义，这一废除行为源于反德的世界大战。事实上，今天的混乱不过是1917年埋下的种子所结出的恶果。

结　论

最后，略谈我们自己的立场。鉴于国际法的战争概念，这里试图对国外文献中一些特别值得注意的出版物作批判性讨论，这一尝试并非基于这一立场，即人们应该努力维持早期的概念，不管这些概念是保守的还是反动的。

我们知道，十八、十九世纪的战争概念不可能保持不变，新的国际法机构和共同体既必要又不可避免，尤其是，一个真正的欧洲民族共同体是真实有效的国际法的前提条件。如威廉斯爵士所做的分析，他对伪法学的概念式诡辩（pseudo-juristic conceptual sophistry）作了合理考虑，且对联邦制的必要性有着良好的判断，这类分析会被视为关于国际法的典范论证和关于这个话题的有说服力的论据的范例——但前提是国际联盟是真正的联邦，能够承担引导共同体实现进步的制度化和联盟化的责任。

然而，情况并非如此。组建联邦和设立程序方面的最佳尝试，如果建立在虚构的共同体上，就不仅毫无价值，而且成为有害的障碍，反而不能获得迫切需要的新秩序。

因此，我们的批判并不针对基本的新秩序这一观念，反而有助于实现此目标。我们反对的不是建立一个真正的人民共同体这一目标，而只是实现这种目标的某种手段，这种手段以国际联盟与普世世界秩序的一种含糊、天真的混合为特征。我们认为，这种手段的诸多目标——使关于战争正义与否的决定制度化、联邦化和具体化——仅与我们能同意的那个终极目标契合。对我们而言，这些目标不只是"聊胜于无"。这些目标比没有更糟,它们挡在通往真正的诸民族的共同体的途中。

(译者单位:中共重庆市委党校马克思主义学院)

* 本译文系"国家社科基金西方马克思主义视阈下'例外状态'社会治理及其应用前景研究"(17XKS016)阶段成果。

"代表原则"
——施米特的《罗马天主教与政治形式》

韦 伯（Samuel Weber）撰

王 钦 译

> 歌队：忒拜本邦的公民啊，请看，这就是俄狄浦斯。
> 他道破了那著名的谜语，成为最伟大的人；
> 他不在意公民的愤怒，不在意命运，
> 现在却落到可怕的灾难的波浪中了！
> 因此，当我们等着瞧那最末的日子的时候，
> 不要说一个凡人是幸福的，
> 在他还未曾安然到达生命的界限之前。
> ——索福克勒斯《俄狄浦斯王》[①]

从《奥德赛》至今，在"西方"传统——我找不到更好的说

[①] 此处译文采自荷尔德林（Friedrich Hoölderlin）的德语译文，参 *Sämtliche Werke*, Basel：Stroemfeld/Roter Stern, 1988, 页245。

法——中，我们可以找到一条复杂斑驳的连续线索，将"瞄准目标"（targetting）这一主题和实践与对于死亡的态度联系起来。在对这一联系进行探究时，我们遇到了德里达（Jacques Derrida）在《难题》（*Aporias*）中概述的一个难题：

> 提请人们注意存在各种关于死亡的文化，并且，从一种文化到另一种文化，在多种边界的过渡中，死亡会变换面目、意义、语言甚至身体——只是这样还不够。……我们必须更进一步：从根本上说，文化本身，一般而言的文化，首先（甚至先验地）就是死亡的文化。……"文化"这一概念或许就与死亡文化同义，仿佛"死亡文化"的表述归根结底是一种冗余或同义反复。但恰恰是这种冗余，使文化的差异和边界网络得以正当化。因为每种文化都包含对于死亡的论述或处理，每种文化都根据不同的区隔方式对待终结。①

因此，各种"文化"——对于"生命"的培育——通过它们与死亡的不同关系而确立自身并彼此区分。与此同时，"死亡"不单是[文化]与之发生"关联"的东西，仿佛它是固定的、稳定的、位置明确的——也就是说，一个直接的目标或靶子。德里达指出，这一点本身与作为语词而非事物的死亡密不可分：

> 众所周知，如果有一个语词，其概念和状态（thingness）绝对地无法分配或赋形，那就是"死亡"。根本上，我们也许既不知晓这个词的意思，也不知晓它的指涉。除了"上帝"一词之外（它和"死亡"的关联在这一点上很可能并非偶然），没

---

① Jacques Derrida, *Aporias*, Thomas Dutoit 英译, Stanford: Stanford University Press, 1993, 页43。

有一个名词像"死亡"这样:我们无法为它(而且首先是"我的死亡"这一表述)赋予(ajuster)概念或现实,以构成一种确定无疑的经验对象。(同上,页22)

德里达一笔带过的关于"死亡"和"上帝"的亲缘关系(两者在"不确定性"上形成联系),着实意味深长。事实上,他后来用"自免疫"(autoimmunity)概念定义"宗教",从这种亲缘关系看就显得特别醒目。名词"上帝"可以理解为试图缓和"死亡"一词具有的不可化约或无法克服的不确定性;"死亡"一词既是使"生命"得以可能的边界,又是一个必然含混的边界。类似地,一般意义上的"生命"和"人类生命"的区分,也可以理解为试图为"死亡"一词赋予一种可能的(conceivable)意义("可想象的"或"可表征的",vorstellbar),从而削弱它"绝对的不确定性"。

然而,由于名词"死亡"抵抗或超越了此类赋予确定意义的尝试,它与"上帝"这个表面上的专名的从属关系(subordination),就反映了下述尝试,即设法"捍卫"和保护稳定的自我认同(无论是个人的还是集体的)的可能性。不过,鉴于名词"上帝"的所有单一规定,和名词"死亡"的所有单一规定不可避免地产生分歧——尤其是德里达坚称的"我的死亡",我们或许也有必要抵御另一种防卫方式:它会把独一的"我"牺牲给可总体化的"自我"的种种命令。这或许是"自免疫"概念的关切所在:自我(self)设法辩证地否定并由此超越其作为"我"或自我(ego)的独一性。然而,如果"死亡"与某种独一性的经验密不可分,此类生存策略只会将它们试图克服的困境移置到别的地方:它们往往会抛弃掉表面上试图拯救的东西。

不管怎么说,如果我们暂时放下杜图瓦(Thomas Dutoit)出色的英译文,回到德里达的法语原文,那么,德里达关于"死亡"一词尤为难解的语义状态的论述，对于我们所讨论的问题会变得更为切题。德里达用法语中的 ajuster 一词表明，不可能将任何指涉赋予"死亡"。在英语同源词 adjust（"为实现和谐一致而进行调整"）以外，这个法语词还意味着"瞄准"（viser 之意）。词典里的例子是：ajuster une cible，un animal——瞄准靶子，瞄准动物。在这个例子中（例子从来都很重要，即便或尤其是词典里的例子），靶子和动物之间的关联引出了下述问题：如果从来不可能"调整"某种指涉，以符合"死亡"一词，那么，是否可以通过调转思考方向，通过"调整"死亡以使它变成"瞄准"（targetting）的一个功能，哪怕暂时地缓解上述不可能性及其引出的非常令人不安的后果？这种瞄准是否可以通过将"死亡"（作为语词和事物）一方面与"目标/靶子"相关联，另一方面与"射靶者"（他在［瞄准］过程中展现夺取生命、甚或赋予生命的权力和权利）相关联，从而调节"死亡"的绝对不确定性？这会让"死亡"和"上帝"等语词变得更加容易设想，从而更加容易忍受吗？

上述问题可以作为一个文本的引言，上帝和死亡在这个文本中扮演了至关重要的角色。这个文本就是施米特最初发表于 1923 年的《罗马天主教与政治形式》。当时，施米特作为波恩大学的法学教授，主要靠此前的三本书为人所知：《政治的浪漫派》（1919）、《论专政》（1921）和《政治的神学》（1922）。他当时已被认为是重要的政治思想家和少数几位承认天主教对于自身思想有着重要意义的法学家之一。

不过，施米特与天主教的关系从来都不简单，无论从个人经历还是思想而言。政治上，施米特与天主教中央党走得很近，1923 年的著作也被视作对这一政治立场的理论阐述。但思想上，他的论述显然既规避了天主教政治思想的经典来源，例如阿奎那的自然正当理论，也规避了更为现代的思想家，诸如那些与《政治的浪漫派》

里攻击过的传统有关的人物。在个人意义上,他与教会的关系也很暧昧。在 20 年代早期,他曾试图和第一任妻子分手,但尽管多次尝试,他的婚姻无效请求还是遭到拒绝。当他清楚认识到教会不会同意他的请求,他选择再婚,并立即被开除教籍。这一境遇从他第二次结婚的 1926 年一直持续到 1950 年,那时他的第二任妻子去世,革除教籍的状态便撤销了。

事实上,当他写作《罗马天主教与政治形式》的时候,他还没有与教会公开决裂。尽管如此,这一文本清楚表明,施米特对于天主教的理解,尤其是在政治层面上,绝不是通常或教条意义上的。这一点从开篇第一句话就能看清楚——与施米特的其他著作的开篇一样,这句话直截了当而又富戏剧性:

> 有一种反罗马的情绪(Affekt)。从中滋生出反对教皇制度、耶稣会主义和教权主义的斗争。这场斗争集结了众多的宗教和政治势力,几个世纪以来一直推动着欧洲历史的行进。不仅狂热的宗派分子在罗马发现了敌基督者和《启示录》中的巴比伦淫妇,历代新教徒和希腊正教徒亦莫不如此。这幅图景的神话力量要比一切经济计算都更加深刻和强大,其后效持久地绵延下来。①

这个开篇的观察在今天丧失了一定(但绝非全部)的相关性;尤为值得注意的是,它如何打开施米特在这个文本中关心的问题,即罗马天主教的政治维度问题。这句话起始于一个明确的负面规定:"有一种反罗马的情绪(Es gibt einen anti‐römischen Affekt)。"它描

---

① Schmitt, *Roämische Katholizismus und Politische Form*, Stuttgart: Klett, 1984, p. 5. [译按] 译文参考施米特,《罗马天主教与政治形式》,刘锋译,收于刘小枫选编,《政治的概念》,上海:上海人民出版社,2004,页 47。以下引自该文本处,随文标注中译本页码。译文或据作者论述略作调整。

述的是：（一）一个冲突场景；（二）并不单是理性的因素促成了这一冲突，冲突是由"情绪"或情感促成的。尚不明确这些情绪体现在什么地方。它们仅仅是被作为事实而陈述出来："有"（Es gibt）。这一点尤为令人惊讶，因为这个事实关涉"情绪"，而情绪通常属于一个主体。这就是为什么很难找到一个习语来翻译德语中的这个习语表达。

在英语里，我们往往认为"情绪"或"情感"是某人"拥有"的东西，或至少与某人相关。施米特所用德语词的意义域，与之形成微妙的差异：一种"情绪"（affect）能"影响"（affect）某人，这意味着它来自别处。于是，施米特描述的便是一种将人征服的"情绪"，而不是人们"拥有"的某种情绪或情感。与情感不同，一种情绪从来不能理解为一个孤独个体具有的排他属性，因为它源于别处。但是，虽然情绪源于别处，它仍然和个体密不可分，这就将它区别于英译文采用的 temper 一词。

这种"情绪"明显是负面的，它是"反罗马"的。这会将它同化为一种憎恨，或至少是一种不信任。不过，施米特马上表明，反罗马情绪的侵略性，本身是对另一种通常不太显著的情绪（feeling）的反应：恐怖。在这个特殊意义上，它指的是"罗马天主教不可理喻的（unfassbaren）政治权力引起的持久恐怖"（48 页）。罗马天主教引起了焦虑，因为它在字面意义上难以"把握"（fassen），难以"捕捉"。

这一焦虑既是认识论意义上的，也是政治意义上的。在认识论意义上，它指的是它涉及"捕捉"或"理解"的无能；如果某事物无法被捕捉，它就更难被控制，更加不可预测，因此也更具潜在的威胁，至少对于一个试图长期保持同一的自我而言如此。与此同时，这也意味着认知过程（一般认为是情绪中立的过程）确乎会具有防御色彩：从这一立场而言，人们会渴望对于事物进行理解，因为理解就是让事物各安其位，由此明确事物的位置，并让事物变得更加可控，从而减少威胁。施米特强调指出，罗马天主教的历史挑战的恰恰是这种期待："它的弹性"，他略带反讽地承认道，"实在惊人得很"，因为教会贯穿其历史显示了一种惊人的能力，"可以同各种截然对立的运动和群体结盟"（48 页）。

为了描述这种令人不安的"弹性"，施米特引入了一句拉丁语。或许因为是拉丁语，它听起来可能属于罗马天主教的教义史。然而我们会看到，这种想法与事实完全不符。但这个词在文章中将发挥关键概念的作用——施米特正是通过它来规定罗马天主教的政治维度。我们会看到，它的含义远远超过了这篇文章的边界。这个词是 complexio oppositorum［对立复合体］。听起来，这很像另一个拉丁语概念，而后者的确在天主教思想史和一般而言的哲学史上扮演了关键角色：由库萨的尼古拉（Nicolas of Cusa）发展出来的 coincidentia oppositorum［对立和谐］概念。

但是，在施米特的文章中，complexio［复合体］与 coincidentia［和谐］非常不同。如尼古拉所说，后一个概念表明了对立体在上帝的超验无限性中的结合。与之相对，施米特的 complexio［复合体］概念完全是此世的，并且在严格的与现象的有限世界相关的意义上构思。因此，它将为施米特解释罗马天主教的独特政治力量——他将明确地区分这一政治维度与罗马天主教的神学和教条维度——提供基础。

事实上，虽然表面上看来具有拉丁语的历史，但这个词和天主教教义没什么关系。它最初来自炼金术，而在施米特的年代则被杰出的新教历史学家哈纳克（Adolf von Harnack）用来解释（如果不是证成的话）"反罗马的情绪"。[①] 在施米特的文章中，该词不但用来

---

① Manfred Dahlheimer, *Der deutsche Katholizismus*（1888—1936），Paderborn：Ferdinand Schöningh，1999，p. 111. 引自 Gopal Balakrishnan, *The Enemy：An Intellectual Portrait of Carl Schmitt*, London：Verso, 2000, 页 274 – 275。

解释教会激起的恐怖和敌意,而且用来解释教会在政治领域中的独特位置。施米特开始阐述这个概念的时候,能够表明上述理解差异的论述就已经出现了。他写道,教会的历史

> 有时表现出惊人的通融能力(Anpassung),有时又顽固而不妥协,既有浴血奋战的大丈夫气概,又有柔顺忍让的女性气质。它把高傲与谦卑奇妙地集于一身。……但是,这个对立复合体(complexio oppositorum)也支配着一切神学层面:《旧约》和《新约》均为圣经正典(gelten nebeneinander);马西昂派(Marcion)的"非此即彼"可用"既……又……"(Sowohl-Als)来回答。同样,在这里,许许多多的安排都是可能的,因为在三位一体的教义中,上帝内在性的许多要素被认为来自犹太教一神论及其绝对的超越性。(页51-52)

比起仅仅两年前的《政治的神学》中对于十九世纪天主教哲学的论述,这段描述带有明显的转变:

> 每当十九世纪的天主教哲学在重要议题上进行自我表达,它就会以各种形式表达下述信念:一次不容许调和的伟大抉择正变得不可避免(sich aufdrängt)。纽曼说:"在天主教和无神论之间不存在调和。"所有此类思想家都表达了一种伟大的非此即彼,其严格更让人想到专政而非一次永恒的对话。①

引自《罗马天主教》的段落表明,施米特仍然相信,天主教和无神论(或技术统治-经济主义的自由主义)之间不存在话语上的调和;但他现在同样强调,教会在其自身的历史中经常偏离十九世

---

① Carl Schmitt, *Politische Theologie*, Berlin: Duncker & Humboldt, 1985, p.69.

纪天主教保守派思想家所坚持的"非此即彼"的根本抉择。事实上，正如施米特在此书中的描绘，教会独特的政治性恰恰源于它能够避免此类极端抉择和它们强加的特殊决断力（decisiveness）——当然，这不是指决断的命令。但是，决断不会是像黑格尔（新教）哲学那里一样，以更高的综合来解决冲突：

> 这些对立面的综合就如同空洞的形式与无形式的质料的对立一样，完全不符合天主教的精神。罗马教会内在地（beileibe）不同于德国自然哲学和历史哲学中的那个"更高的第三者"（它本来就不存在）。无论是令人绝望的反题，还是虚幻乐观的合题都与它毫无瓜葛。（页55）

天主教"对立复合体"的这种非综合、非辩证的性质，使之难以等同于一个自洽而不变的立场。根据施米特的看法，它激起了愤怒和焦虑，但我们后面还会看到，它也制造了某种魅力。施米特以赞同和反讽的语气引用了拜伦的描述：教会"雌雄同体"（49页）——这又一次表明教会能够结合通常被认为相互排斥的性质。不过，施米特指出，恰恰是在它拒斥某种同一性逻辑的地方，这种"对立面的结合"将诉诸"人的动机和再现（Vorstellungen）的最终的社会心理根源"。于是，教会能够汇集各种通常认为不可调和的要素和态度，靠的是某种形式主义。施米特对此予以着重强调：

> 从天主教的政治观念来看，罗马天主教的对立复合体的本质在于，它具有特殊的、形式的优越性，凌驾于人类生活事务之上。在这一点上，其他任何帝国都难以望其项背。罗马天主教在实质意义上塑造了（Gestaltung）历史和社会现实。这个结构虽具有形式的特点，却保持着极具生命力（lebensvoll）同时又极富理性的具体存在形态。（页52–53；强调为引者所加）

施米特提到的"形式优越性",在他看来明确区别于"空洞形式"的观念(在之前引过的一段话中,"空洞的形式"和"无形式的质料"相对)。毋宁说,这种形式性是某种"优越性"(Überlegenheit)的根源,而施米特毫不犹豫地将这一优越性与统治权联系起来。这种联系表明,对于施米特来说,罗马天主教在相当程度上是罗马帝国的继承者。不过,这一形式性同样区分了教会与其历史先驱,因为教会凭靠其"凌驾于人类生活事务之上"的"形式的优越性",展现了一种"塑造历史和社会现实"的能力。这种优越性,因其形式性而能够超越"人类生活事务",同时又仍然"保持着极具生命力同时又极富理性的具体存在形态"——那么它的根源在哪里?施米特已将这一形式优越性与"对立复合体"联系起来,现在他必须表明这一联系如何运作。

他的回答方式是引入所谓"代表原则":

> 罗马天主教的这种形式特点乃基于代表原则的完全实现。代表原则的特殊性最明显地体现在,它与近日居于主导地位的经济–技术思维针锋相对。(页53)

在讨论施米特此处用以阐述其"代表原则"的对立之前,需要先在术语上做出说明。在这里翻译为"代表"的德语Repräsentation,虽然表面上与英语representation相同,但它有一组非常不同的含义。这里,我们碰到了一个教科书般的事例来说明索绪尔(Ferdinand de Saussure)关于"价值"的强调:"价值"而非"意义",应该被视为语言作为意指系统的决定性概念。有意思的是,他由此提出质疑的正是"代表"概念。从这个角度说,德语Repräsentation的特殊"价值",不是通过它所代表或再现的事物,而是通过它与之相区别的事物而得到规定的。

德语里有几个词语和英语representation(代表/再现)意思重

叠：第一，Vorstellung 一词，它既可以指精神的 representation，也可以指戏剧的 representation；第二，Vertretung 或 Stellvertretung，都意指"委任"或特使意义上的 representation。下面是从《杜登大词典》中摘抄的有关 Repräsentation 的定义：

> 一个国家、公共机构等等在社会层面上的委任（Vertretung），以及与之相关的盛大场面和仪式（und der damit verbundene Aufwand）：豪车和豪宅都是严格意义上 Repräsentation 的手段。
> 一种针对高层社会地位的（生活）方式，着眼于外在效果。①

施米特在后来的文本中明确区分了"代表"和单纯的"委任"，这恰恰是因为德语 Repräsentation 包含的另外两层含义，如上述词典定义所示。这两层含义结合了社会威望与排场，这在英语 representation 的含义里是没有的。② 当然，施米特讨论"代表原则"的时候并没有明确强调盛大场面和仪式的意思；事实上，他有意排斥了将"形式"理解为"结构外在性"（它的对立面是个人主体的更为本真的"不可见的内在性"）的倾向，并且将这一倾向归给新教。但他对于这一对立的批判，则基于对代表的现象层面的积极规定（valorization）。

施米特认为，天主教教会的"形式性"不是抽象的，因为它扎根于"具体的存在形式"，因而"极具生命力"（lebensvoll）。我们接下去会看到，这个貌似无害的语词事实上绝对不单是"形式"的，

---

① *Das Grosse Wörterbuch der deutschen Sprache*, 2ed, Vol 6, Mannheim：Duden, 1994, p. 2761.
② 不过，根据《牛津英语词典》，英语的 representation 一度曾有德语里仍然保留的某些含义，包括戏剧表演。

因为正是这种生命力（liveliness），将解释天主教教会的"形式性"何以能够实现对于历史的"实质性塑造"（substantielle Gestaltung）——这使得天主教教会成为一个独特而强大的、具有全球性质（如果不直接说是帝国性质的话）的政治力量。

然而，如同施米特其他许多著作那样，他阐述"代表原则"时的第一步是确立对立：将它与"主导性的技术统治-经济主义"思考方式对立起来。他认为，后者渐渐将世界变成一台"庞大的电动机"（eine riesige Dynamomaschine）（页56）：它是能量的来源，却是一种机械性的来源。施米特认为这是活的力量的反题。尽管施米特批判了某种动辄以静态对立来理解世界的浪漫派，他本人却在全篇文章中毫不犹豫地回到传统的人与机器的对立，同时也将它和生命与死亡的对立结合起来。这一点对于他的政治力量观念并非无足轻重。在一段无论是今天还是当年都具有话题性的论述中，施米特区分了教会的政治立场和强权政治的立场：

> 一旦拥有了地球上的石油储藏，就很可能在争夺世界领导权的斗争中掌握决定权。基督的在世代表在这场斗争中起不了任何作用……天主教的政治权力既不依赖于经济手段，也不依赖于军事手段，而是依赖于权威的绝对实现。教会也是一个"法人"，尽管不是股份公司意义上的那种"法人"。股份公司是生产时代的典型产物，采取一种会计方法；教会则是一个具体人格的具体人格代表（eine konkrete, persönliche Repräsentation konkreter Persönlichkeit）。大凡有见识的证人都承认，教会是法的精神的完美代表，是罗马法体系的真正继承者。这里（在它采取法的形式的能力中）潜藏着它的一个社会学奥秘。但是，教会之所以能够采取这种形式或其他任何形式，仅仅因为它拥有代表的能力。（页60-61）

天主教教会的"秘密",尤其是其政治权力的秘密,不在于其物质的、财政的、军事的力量,甚至也不在于其法律和形式程序,而在于其代表的权力。代表的权力使它的形式精神和法的精神得以可能,但又不仅仅等同于这种精神。代表的权力体现了教会之于其罗马帝国这个先驱的优越性。施米特提出了这种关系,但没有做更多说明;为了阐述这一点,我们最好简要提一下《政治的神学》里展开的一个论述。施米特在断言主权者可以被定义为"决断例外状态者"之后认为,这种"决断"根植于他所谓"法律的形式问题"(das Problem der Rechtsform)。

这个问题源于下述事实:法律的一般性包含了对于特殊案例的运用,而后者无法以演绎的方式从法律本身内在地推论出来。这对于任何定性(qualitative)命题都适用,而施米特在《政治的神学》里将它和"规范"的概念联系起来。法律体系运作的基础是执法实践,而后者所要求的干预,必定会被理解为既外在于法律体系,同时也是法律体系不可或缺的可能性条件。施米特将这种干预称为"决断"。① 由于这一决断绝对无法还原为任何定性规范(即法律的

---

① 在早期文章《法律与判断》(*Gesetz und Urteil*, 2ed, Munich: C. H. Beck, 1969)中,施米特提出,司法裁决无法从规范中导出,因此不应该理解为一种"判断"模式。注意:德语 Urteil 既可以指逻辑判断,也可以指司法裁决。施米特一开始就批评了这种混淆。这种非规范性质使得裁决(Urteil)成为一个决断,而不是逻辑判断之类的东西。康德在《判断力批判》导论中思考的也是类似问题,但他试图通过区分"规定"判断(具有客观有效性)和"反思"判断(仅仅是主观的、试探性的)来拯救"判断"概念(参见康德《判断力批判》导论)。施米特与第三批判中的康德有着同样的见解,即既定的概念永远无法穷尽式地预期或函摄经验的可能性(他将之等同于"自然"),所以,在没有可适用的一般规则情况下的"判断"的问题,是其批判哲学无法撇下不管的问题。由此,施米特的"决断"概念或许可以视为康德的这一问题意识的延续,尤其在其主观主义方面。

一般命题性内容），它必须在本质上被理解为一种形式性的行为：

> 每一次具体的司法决断都有一个无视其内容的环节，因为司法结论永远无法完整地（bis zum letzten Rest）从其前提那里推论出来；因此，决断的必要性始终是一个独立而具有规定性因素……
>
> 对于决断的法律兴趣……其基础是规范的特殊性（Eigenart），并且来自下述事实：必须具体地判断一个具体的事实，尽管用来判断的标准只是一般化的法律原则。因此，每一次判断案例都可能带来（liegt vor）转化。法律观念无法决定谁来用它，这一事实已经表明法律理念无法自我执行（sich selbst umsetzen）。在每次转化（Umformung）中，都存在着一种"介入权威"（auctoritatis interpositio）。就能够主张这一权威的特殊个体或具体行为者（Instanz）而言，其独特的规定性无法从某个句子或命题的单纯法律性质那里得到。①

所以，就法律体系需要运用和执行而言，它的本质并不来自法律本身的定性（命题性）内容，因为后者的视野必定始终是一般性的。毋宁说，这一本质只能来自施米特所谓的"介入"行为，它是非话语、非概念、非规范的，但具有权威性。"具体法律意义上的形式因素"，施米特写道，"体现为与这种实质性的对立"，后者也被称为"规范"。这组对立具有根本的异质性："从规范来看，决断是无中生有的（aus einem Nichts geboren）。"如果我们认真对待施米特自己的用语，那么决断的"产生"并不类似于个体生命的诞生，而恰恰是对上帝创世的重复。

对于施米特来说，"决断"建构了法律秩序及其政治条件，即主

---

① Schmitt, *Politische Theologie*, 前揭, 页41-42。

权。因此，"决断"的本质是一项独特的行为，无法从任何一般性中得出：它从来就不是一个规范，而是一种形式。不过，"决断"是一种特殊的形式，不能和康德意义上的先验形式（如时间或空间）混淆，也不能和技术-工具意义上的形式混淆：决断不是精密度。"决断"也不能和"审美形式"混淆；在施米特看来，审美形式不需要决断（也就是对于个例的可适用性）。毋宁说，法律秩序需要的决断，其特殊性在于涉及一种权威的干预，而后者始终是形式性的，也就是说，独特而具体。施米特认为，这种独特的具体化只能在一个决断主体那里找到，他的决断根本不是对某种一般法律的实施，而是演绎和实现了法律运作所必需的"介入权威"。因此，主体便作为行动中的决断而出现：

> 由于决断的独立意义，决断主体获得了一种与内容无涉的重要意义。对于法律生活（des Rechtslebens）的现实来说，关键问题是谁来决断。……法律的形式问题，就在于主体和决断内容的对立之中，在于主体的独立意义之中。（同上，页46）

对于施米特来说，非规范的决断建构了法律秩序及其政治条件，即主权；这一决断需要体现和实现于一个主体身上，他的独特性与决断构成了必然的相互关系。法律通过决断得以实施或运用于某个独特的事件，而决断肯定是"形式性的"，因为它来自一般与特殊的分歧、法律与案例的分歧——依靠实证法特定的一般性永远无法弥合这种分歧。正是凭借独特主体的关键干预或决断性干预，"法律"才能具有"生命力"，尽管从规范的合法性角度来看，这是一种"无"中生有的生命，从虚无开始的创造。我们会看到，这种"从虚无中创造生命"的模式，将在施米特对于"代表原则"的阐述中发挥微妙而关键的重要意义。

上述讨论表明，施米特在罗马天主教那里提出的"政治形式"

问题，源于主体性干预在司法过程中的建构性角色。不过，尽管这种干预反映了施米特所谓"生命力"的"具体"维度——这在他看来从本质上（也即一般而言）就避开了一般法律的函摄，但仍然有待澄清的是，个体的主体如何获得"权威"以做出有效决断。这么说尤其是因为，施米特本人在《政治的神学》中明确主张，决断从来不是单纯由"宣告"行为构成的："决断的理念排除了存在绝对的宣告性决断的可能。"（同上，页42）引申开来，这也将包括对于宪法的规定，也就是说，仅仅确定在宪法上哪个政府行为者有权宣告例外状态以规定真正的政治主权，这是不够的；毋宁说，需要明确的是，哪个行为者或部门事实上能够有效施行这种决断。

但一个决断如何能算"有效"？仅仅是对既有的实证法状态的悬搁，还是包含了其他因素？以这些问题和思考为线索，我们回到施米特有关罗马天主教的独特政治权威的讨论。之前提到，这一权威并不来自其法律形式主义，而来自其代表的权力。回顾了施米特在《政治的神学》中关于形式的讨论之后，我们对于下面这一点也就不会感到惊讶：代表权力的力量并不来自纯粹的形式主义，而来自一个非常特殊的代表对象，或毋宁说代表主体。施米特写道，教会

> 代表着civitas humana（人类之城），它每时每刻都代表着与基督的道成肉身和十字架上的牺牲（Kreuzesopfer）的历史关联；它代表着基督的肉身，基督是历史现实中道成肉身的上帝。教会对于经济思维的时代的优越性，正在于这一代表维度（im Repräsentativen）。（页61）

如果有怀疑论批评者试图否认教会的代表权力，指出教会"除了'代表'本身，什么都不代表"，那么施米特会回答说，这正是教会的力量所在。对于施米特来说，代表的范式是对于十字架上的基督的代表，而这绝不仅仅是一种形式。相反，他认为，只有这一

代表能够以"实质性"的方式"塑造历史和社会现实",而这靠的是一种预示着救赎的"对立复合体"。对于救赎的预示,被代表/再现为"复活"视野下刻画的、关于个体肉身的致死苦难。这一"复合体"所汇集的,一方面是人的脆弱性和有限性,另一方面则是永恒生命的承诺。

这种"汇集"并不在此时此刻建立一种综合,甚至也不在各种极端之间寻求调和,而是激化苦难和存活的对立,让它超越所有的辩证解决。正是通过基督的 Kruzesopfer 这个德语表述的暧昧性——受难(victimization)之意和牺牲(sacrifice)之意在 Opfer[祭品]一词中相互交织——代表才被建构为"对立复合体"的首要表现。基督受难的代表,重新规定了对于时间的超越:每一个瞬间的在场(stellt dar in jedem Augenblick)都成为人的有限性和脆弱性。

但是,通过其可代表性,有限性和脆弱性重新演绎了与它们对立的承诺:复活。① 牺牲意义上的受难,成为上帝得以道成肉身从而人可以成圣的模式。这种对于往昔的代表,令未来的希望——即克服脆弱性和有限性——得以在当下显现。在这个意义上,代表比视觉观察走得更远,因为被代表者具有超越其可见内容的意义:其力量在于声称将否则仍然是过去的、缺席的、私人的事物,转化为当下在场的、因而具有公共性的事物。通过表现为对于个体存在的时空界限和物质边界的超越,代表可以声称实现了历史的"实质性塑造"。其实质体现于那些将基督受难领悟和解释为救赎承诺的人组

---

① 教皇约翰·保罗二世的媒体策略——向全世界展现他过去十年内身体的缓慢而稳步衰弱——似乎也遵循着类似的思想线索和信仰线索。施米特整篇文章强调天主教赋予"公共"领域的重要性,而他认为与之形成对照的,是新教对于私人领域的规定。

成的共同体。

因此,"天主教的政治理念"能够为本身无法还原为可见性的事物赋予形式和形状,也就是使之变得可见:个体希望能够超越时间,希望其存活能够克服死亡。从这一赋形能力中,"天主教的政治理念"获得了它的权力和魅力。

然而,这样一种希望只能通过它的直接否定,通过对基督于十字架受难的刻画,才能被代表/再现。超越必死性边界的自我实现,这一承诺不仅离不开受难和死亡,而且离不开故意承受的受难和死亡。① 这种故意受难的重要意义呈现于施米特后来的一个文本中。在那个文本里,施米特明确表示,仅仅是死亡本身的展现,与他的代表观念不可调和。四年后(1928年)出版的一部教科书《宪法学说》中,他回到了代表的问题,而这次与代表的宗教维度无关。尽管如此,他在《宪法学说》中仍然强调代表与生命的首要关系——对于施米特来说,这一关系首先通过对于死者或垂死状态的排除而得到定义:

> 无生命的东西(etwas Totes)、劣等(etwas Minderwertiges)或无价值的东西、卑微的东西不能被代表。它们缺乏一种能够被提升至公共存在的层面上、能够生存的存在类型,一种被提高了的存在类型。诸如伟大、主权、威严、声誉、尊严、荣誉之类的词语恰恰要传达出被提高了的、具备代表能力的存在的

---

① 吉布森(Mel Gibson)的电影《耶稣受难记》(*The Passion of the Christ*)用了两个小时刻画基督死于残暴的施虐狂般的暴力,然后简要地展现了基督复活的身体;所有伤口都愈合了,除了圣痕——它让人们意识到代表的救赎力量。基督复活的形象为叙事画上美好的句号,否则整个叙事就仅仅是为殉道史添上特别可怕的一章而已——这一历史不仅没有呈现出丝毫终结(不管美好与否)的迹象,反倒在过去几十年里急剧地延长,改变了政治冲突的性质,确乎也改变了"冲突"本身的性质。

这种特点。①

因此,将"死亡的事物"或"低级的事物"进行再生产,就不是在施米特的意义上(与天主教的政治理念和权力相关的意义上)进行"代表"。他在《宪法学说》中对代表的形式分析,清楚地显示了为什么应该如此:

> 代表意味着通过公开现身的存在(öffentlich anwesendes Sein)使一种不可见的存在变得可见,让人们重新想起它。这个概念的辩证法在于,它预设了不可见之物的缺席,但与此同时(gleichzeitig)又使它在场。这并非对于任意类型的存在都是可能的,而是预设了一种特殊类型的存在。(同上,页209 - 210/224)

代表通过共时性和叠加而将时间空间化,由此创造了一个公共性的在场的媒介:缺席之物"与此同时"也变得在场,被摆放在"那里",摆放在注视者面前——以非常接近的距离。时间被处理为同化的媒介(作为"与此同时"),而不是一种造成差异、改变、转化的媒介。在时间中保持同一的个体,被施米特称作"人格"。人格持续存在。这是代表区别于统治性的技术-经济思维模式和行动模式的地方,施米特继韦伯之后将后者从本质上视为一种会计方法。与之相对,他坚持认为:

> 代表观念完全取决于个体权威的概念。因此,无论是代表,还是被代表的个人都必须保持个体尊严。……严格意义上的代

---

① Carl Schmitt, *Verfassungslehre*, Berlin, 1983, 前揭, 页210。[中译按] 中译参《宪法学说》,刘锋译,上海:上海人民出版社,2005,页224。下文引自该书处,均在德文版页码后标注中译本页码。

表必定包含一个人格……或一个理念：理念一旦被代表，就具备了人格性。（同上，页63）

这一"人格"概念如何与"代表"概念相调和？我们记得，教会在施米特那里代表了"人格化的基督本身"。但区分这一人格的是某种自我牺牲：在这里是基督"十字架上的受难/牺牲"（Kreuzesopfer）。而由于代表涉及将缺席之物变得在场（或毋宁说是同时在场和缺席、在场作为缺席）的过程，"人格性"特征在这里涉及的就不仅是经验性的个人特征。《宪法学说》中提到的下述例子，为这一问题提供了可能的答案：

> 如果甲代表缺席的乙出场，甚至代表几千个缺席的乙出场，这也还算不上什么代表。关于代表，有一个非常简单的历史实例：国王让大使（即人身代表，而非为国王办事的代理人）在另一个国家的国土面前代表自己。在十八世纪，人们将这种"突出意义上的代表"与其他的代理作用明确地区别开来。（页201/224）

在此，"人身大使"（他在另一个国王面前代表国王）与单纯执行任务的"行为者"之间的区别在于一种连续性，一种通过代理而同时在多个场合在场，或毋宁说通过代理而在不同时间和空间下保持同一的能力。这种能力显示了对个体肉身的有限性身体界限的克服，因而对于施米特来说，界定代表之"人格"的，不是生理学意义上的个体或团体概念，而是其身处异地且身为他者，同时又保持自身的能力。

在这个非常特殊的意义上，"人格"是这样的个体：他能够代表自身，并由此超越一切活着的个体之界限。在此基础上，施米特同样在《宪法学说》中指出，"代表观念"对于建立政治实体（即

"人民")的同一性和统一性而言至关重要:

> 代表观念的基础是,相对于以某种方式共同生活的人群的具体自然生存而言,一个作为政治统一体而生存的民族具有更高的、被提升了的、更集中的存在。如果对政治存在的这个特点的判断力丧失了,人们宁肯选择其具体生存的其他类型,那也就丧失了对代表概念的理解(dem natürlichen Dasein einer irgendwie zusammenlebenden Menschengruppe)。(页210/224)

如果"人民"的政治统一取决于"代表",而代表则取决于"人格"的某种超验性,那么需要回答的问题就是:这种超验如何实现?在基督的典型个例中,答案是 Kreuzesopfer——在那里,死亡具有牺牲和救赎的意义。通过这种牺牲,人类生命的"自然存在"得到克服,而对施米特来说,这一克服为政治实体的建构和生存提供了一种模式。

在发表于1932年的《政治的概念》中,施米特把上述过程描述为"区分敌友"的功能。在他看来,政治总会包含冲突情境下的权力施展。不过,如果考虑到 Opfer 恰恰是敌人故意为之的结果,而且,接受与肯定自身的命运也是耶稣有意为之的回应,那么"区分敌友"不是已经在基督的受难/牺牲那里,被预期为具有示范意义的代表对象了?他者作为带来死亡的敌人,由此悖论地、甚至辩证地呈现为一种必要的条件,令生命能通过自我牺牲——无论作为个体或作为共同体——而持续下去。

诚然,需要再次声明的是,就我所知施米特既没有在这个文本中也没有在其他地方探讨甚至提到"基督受难"的这一层面。不过,这一缺席以不明显的方式将他的代表观念塑造为对于在场和缺席、生命和死亡的悖论性克服——这种克服反过来则为政治统一和共同体奠定了基础,而其起点便是教会的"人类之城"。基督并没有简单地死去：他有意让自己被处死，并且有意接受自己的死亡。通过这一双重"故意"，死亡被界定为人的意图和行为的结果——罪的结果。

简言之，基督是被瞄准的目标，而只有作为目标，他才能成为救赎性的代表过程的模式，牺牲性的模式，而这种代表过程则试图剥除死亡的"刺痛"，即死亡的含混的不可逆转性。由此，代表可以呈现为通过攫取异质性而抛弃异质性。至少对施米特来说，通过代表来瞄准目标，就是为自然、有限、无特征的区分（grouping）提供条件，使之能够重生并将自己转化为一个统一而持续的政治共同体。但是，如果没有敌人让焦虑变为恐怖，把恐怖变成罪责，把罪责变成侵略，上述过程就无法期待一个大团圆结局。

所有这些在《罗马天主教与政治形式》中都隐而不彰、未曾名言、甚至难以辨认，因为罗马天主教的形式只有通过其缺席，并在其缺席之中才变得具有"政治性"。不过，其结果和情绪——"反罗马的情绪"——要等到《政治的概念》发表后才会获得具体的形状，即不可或缺的敌人。这里有一个重要差异：随着政治的"概念"的到来，政治的"形式"和与之相关的"代表原则"就将退居次席。从现在起，对于施米特而言，政治将通过瞄准敌人/敌人的瞄准（宾格所有格和主格所有格）进行自我界定。但杀戮的救赎价值仍然会是其成功的秘密——不那么公开的秘密。

政治的概念的限制
——施米特《政治的概念》中的"国家"

王　钦　撰

继施特劳斯对施米特的《政治的概念》(*Der Begriff des Politischen*)进行"X光"式的解读之后，以迈尔（Heinrich Meier）为代表，多有论者将施米特对于政治的"真实可能性"的强调与所谓"政治神学"的立场相联系，暗示施米特在根本意义上是一位披着政治科学外衣的神学家。① 针对上述阐释，本文通过重新细读《政治的概念》，设法论证的是：施米特在二十世纪二十年代末、三十年代初的

---

① 参 Heinrich Meier, *Carl Schmitt and Leo Strauss: the Hidden Dialogue*, J. Harvey Lomax 译, The University of Chicago Press, 1995; 中译参见迈尔，《隐匿的对话》，朱雁冰等译，北京：华夏出版社，2002。对于迈尔的批判性探讨，参 Jianhong Chen, "What Is Carl Schmitt's Political Theology?", 载于 *Interpretation*, Vol. 33, Issue 2, 2006; Anna Schmidt 的回应文章 "The Problem of Carl Schmitt's Political Theology", 载于 *Interpretation*, Vol. 36, Issue 3, 2009。根据 Anna Schmidt 的说法，政治神学作为一种政治立场，归根结底意味着政治行动的基础是对启示信仰的坚持，因为启示信仰就是"真理"，参页 226。

历史语境下，通过重新唤起和阐释"政治性"的概念，背后的首要关切并不是对于"政治神学"的辩护，而是试图拯救现代欧洲国家这一特定的政治形式。与强调启示（revelation）高于人类知识的"政治神学"解释路径相对，本文将指出，面对一个所谓去政治化和中立化的时代，施米特竭力维系的是岌岌可危的、由威斯特伐利亚条约所象征、处于古典欧洲政治框架特定规定下的"国家"形式。不过，也正因为施米特在论辩的意义上重新阐释"政治性"概念以挽救国家的政治权威地位，指向"国家"概念的问题意识，便不仅造成了《政治的概念》整本书的巨大张力，也使得施米特的论述最终趋向自我消解——也就是说，"国家"概念既是施米特整个论述的难题，也是其支点；既是其可能性条件，也是其不可能性条件。因此，以"国家"概念作为线索进入这一文本，或能有助于更具体地把握《政治的概念》的关切，并从文本细部勘出一条不同于"政治神学"阐释的路径，以理解施米特思想变化的踪迹。①

一

根据施特劳斯的论述，施米特关于"政治性"构成了人的本性

---

① 事实上，施特劳斯在其解读一开始处便提到了施米特文章中的"国家"问题意识："施米特的文章关注的是'人类事物的秩序'问题，即国家的问题。"不过，在呈现施米特关于"恶"的问题上的困境之后，施特劳斯暗示，施米特的根本关切——"人类事物的秩序"——不是国家本身。施特劳斯写道："对施米特而言，最重要的不是对自由主义的战争。因此，对政治性本身的肯定不是他最后要说的。他最后要说的是'人类事物的秩序'。"参见 Leo Strauss, "Notes on Carl Schmitt, *The Concept of the Political*", 见 Carl Schmitt, *The Concept of the Political*, The University of Chicago Press, 2007, George Schwab 译, 页 99、121。与此相对，我试图论证的是，对施米特来说民族国家不仅仅是一个能够做出现实决断的政治实体，而且对"人类事物的秩序"、对人性本身具有本体论的重要性。对施米特而言，国家构成了人性的根本界限。

的认识,归根结底是对于"政治性"的道德肯定,这种肯定不可证明而且没有根基;它是一种对于特定道德的肯定。① 迈尔将施特劳斯的论述推进了一步,认为施米特的"政治神学"立场与施特劳斯的"政治哲学"立场截然不同。他为这一区分给出了一段简明扼要的解释:

> 对施米特来说,肯定政治性便是肯定道德。但是,施米特认为对道德的肯定其本身的根基是神学。对他而言,对道德的肯定是其政治神学的一部分。施特劳斯蔑视一个单单是有趣和消遣性的世界,是因为那个世界的人们远未达到自身的天性潜能,既无法实现自己最高贵的能力,也无法实现自己最出色的能力。②

也就是说,施米特的论述是对一种特殊道德立场的肯定,而施特劳斯的论述侧重的则是人实现高贵的能力和可能性。迈尔对施米特的分析,显然源于施特劳斯在解读《政治的概念》时提到的一个关键问题。施特劳斯指出,施米特批判自由主义时,必然陷入一个两难境地:施米特强调和肯定的"无辜的恶",导向的是一种自由主义道德,而与此相区别的"具有道德含义"的恶,则最终离不开神学对于"罪"和"恶"的等同。如果施米特不愿意认同自由主义,剩下的唯一选择便只有对于恶的道德肯定,也就是说,唯一的选择就是一种神学式的理解:

> 所以,出于施米特激烈批判自由主义这一目的,我们便不能将人的恶视为动物性的因此也是无辜的恶,而应回到将人的

---

① 参 Strauss,"Notes on Carl Schmitt, *The Concept of the Political*",前揭,页 117。

② Meier, *Carl Schmitt and Leo Strauss*:*the Hidden Dialogue*,前揭,页 47。

恶视为道德卑劣的观点；只有这样，施米特才仍然是自洽的——如果"政治概念的核心"确乎是"道德上十分迫切的决断"的话。①

但另一方面，与迈尔将施特劳斯和施米特的立场明确区分为"政治哲学"和"政治神学"不同，施特劳斯本人审慎地避免了"政治神学"一词，哪怕或恰恰是在人们可以期待这个词出现的地方：

> 反对自由主义的论争因此可能只是一个准备，或只是顺带一提：这一论争意在为决定性的战争清理出场地，一方是"技术性精神"，是"激起反宗教的、此世的激进主义的大众信仰"，与它相反的一方则是一种似乎还没有名称的精神和信仰。（同上，页121；强调为引者所加）

这场战争是道德敌人之间的战争，不是道德一方与宣称自己是道德无涉的一方（即施米特意义上的"自由主义者"）之间的战争。换一种说法，以人性问题的角度来看，对施米特而言，根本上的严肃对峙发生在那些坚持人性恶的人们（即所谓真正的政治理论家）和那些相信人性善的人们（即所谓无政府主义者）之间，这场对峙与自由主义者没有关系，因为他们总是希望悬置判断和对抗，置身事外。这样一来，问题便是：如果无政府主义象征着"技术性精神"而"政治思想家"代表着它的对立面，那么为什么施特劳斯没有直接将施米特的道德立场命名为政治神学？

正是在这一点上，施米特对神学和政治的区分需要我们特别注

---

① Strauss, "Notes on Carl Schmitt, *The Concept of the Political*", 前揭，页114-115。

意。在讨论政治理论的人类学预设时,施米特指出,"各种人类思想领域"① 对于"恶"一词具有不同的理解:

> 神学家如果不再认为人是有罪的、需要拯救的,如果他不再区分被拣选者和不被拣选者,那么他就不再是神学家了。道德论者预设了善恶之间的自由选择。由于政治领域在根本意义上是由敌意的真实可能性规定的,政治概念和理念就不太能够以人类学乐观主义为起点。这将消解敌意的可能性,并由此消解每个特殊的政治后果。(页64/51)

在政治领域中的敌人是"现实的敌人",而神学家的敌人总是一个道德上邪恶的敌人。对政治理论家而言,敌意的真实可能性和由此产生的敌友区分并不同时导致对敌人的道德谴责,哪怕仅仅是因为,如施米特在其战后笔记中强调的那样,

> 朋友是肯定和确认我的人。敌人是挑战我的人。谁能挑战我?基本上只有我自己。敌人是界定我的人。②

---

① Carl Schmitt, *The Concept of the Political*, 前揭, 页64。原文参照 *Der Begriff des Politischen*, Dunker & Humblot, 1932, 页51。中译参见施米特,《政治的概念》,刘宗坤等译, 上海人民出版社, 2004。下文引自该书处的引文均在括号内给出英译本页码和原文页码, 译文出自笔者。关于《政治的概念》一书不同版本的差异, 参见迈尔的细致讨论(*Carl Schmitt and Leo Strauss: the Hidden Dialogue*, 前揭)。本文的讨论基于1932年版《政治的概念》, 主要出于如下考虑: 1932年版著作本身的完整性并不因为之后版本的修改而有所削弱; 毋宁说, 以"国家"概念的问题意识为切入点, 以1927年柏林政治学院的演讲为基础的1932年版本, 更能体现施米特在特定历史情境下的思想踪迹。

② 参Carl Schmitt, *Glossarium: Aufzeichnungen der Jahre 1947—1951*, Eberhard Freiherr von Medem 编, Dunker & Humblot, 1991, 页217; 转引自 Carl Schmitt, *Theory of the Partisan*, G. L. Ulmen 译, Telos Press Publishing, 2007, 页85。

失去了政治规定性，人便不再具有人性；而一旦敌人在道德上被否定、在肉体上被消灭，人同样不再具有人性。施米特所提及的战争的真实可能性——不是现实战争本身，而是对峙的情境和可能性——很容易让人想到黑格尔的"主奴辩证法"。事实上，在《政治的概念》的一个注释中，施米特明确提到了黑格尔关于"承认的斗争"的辩证法：

> 敌人是一个被否定的他者。但这一否定是相互的，而这一相互否定，作为敌人之间的关系，有其自身的具体存在；双方的这一"无"的关系，其名字便是战争。（页63/50）

施米特在这一对于黑格尔的独特阐释中，忽略的正是"主奴辩证法"中主人和奴隶之间的非对称关系，而在黑格尔那里，这一非对称性恰恰构成了辩证运动的动力。也就是说，虽然主人渴望被一个和自己一样平等的人所承认，他在拼死搏斗之后所能获得的仅仅是一个低等者（即奴隶）的承认。主奴之间的悖论性的非对称关系在施米特的阐释中被抹平了。施米特这样做的症候意义，正是本文试图论证的关键：通过将黑格尔的辩证结构改写为一种霍布斯式的自然状态，施米特试图为在当时历史语境下正处于危机之中的、现代政治中具有独特地位的政治实体——处于特定历史情境下的现代欧洲国家——赋予理论上和政治上的优先性。

政治的概念和国家的概念之间的密切关系，在《政治的概念》的第一句话中就有所体现："国家的概念以政治的概念为前提。"（页19/7）而更重要的是施米特接下来对于"国家"的"定义"："所谓国家……在与众多可能设想的个体或集体的状态对比下，就是状态本身（der Status schlechthin）。"（页8）① 对政治的概念的考察

---

① 这句话在 Schwab 的英译本中被省略了。中译本对于该处上下文的处理如下：

因此可以视为理解国家的概念的准备工作。施米特所面对的政治情境是：魏玛共和国国内经济面临崩溃，政府软弱无力，国家的政治权威正在受到"社会"——或用一个施米特在后来关于霍布斯的著作中所强调的语词，"间接力量"——的严峻挑战，而其结果便是所谓的"总体国家"：

> 正是当国家和社会相互渗透之际，国家等于社会的等式变得错谬而具有欺骗性。至此一直是国家事务的事情由此变成社会事务，反过来，至此一直是社会事务的事情变成国家事务——这在民主化组织起来的统一体中是不可避免的事。（页 22/11）

在这样的"总体国家"中，"一切都至少是潜在地带有政治性，而当指向国家的时候，人们不再可能声称它具有一种特殊的政治性格"（页 22/11）。人们在此或许会问：施米特本人对政治性的定义——人类组织之间最强烈的对抗性——难道不也在暗示一种在其中每个领域都"潜在地带有政治性"的国家？"总体国家"难道不是施米特渴望的国家？不是。为了搞清楚施米特对"总体国家"的批判的重要性，我们必须首先明确一点：对于施米特而言，重点不是"潜在"的政治性本身，甚至不是政治对抗关系，而是国家作为一个决定性政治实体是否具有最终"权威"，即是否具有其自身的意志和自由以在关键时刻做出决断。因此施米特才强调：

> 无论就其字面意义而言，还是就其历史形象而言，国家均是由一个民族构成的特殊状态。与其他任何可以想见的个人和集体状态相比，国家在关键情况下是最终状态。（施米特，《政治的概念》，前揭，页 99）

值得强调的是，施米特在此不仅区别了 der Zustand 和 der Status，而且将国家的定义归结在"状态本身"上面；也就是说，国家既定的存在、这一"具体现实"，是其规定性的根本条件。这一点对于理解《政治的概念》至关重要。

国家作为一个实体,而且事实上是一个决定性的实体,端赖于其政治性格。(页44/31)

与此相对,尽管或正因为在"总体国家"之中社会领域中的一切都具有潜在的政治性,国家便丧失了其在做出决断上的根本政治权威。根据施米特,"总体国家"背后的理论是政治多元主义,它"反复强调个人生活在各种不同的社会实体和组织之中",以此否认"政治实体的主权"(页40-41/28)。一旦国家只被化约为各种社会组织中的一个,它就丧失了其具体的政治性格。多元主义国家理论导致了"一种对个人及其自由联合而言可以撤销的服务关系"(页45/32),导致了民族国家的实质性瓦解。在这个意义上,施米特试图为政治的概念赋予"具体的定义",就同时带有论辩效果和理论上争夺领导权(hegemony)的效果。通过与当时历史情境的对峙(政治的概念被理解为国家的"又一个指称"——而这种认识,施米特强调说,只有在国家"掌握对政治的垄断"[页22/11]的时候才是有效的),施米特对于政治的概念的重新阐释,为的是重新赋予国家概念以活力和积极性:国家作为人民的政治实体,将在去政治化和中立化的时代中,重新获得自身的自由和意志以对抗自由主义和无政府主义的挑战。

但首先还是让我们回到起点。施米特对于政治的概念的界定,其出发点是拒斥流行的对于政治的负面态度。主张政治与国家的对立的人为政治设置了各种反题:政治与道德、政治与法律、政治与经济,等等。施米特的论述策略因此便是对这些貌似"去政治"或"非政治"的领域或自律性范畴进行内部消解。于是,在讨论政治领域的"相对独立性"时,施米特指出:"要得出对政治的定义,只有靠揭示和定义具体的政治范畴"(页25/13);同样,

与人类思想和行动的各种相对独立的行为相对,尤其是与

道德、审美和经济相对，政治拥有其自身的标准（Kriterien），这些标准以一种独特的方式表现出来。政治因此必须建立在自身的根本区分（letzten Unterscheidungen）之上，而所有具有独特的政治意义的行动都可以追溯到这些根本区分。我们假定，在道德领域中的最终区分是善恶，在审美领域中是美丑，在经济领域中是是否谋利。那么，问题就是，是否存在一个特殊的区分可以用作政治的一个简明标准（einfaches Kriterium des Politischen），以及其内容是什么。这样一种政治区分的性质肯定与其他区分不同。**它独立于其他区分并具有清晰的自明性。**（页25–26/13–14；强调为引者所加）

在这里，乍看之下施米特似乎在主张"政治"拥有自己的自律性。施特劳斯直截了当地说："肤浅的读者"会觉得，在"自由主义主张自律性的延长线上"，① 施米特开始提请人们注意到政治的自律性。——但这一理解是否真的只是"肤浅的"理解？我认为既是又不是。如果读者认为政治领域和其他领域处在同一个层面，具有同等意义的自律性或独立性，认为政治只是一个不同的社会领域，那么这一理解确乎是肤浅的；然而，在另一个意义上，如果考虑到*存在论层面*（ontological）和*存在者层面*（ontic）的区分（借用海德格尔的术语），那么上述理解或许并不那么"肤浅"——或者说，它是一种具有症候意义的"肤浅"理解。

事实上，施米特似乎为政治下了两个而不是一个定义：在把政治标准界定为敌友之分后，他转向了所谓"强度"的界定，并由此将政治性撒播到一切对抗关系之中。或许可以说，"肤浅的读者"将

---

① Strauss, "Notes on Carl Schmitt, *The Concept of the Political*"，前揭，页102。

施米特关于政治的第一种定义凌驾于第二种定义。有些论者指出，施米特在《政治的概念》中的论述策略或修辞手段的关键，便是他不断在这两种定义之间滑动：例如，德里达（Jacques Derrida）认为，施米特的逻辑是

> 一种复杂的（或天真的）、在两种政治情境（situations）、两种政治分层（stratifications）之间的滑动——有时政治是一个特殊而坚实的层次，有时政治作为真实可能性（possibilité réelle）侵入整个根本性的或奠基性的存在层级之中，不论是个体的存在还是共同体的存在。①

但是，德里达没有充分展开的重要问题是：施米特出于何种考虑而同时提出了这两种定义？这仅仅是一种修辞手段而已吗？

为了调和地理解这两种不同的定义，我们首先需要注意在施米特上面那段关键引文中出现的一个貌似无关痛痒的语词变化："相对独立于"其他人类思想和行动领域的"政治"，首先被描述为具有自身的"（种种）标准"（Kriterien）和"（种种）区分"（Unterscheidungen）；然而，在接下来的论述中，通过讨论政治与道德领域、审美领域、经济领域的类比，施米特指出，政治具有自身的"一个简明标准"。也就是说，复数形式的政治区分被缩减为一个单一的、独立的"政治区分"——我们知道，这个"各种政治行动和政治动机都得以化约的独特的政治区分是敌友区分"（页26/14）。可以认为，在道德领域、审美领域、经济领域发挥作用的根本二元对立，暗示着在同样"自律"的政治领域中有一个相应的二元对立——或者确切地说，道德、审美、经济等其他领域中的二元对立，已经预

---

① Jacques Derrida, *Politics de l'amitié*, Galilée, 1994, 页 147 - 148；强调为原文所有。

设了一种政治性的强度。① 如果施米特确实希望从内部瓦解在自由主义那里设置的政治与其他自律性领域的对立，那么有理由推断，通过将复数形式的政治区分缩减到敌友之分这一单一区分，施米特不仅在修辞的意义上吸引了读者的强烈注意，而且更重要的是，他以此在关于政治的第一个定义中，预设了另一个更深层次的定义，也即，"政治性"意味着人类组织中最强烈的对抗："敌友区分指的是最高强度的统一或分化，联合或分裂。"（页 26/14）其他领域虽然表面上看来是自律的、与政治无涉的，却可以随着强度的提高而变成政治性对抗：

> 宗教、道德和其他对立可以强化为政治对立，并造成决定性的敌我格局。事实上，如果这种局面发生的话，相关的对立就不再是纯粹的宗教对立、道德对立或经济对立，而是政治对立。（页 36）
>
> 每一种宗教的、道德的、经济的、伦理的或其他的对立，只要强烈到足以有效地将人们集合为朋友和敌人，就转化为政治对立。（页 37/25）②

于是，政治性的强度便意味着一个由量变到质变的过程。

施米特并不试图为政治赋予一种"穷尽的定义，或指向其实质性内容的定义"（nicht als erschöpfende Definition oder Inhaltsangabe）

---

① 对此，德里达扼要地指出："与其说施米特通过对抗性的否定定义了政治，不如说他用政治定义了后者。"参见 Derrida, *Politics de l'amitié*, 前揭, 页 153。

② 值得注意的是，施米特几乎交替使用"对立"和"区分"两个词。例如，在提及政治区分作为人类组织的最高强度之后，施米特紧接着写道："政治是最强烈和最极端的对抗（Gegensatz），每一种具体的对抗会随着趋向最极端的敌我归类而愈发具有政治性。"（页 29/17）

（页26/14）；相反，他的定义是一种形式性的、甚至形式主义的标准，从而可以灵活地将其他领域的二元对立转化为政治对峙。施米特对于政治的定义的复杂拓扑学结构，可以类比于他在1922年出版的论著《政治的神学》（Politische Theologie）中对于主权者决断例外状态的论述：决断例外状态从来都不是将所谓"例外"状态从"常规"状态中划分出来，而是对于整个情境的规定；同样，政治从来不是一个与其他社会领域相对的新的自律性领域，而是穿透所有"自律"领域并潜伏于所有二元对立之中的。因此，当施米特以二元对立的形式来为道德领域、审美领域、经济领域的"最终区分"举例时（善恶、美丑、是否谋利），他便已然预设了一种位于其他领域深层的并因此"独立于"其他领域的政治理解。政治并不源于其他领域；相反，它具有其他领域无法比拟的根本意义：

> 由于不是源于其他标准，敌友对立便对应于其他相对独立（relativ selbständigen）的对立的标准：道德领域的善恶，审美领域的美丑，等等。不管怎么样，它的独立性不在于它是一个独立的新领域，而是因为它既不以其他任何对立或其他对立的结合为基础，也无法被追溯到其他对立那里。（页26/14；强调为引者所加）

通过上述引文的最后一句话，我们得以转向前面提到的"肤浅"理解具有的症候性意义。我们知道，在存在论层面上，政治无需"借助"道德区分、审美区分、经济区分，恰恰是因为，如施米特所说，政治的敌人"不需要在道德上邪恶或审美上丑陋"，不需要"作为经济竞争者出现"（页27/15）。然而，在存在者的层面上，政治似乎又总是已经预设了其他领域中的冲突；也就是说，政治总已是一个派生性范畴：

> 只有真实的参与者能正确辨认、理解和判断具体情境和冲突的极端情形。……人们很容易在感情上将敌人看作邪恶而丑陋的,因为每个区分,尤其是政治区分——作为所有区分和归类中最强烈的一种——都会借助其他领域以求支持。这并不改变这些区分的自律性。(页 27/15;强调为引者所加)

尽管施米特在此依然强调不同领域中的区分的"自律性",他在另一处写道:

> 政治可以从最广泛的人类行为中,从宗教、经济、道德和其他对立当中汲取能量。它并不描述自身的实质,而仅仅描述人类联合或分裂的强度:其背后的动机可以是宗教的、民族的(在种族或文化的意义上)、经济的等等,并且能在不同时期影响不同的联合与分化。(页 38/25)

政治由此似乎从一种特殊的人类行为转变为人类关系本身(联合和分裂)的构成性要素。但是,如果认定政治在存在论的意义上规定了人类关系(施特劳斯会说"人性"),那么这一论断事实上会削弱而非强化施米特的论辩立场——因为正如他反复指出的那样,敌友的政治概念"要在其具体的、生存性的意义上来理解,它们不是隐喻或象征,不被经济、道德等其他概念所混淆和削弱(vermischt und abgeschwächt)"(页 27 – 28/15;强调为引者所加)。经济、道德、审美、法律等其他概念,虽然在存在论的层面上"混淆和削弱"了政治的独立性(似乎它们对于政治性的意义只是负面的),却在存在者的层面上变成了政治的必要范畴——它们对于人类的联合与分裂而言,不仅是"支持性"的"增补",而且是不可或缺的前提,因此也就对政治而言不可或缺。由敌意的真实可能性所规定的政治敌人,在存在者的层次上总已经是一个可辨认的他者:无论是在经济的意义上，还是在道德、审美、宗教的意义上。

敌人不可能是施米特所谓的"陌生人"，不可能是"生存意义上不同而他异的"存在（页27/15）。因此，进一步说，施米特所理解的"敌人"的概念，必定预设了"朋友"的概念：我与他者的人类关系的开端，不可能是一种抗争性关系，因为在政治的强度到来之前，"我"与"他者"总是已经处在关系之中。于是，施米特对于政治的定义，呈现出下述悖论：一方面，他试图将政治对抗从所有其他领域的区分中拯救出来，为其赋予存在论意义上的首要性；但另一方面，出于对普遍性的、去政治化的"自律性"主张的警惕，出于对自由主义的批判态度，他必须坚持政治的"现实的""生存性"意义，必须坚持政治在存在者层面的可能性——但是在这里，相较于其他领域的区别，政治对抗恰恰是派生性的。

在下文中，我将表明：为了克服这一困境，为了维持"政治性"的概念不被"存在论层面的优先性"和"存在者层面的派生性"这一悖论所撕裂，施米特所诉诸的正是"国家"概念，后者构成了《政治的概念》整个论述的起点和终点。吊诡的是，施米特力图以重新阐释"政治性"的概念来拯救和维系的"国家"概念，最终也扮演了维系关于"政治性"的全部论述的角色——尽管是一个失败的角色。

二

从上述关于政治与其他领域的复杂关系以及政治本身具有的含混的"独立性"出发，我们或许可以重新评价施特劳斯所批判的施米特敌友之分的形式主义倾向。简言之，虽然施米特的形式定义抽空了政治对抗的实质性内容，但其结果并不必然是不自觉地滑入自由主义的宽容德性；相反，这种形式主义倾向表明，施米特设法为政治的概念赋予存在论上的特殊地位,需要何种特定前提。也就是说,不同于其他社会领域中的"自律性"标准,政治的"自律性"或独立性,归根结底体现为由具有权威的政治实体(即国家)根据自身的意志和能力做出的政治决断。

让我们重新回到施米特将政治与其他领域的干扰相剥离的论述。我们已经看到,政治敌人不需要在审美上丑陋或道德上邪恶,也不需要是经济上的竞争对手——可以设想,人们不断在关于什么是美的、什么是善的、什么是经济上得利的问题上争执不休,但在施米特看来,政治对抗并不需要这类讨论。事实上,施米特追随天主教政治思想家柯特(Donoso Cortes)的看法,轻蔑地将政治问题的讨论(其制度上的代表便是当代议会民主制)视作自由主义政治缺乏力量与做出决断的意志的表征。政治的形式上的"独立性",与各个社会领域的"自律性"之间的关键差别,便在于权威性政治实体的意志自由,在于这一政治实体实施的主权权力(sovereignty 一词也具有"独立自主"的含义)与机械式的程序自律性之间的巨大差别。通过这一差别,施米特提到了政治概念的两面性:

> 在所有典型的自由主义表现中,伦理或道德的情绪和物质主义的经济现实都得到了结合,并让每个政治概念都有两副面孔。……国家变成了社会:在伦理思想方面变成一种关于人性的意识形态人道主义观念,另一方面则变成一个生产与运输的经济技术系统。在一场既定的战争情境下击退敌人,这种自我理解的意志变成了一种理性地建构起来的社会理想或程序,一种倾向或一种经济算计。……在思想的一端,治理和权力变成了宣传和大众操纵,而在经济端则变成了控制。(页 71-72/58)

对施米特而言，只有权威性的政治实体——国家——具有自由和意志以决断政治上的敌友。即便各个社会领域的规定性可以回溯到特定的法律或文化根基，作为主权者的政治实体却是没有根基的：与其说施米特在论述"国家"概念和"政治"概念时陷入了循环论证，不如说，国家概念的莫比乌斯带般的结构致使我们在处理国家这一难题时，之前借用自海德格尔的区分——存在论层面和存在者层面的区分——不再有效了：

> 政治实体按其本性便是决定性的实体，不论它从什么地方获得其最终的精神动力。它要么存在，要么不存在。如果它存在，它就是最高的——也就是，在决定性的意义上说，权威性的实体。（页43-44/32；强调为引者所加）

在《政治的概念》的开篇，施米特认为国家的概念预设了政治的概念；而在这里的论述则表明，对政治的概念性分析事实上已经预设了一种对于"国家"的特定理解。① 只有通过在主权意义上决断与他者的对抗性关系，政治实体才能获得自身的独特政治性格。对政治实体而言，不存在"事先规定好的一般规范"，主权决断也不可能由"一个无涉的，因而是中立的第三方"来做出（页27/15）。相反，对于政治敌友的决断必定是一个与情境密不可分的具体决断，因为证成政治对抗的不是理想或正义的规范，而仅仅是该政治共同

---

① 德里达认为，施米特的论述仍然属于"他自己所说的黑格尔式的国家学说的德国传统"。按照这一传统对于国家的理解，"国家不同于社会，并且高于社会"；"国家确乎预设了政治，因此国家在逻辑上不同于政治；但是，严格来说，对政治及其无法化约的核心（敌友结构）的分析，从一开始并且作为一贯的线索，就为这种结构的国家形式——换言之，作为公民的朋友或敌人——赋予了优先地位"。参见 Derrida, *Politics de l'amitié*, 前揭，页145。就《政治的概念》阶段的施米特而言，应该说德里达的判断是准确的。

体与一个"现实的敌人"作战的生存性事实本身（页49/38）。在施米特的论述中，这也反过来确认了国家和人民/民族的同一性："在字面意义上和其历史形象上，国家是一个民族的具体实体。面对许多可以设想的实体，国家在关键时刻具有根本权威。"（页 19 – 20/7）同样，

> 只要一个民族在政治领域存在，哪怕是在最极端的情况下（什么时候是最极端的情况由它自己来决定），它也必须自己决定敌友区分。这是它的政治存在的本质。当它没有能力或意志做出这一区分的时候，它在政治上就不再存在了。如果它允许别人做这个决断，那么它就不再是一个政治上自由的民族，而是被另一个政治系统收编了。（页49/38）

因此，在施米特那里，构成一个民族的自由的，正是其在政治上划分敌友的能力和意志。我们已经提到，现实的敌人和敌意的真实可能性决定了做出决断的政治实体的身份，而政治上自由和统一的实体，也只有通过这一决断才能显示自身：政治的独立性归根底不是一个特殊领域自身的自律性，而是一个政治共同体相对于其他政治共同体的独立自主。一个民族/国家在政治上的确定性不是别的，正是对它所面对的当下政治现实的判断和确认——所以，

> 如果一个民族不再具有能量或意志在政治领域维持下去，政治领域亦不会因此从世界上消失。消失的只是一个孱弱的民族。（页 53/41）

施米特认为，我们所处的境遇是一个政治上多元化的世界（但不是一个政治多元主义的世界），是一个民族国家林立的自然状态，每个国家在其中所面临的"非此即彼"的选择，就只有政治上的清

醒头脑和分崩离析这两项。

于是，与人民/民族的政治自由相对，自由主义所倡导的个体自由对国家而言只有负面意义，甚至是毁灭性的影响①——自由主义个人主义的政治性恰恰在于其"非政治"的表象。这便是自由主义的去政治化企图的政治性所在：

> 有需要之时，政治实体必定要求人们牺牲生命。这种要求在自由主义思想的个人主义那里是怎么也无法证成的。没有一种自治的个人主义能够允许他人有权处置个体的生命。除了这个自由的个体之外，若有谁也能决定该个体的自由的实质和维度，那么个体就成了空话。对个体本身来说，只要他本人不愿

---

① 在这里，两种"自由"的冲突让人想到施特劳斯对施米特关于霍布斯的阐释和征用的批判。施特劳斯认为，施米特没有充分注意到霍布斯为私人留下的自由在政治上意味着什么：

> 霍布斯不得不将恶理解为无辜的"恶"，因为他否认罪；他之所以否认罪，是因为他［……］通过自然自由来理解人，也就是说，人没有义务；因此，在霍布斯那里，根本的政治事实是自然权利作为个体的合理主张，霍布斯认为义务是后加的对于该主张的限制。（Strauss, "Notes on Carl Schmitt, *The Concept of the Political*"，前揭，页144）

对于施特劳斯的批判，人们或许可以回答说：在施米特那里，国家的"公共自由"（暂且用这样一个施米特或许会认为颇有自由主义政治哲学嫌疑的说法）并不与"私人自由"相冲突——或者至少不是在伯林（Isaiah Berlin）论述的"不可调和的价值"的意义上相冲突。相反，"公共自由"在现实的、生存性的意义上，在政治的意义上，具有绝对的主导地位，而"私人自由"只是一种派生性的自由。这就是为什么施米特后来会将国家与公民之间的"服从与保护"关系看作国家的政治规定性的根本关系。关于伯林的"两种自由"主张及其关于各种价值之间不可调和的论述，参见以赛亚·伯林，《自由论》，胡传胜译，译林出版社，2011。

意,那他就没必要和什么敌人进行生死搏斗。(页71/57)

私下的个体没有敌人;同样,自由主义个人主义,通过牺牲共同体的政治自由换取个体自由,通过牺牲严肃性换取娱乐,只能对政治抱有批判态度,而提不出任何积极的政治上的替代性方案——自由主义只可能是政治本身的替代性方案:

> 自由主义以独特而系统的方式改变了所有政治观念。与所有其他重要的人类运动一样,自由主义作为一种历史力量也未能避开政治。事实上,自由主义的中立化和去政治化(教育、经济,等等),具有政治意义。(页69/55)

虽然自由主义个人主义以论战的姿态(也就是以政治的姿态)批判国家干预,它本身却没有任何"具体的政治理念"(页70/56):自由主义是一种非政治的或反政治的政治话语。那么,如果政治性意味着人类联合的最高强度,在此或许就需要问:第一,自由主义个人主义作为一种反政治或去政治的政治话语,它本身是否也带来了特殊的联合方式?第二,施米特本人所坚持的所谓"公共敌人"与"私敌"的区分,是否是一项脆弱而充满裂隙的、总是通过各种方式相互转化和渗透的区分?

让我们先考察第二个问题。当谈到个体生活或私人生活(从中无法找到政治的敌人)时,施米特写道:"私人没有政治敌人。这一论断至多意味着,他愿意置身于自己所属的政治共同体之外,只作为一个私人继续生活。"(页51/40)私人究竟有没有敌人?如果"私敌"不同于政治敌人,那么他是否可能是私人领域中的道德敌人、经济敌人、宗教敌人?但是,政治性难道不正潜伏于所有的对抗关系之下吗?公共和私人的区分是否应该被理解为一种由自由主义(在其反对国家的论战中)生产和再生产的意识形态假象?不一定。关键是，在施米特看来，"私人领域"只有在政治共同体的管理下才是可能的，而也只有政治共同体才有权威决断公共和私人这一区分：私人领域的个体自由不过是共同体的政治自由的产物。自由主义对"公共"与"私人"之间的区分本身，忘却了这一区分之所以能够成立和有效，事实上完全取决于对它进行管理和规定的政治实体。一旦有人想要挑战国家对这一区分的规定，那么他所做的就不是恪守"私人领域"，而是试图重新规定公共/私人的界线，试图挑战乃至夺取国家的政治权威。

这就将我们带向了第一个问题。如果自由主义个人主义是反政治的政治，那么自由主义的反政治主张（私人性）就只是其政治本性（公共性）的掩饰。施米特指出，自由主义论辩的真正结果，将会是一场旨在终结一切战争的战争，一场以人性为名的、极其残酷的、非人性的战争：

> 如果和平主义者对战争的仇恨是如此强烈，以至于发动一场反对非和平主义者的战争，一场反对战争的战争，那就证明和平主义确乎具有政治能量，因为它足够强大到根据朋友和敌人将人们联合起来。……因此可以认为，这场战争将是绝对的、关乎人性的最后之战。它必然会非同寻常地强烈而非人性，因为，**超越了政治框架的限制**（über das Politische hinausgehend），它既将敌人贬低到道德和其他范畴，也必须将敌人视作一个不但必须被打败而且必须被彻底消灭的怪物。换句话说，他不再仅仅是一个必须被赶回到自己边疆以内的敌人。（页36/24；强调为引者所加）①

---

① 另一段关于用人性的普遍性措辞发动"非人性"战争的论述，见页54/42。

在几重意义上,这是一段非常含混的段落。首先,如果自由主义个人主义意识形态会导致"绝对的、关乎人性的最后之战",导致政治敌人变成绝对敌人,是否可以认为,恰恰是在这样一场战争中,在这一战争的真实可能性中,政治强度得到了最佳体现——甚至超出了施米特所定义的与"现实的敌人"的对峙?正是在这里,德里达试图解构施米特对于去政治化和中立化的批判:

> 如果例外情境或决断情境(战争、敌意、政治事件本身,等等)越是稀罕而不可能,它便越是具有决定性,越是强烈而富有启发,并且最终也越是有政治性,那么人们就必须总结认为,稀有化加剧了紧张关系、加剧了启发性力量(政治的"真理"):战争越少,敌意就越多,等等。由此必然导致所有符号的改变,也因此导致以去政治化的程度来衡量政治化。施米特所谴责的、在我们现代性状况下发生的中立化和去政治化(Entpolitisierung)揭示了什么?事实上,它揭示的是一种过度的政治化(une sur – ou une hyper – politisation)。①

自由主义的反政治的政治甚至比"真正的"政治更具有政治性。为了解决德里达提出的这一悖论,有必要厘清施米特在批判自由主义时反复使用的"去政治化"一词的不同意义。第一,"去政治化"一词指的是自由主义的意识形态掩饰,即以非政治或反政治的修辞作为借口来反对政治上的敌人——在国际政治的层面上,人们可以联想到帝国主义国家屡次打着"人道主义"和自由民主的旗帜发动对别国的侵略战争的情形。第二,"去政治化"也可以指国内的"间接"社会力量对国家的抵抗和消解,而背后的理论则是政治多元主义:在这种情形下,"去政治化"也可以改写为篡夺国家具有的最

---

① Derrida, *Politics de l'amitié*, 前揭, 页153。

高政治权威的企图。第三，在私人意义上，"去政治化"指的是自由主义个人主义企图将个体从公共领域中区分出来——前面已经提到，从施米特对"公共"和"私人"的区分的理解而言，这一企图是注定失败的。

然而，如果将国家的难题考虑进来的话，就会发现"国家"与"去政治化"之间的复杂关系并不容易说清楚。如果"去政治化"意味着退回到私人领域，那么它什么意义也没有，因为归根结底正是国家有权决定什么是公共的、什么是私人的。与此相对，在"去政治化"的第一层意义上，它不过是帝国主义国家用以证成自己的对外战争的修辞策略；因此"去政治化"同样毫无意义，不是因为政治无法被规避或取消，而是因为对于施米特而言，在政治上决断敌友这一事实本身，而不是任何冠冕堂皇的政治理想或正义话语，便足以为战争提供合法化理由。在这个意义上，"现实的敌人"和"绝对的敌人"之间的区别，其意义并不源于"政治对抗"与"道德对抗"的对峙，而是源自新兴"帝国主义"国家与传统的、有着明确疆界的欧洲现代国家之间的区别（这样一种在概念和地域上得到恰当限定的欧洲现代民族国家形式究竟是否只是一个政治虚构，则是另一个问题）。

但是，如果"去政治化"或明或暗地指向国内的社会力量对国家的消解，并涉及背后的政治多元主义理论，那么，在其与国家的关系中，自由主义的政治性便带上了一层特殊的指向，一种对施米特来说尤为危险的含义。面对各种"间接"社会力量的挑战（它们产生出各种社会组织和联合方式以与国家对峙，并试图将国家降格为社会组织的一种），施米特的批判充满了现实的针对性：

> 理性地说，不可否认各个民族仍然根据敌友对立将自己集结起来，不可否认这一区分在今天仍然是真实的，也不可否认

对于每个存在于政治领域中的民族来说这都是一种真实可能性。(页 28/16)

国家是唯一能够做出政治决断的真实主体:"国家整体作为一个组织化政治实体为自身决断敌友区分。"(页 29-30/17)政治多元主义理论无法扎根于政治处境的现实状况,但它却可以成为对国家的严重威胁。

然而,政治多元主义理论并不等于自由主义。施米特在下面这段论述中点明了政治多元主义那本身就呈现出"多元性"的理论资源:"(政治多元主义)没有中心,但总是从非常不同的思想领域(宗教、经济、自由主义、社会主义等等)中获得它的思想。"(页 44/32)让我们注意一下出现在括号中的四个词:虽然施米特典型地以"等等"结束了他的列举,但仍然可以说,他所列出的四个语词并不在同一层级上——具有同样重要的分量的两个词是"自由主义"和"社会主义"。在施米特看来,经济和伦理构成了自由主义的两极:"这些自由主义概念典型地游移于伦理(智性)和经济(贸易)之间。它们试图以此对立消灭政治,认为政治是压制性权力和镇压的领域。"(页 71/57)如果"经济"一词与自由主义学说密切相关,那么列表中出现的"宗教"一词该如何摆放?它是否与"社会主义"相关?值得强调的是,在《政治的概念》中提到宗教时,施米特通常将它理解为一个始终带有潜在政治性的领域,虽然或正因为自由主义者企图将宗教与政治明确分开。① 在施米特那里,宗教和

---

① 例如,见页 36/24、37/25、38/27,尤其是页 53/41,施米特在那里将宗教和国家、阶级放在一起,并与文化、文明、经济、道德、法律、艺术、娱乐等等对峙。同时,当施米特谈到政治作为一个貌似"独立"的、与其他领域相对的领域时,"宗教"一词并没有出现。施米特列举"非政治"领域时没有列举"宗教"的场合,参见页 20/7、26/14、32/19、35/22。

社会主义的联系体现在下面这段话中：

> 需要提出的急切问题是，一个席卷全世界的经济与技术组织所包含的可怕权力会落到谁的手中。相信一切都会自动运转、相信事物会自我管理、相信人民会自我统治的政府会变得多余，因为人类将会获得绝对的自由：这些都无法打消上面这个问题。（页 57/46）

从施米特的眼光看，社会主义者（可以加上无政府主义者）未能严肃考虑人民在什么意义上能获得所谓"绝对的自由"的问题，因为社会主义和无政府主义根本而言象征的是所谓"技术性精神"。在 1929 年的《中立化与去政治化的时代》（Das Zeitalter der Neutralisierungen und Entpolitisierungen）一文中，施米特写道：

> 技术性的精神导致了大众对一种反宗教的激进主义的信仰，但它仍然是精神；它或许是一种邪恶的、恶魔般的精神，但不是可以被当成机械、被归为技术而打发掉的东西。它或许很可怕，但本身却不是技术的或机械的。……这样一种精神可以被称作撒旦式的，但绝非单纯是死的、无精神的、机械化的*没有灵魂*（Seelenlosigkeit）。（页 94/80）

社会主义是施米特要反对和斗争的敌人，但也因此它是一种精神，从根本上有别于自由主义；或者说，就自由主义的政治性而言，社会主义或无政府主义在施米特的论述中便是（自我）欺骗的自由主义背后的"真理"——无论自由主义者承认与否。无政府主义相信人性善，相信人的自我管理或无需管理，而自由主义真正追求的却是一个与国家相对立的"社会"；无政府主义的目标是摧毁一切形式的治理,自由主义却试图通过对国家的去政治化而实现社会组织的政治化。如果可以将无政府主义成为某种"真正的"去政治化学说,那么自由主义只能是不真诚的、矫饰的去政治化学说。考虑到施米特努力维持国家作为政治实体的最高权威,不妨说他的现实敌人是自由主义者。例如,施米特写道:

> 在预设人性善的理论和假说中,有一部分属于自由主义。自由主义者强烈反对国家的干预,却不是真正的无政府主义者(ohne eigentlich anarchistisch zu sein)。坦率的(offenen)无政府主义表明,相信人性本善和对于国家与治理的极端否定有着密切关联。有前者必有后者,它们相互鼓动。**另一方面,对于自由主义者而言,"人性善"指的不外乎是一种让国家服务于社会的论辩。**(页60/48;强调为引者所加)

施米特不仅主张政治对抗的真诚性(如施特劳斯指出的那样),更重要的是,他提请人们注意到国家在和社会的对峙中有着独特的、权威性的政治性格。只要国家仍然是人类联合方式中根据敌友关系集合起来的有效政治实体,即便或正因为它处于危机之中,那么打着自由主义个人主义的旗号、试图从内部肢解国家的"间接"社会力量,就比从根本意义上否定人需要管理的无政府主义者更是一个迫切的问题。

的确,在"人性善"和"人性恶"的最终区分上,施米特对自由主义的批判只是为他和无政府主义这一"技术性精神"的对抗扫清战场,但另一方面,在处于被威胁地位的"国家"的范围内,以"个人"为名义暗中推动"社会"力量的自由主义者,远比融贯地坚持"个人"的无政府主义者来得狡猾而危险。于是,通过将"经济"与"自由主义"联系、"宗教"与"社会主义"联系,施米特所面对的"政治多元主义"事实上就不是一个而是两个敌人:以

"社会"的政治化对抗国家的政治权威的自由主义，和代表"技术性精神"的社会主义和无政府主义。——甚至可以说，后者在施米特那里才更接近于"政治神学"的立场。至于施米特本人所坚持的立场，便是腹背受敌的"国家"。

正是由这里，我们可以转而考察"国家"概念作为一个难题为施米特的论述带来了怎样的根本困境。

三

施瓦布（George Schwab）在为英译本《政治的概念》撰写的一个注释中指出，当施米特提到国家的时候，他"设想的是现代民族主权国家，不是中世纪或古代的政治实体"。① 现代欧洲各个民族国家之间形成的政治框架，至少在其象征性的意义上可以追溯到十七世纪的威斯特法利亚条约（the Treaty of Westphalia）；在施米特的论述中，以该条约为标志，现代欧洲形成了一个相对稳定的政治框架和战争结构，其性格正是施米特在战后的《大地法》（*Der Nomos der Erde*）等著作中所反复强调的"正义战争"（jus belli）——"正义"在此指的是对战争展开方式的规定和限定，没有任何道德意义。② 根据施米特，通过将战争框定（bracket）在一个确定的领域和边界内，现代欧洲政治框架达成了各个国家之间的权力平衡，因而也实现了和平。施米特在《政治的概念》中也提到了这种由现代国家发动的"正义战争"：

> 正义战争属于国家这个核心政治实体，也就是在一个具体情

---

① 参见英译本页 19 的译者注。
② 参 Carl Schmitt, *The Nomos of the Earth*, G. L. Ulmen 译, Telos Press Publishing, 2006, 页 144 以下。

境中决断敌人，并且能够以该实体本身的力量与之战斗的真实可能性。只要一个政治上统一的民族准备好以政治实体产生的决断为基础，来为自己的生存、独立和自由战斗，这个具体的政治问题就比进行战争的技术手段问题具有首要性。(页 45–46/33)

就此而言，只要（被一个特殊的政治框架——即施米特后来所说的"法"[nomos] 规定的）国家有能力出于"现实的敌意"而不是"绝对的敌意"发动战争，它就能够决断谁是自己的"现实的敌人"。因此，当施米特说政治敌人——有别于"绝对的敌人"——是"必须被赶回自己的边疆以内"（页 36/24）的敌人时，与其说他试图修辞性地在一个中立化和去政治化的时代捍卫政治的概念（也就是说，在修辞上采取防守姿态 [defensive]①），不如说，施米特所主张和唤起的正是几个世纪以来维持欧洲政治力量平衡的特殊政治框架和受到框定的战争方式。

然而，施米特试图维持现代欧洲国家的特定政治形式，在几个方面问题重重。首先，如托斯卡诺（Alberto Toscano）所说，哪怕根据施米特在《大地法》中的论述，欧洲大地法的瓦解也是一个"或多或少原发的过程，而不是外在抵抗所导致的结果"：因此，虽然施米特"对于新生的资本主义帝国主义的充分发展感到焦虑"，② 这一发展也只能归诸欧洲大地法的内爆式过程。事实上，甚至在美国作为一个新兴帝国主义国家兴起之前，大英帝国的扩张就已经威胁到了欧洲大地法的政治框架。"陆地"与"海洋"之间在"法"（nomos）上的差异及其蕴含的不同政治性，在施米特晚期针对本雅明

---

① 这一解释可见于 Meier, *Carl Schmitt and Leo Strauss*: *the Hidden Dialogue*, 前揭, 页 18。

② 参 Alberto Toscano, "Carl Schmitt in Beijing", 载于 *Postcolonial Studies*, Vol. 11, No. 4, 2008, 页 417–433, 引文参页 427。

（Walter Benjamin）1928年出版的著作《德国悲悼剧的起源》（*Ursprung des deutschen Trauerspiels*）撰写的回应中被凝练地概括如下：

> 岛国英国将自己与欧洲大陆分开，从一种传统的陆地存在变成了一种海洋式的生活方式。它成了海外世界帝国的中心，甚至成为工业革命的起源国家，而不必经历欧洲国家的道路。它没有以欧洲大陆国家的方式来设置国家警察、司法制度、财政制度和常备军。①

考虑到欧洲大陆国家所代表的大地法与大英帝国所代表的海洋法之间根本的、政治存在论上的差异，人们关于国家概念可以提出的另一个问题是：如果国家是唯一拥有主权权威以决断敌友的政治实体，那么在什么意义上可以说nomos规定了欧洲国家的政治框架？国家对于自身的"现实敌人"的决断，和大地法对于欧洲大陆政治力量的平衡之间似乎有着巨大的张力。

对此，加利（Carlo Galli）给出的一个解决方式是：施米特关于政治的概念的论述，是在一个特定的政治语境下提出的，即欧洲空间秩序危机发生后的中立化和去政治化的时代，"一个'无王时期'：[旧的] nomos随着凡尔赛宣告终结，新的秩序仍未到来"。② 不过，作为对一个"无王时期"、一个失序时代的回应，政治的概念本身却不必是"失序的"（disoriented）。相反，施米特在《政治的概念》中提到"正义战争"表明，政治的概念与一种特定形式的、

---

① Carl Schmitt, "On the Barbaric Character of Shakespeare's Drama: A Response to Walter Benjamin's *The Origin of German Tragic Drama*", 载于Schmitt, *Hamlet or Hecuba*, 附录2, David Pan和Jennifer Rust译, Telos Press Publishing, 2009, 页65。

② Toscano的概括，参见Toscano, "Carl Schmitt in Beijing", 前揭, 页431："nomos是秩序和位置的合一，而政治的特点则是一种失序（disorientation）。"

带有自身方向（orientation）和"疆界"的国家形式密不可分。

但另一方面，恰恰又是施米特试图捍卫的特定形式的国家，对于其整个论述、对于在政治失序的时代重新阐释政治的努力，带来了无法解决的困境。在《政治的概念》出版多年以后，施米特为该书写了一个"补论"，即《游击队理论》（The Theory of the Partisan）。施米特在"补论"中区分了三类敌人，同时承认"[《政治的概念》一书的]主要漏洞是，不同种类的敌人——惯常的（conventional）敌人、现实的敌人和绝对的敌人——没有被足够清晰准确地区分开来"。① 在本文篇幅内我们无法展开讨论《游击队理论》，但施米特的这一承认让我们有机会在《政治的概念》的范围内非常简略地考察一下，未能清晰明确地区分三类敌人对施米特关于政治的概念的整个论述造成了何种后果，以此作为文章的结束。

还是让我们回到之前提到的"正义战争"这一关键概念。前面已经提到，由现代欧洲公法规定的战争方式和政治框架规定了"正义战争"与"正义"的实质性内容没有丝毫关系；毋宁说，它仅仅指战争被框定的形式本身。现代欧洲国家之间的战争因此有了相对清晰的边界乃至限制。对此，施米特明确写道：

> 作为决定性的政治实体，国家拥有无比的力量：它可能发动战争并由此处置人们的生命。"正义战争"包含了这样一种性质。（页46/33）

人的生命所具有的特殊的政治张力，源自国家对他国发动战争的极端而现实的可能性。我们记得，在《政治的概念》中仅仅出现了两类敌人，即现实的敌人和绝对的敌人，而且只有"现实的敌人"

---

① 转引自 Gabriella Slomp, "The Theory of the Partisan: Carl Schmitt's Neglected Legacy", 载于 *History of Political Thought*, Vol. 26, No. 3, 2005, 页502。

才属于施米特试图界定和捍卫的"政治的概念"。为了保证国家相对于其他社会组织仍然具有"独特"地位(spezifisch anderes)(页45/32),施米特不断将"现实的敌人"之间的相互对抗关系区别于"绝对的敌人"之间那种非人性的战争关系。

"现实的敌人"所处的岌岌可危的地位,让我们有机会重新阅读《政治的概念》中关于人性的关键段落。尽管施特劳斯强调了施米特讨论的"人类学信仰"(页57-58/46)所具有的道德意义,施米特本人却否认自己的论述可能带有道德涵义:

> 人们可以根据人类学来检验所有关于国家和政治理念的理论,并由此将它们分为两类:有意无意地预设人性善还是人性恶。在此,这一区分只是被简明地提出来,不带有特殊的道德或伦理意义。(页58/46)

施特劳斯敏锐地看出施米特讨论中的"恶"一词非常含混,他由此做出的决定则将施米特的论述逼到非此即彼的境地:要么自由主义,要么"政治神学"。① 不过,就施米特关于人性的讨论来说,

---

① 施特劳斯的详细分析见"Notes on Carl Schmitt, *The Concept of the Political*",前揭,页112以下。讨论施特劳斯对施米特的道德批判及其关于人性问题的讨论的文章已有不少,例如Meier, *Carl Schmitt and Leo Strauss: the Hidden Dialogue*, 前揭;Meier, *The Lesson of Carl Schmitt: Four Chapters on the Distinction between Political Theology and Political Philosophy*, Marcus Brainard 译, Chicago: The University of Chicago Press, 1998; Robert Howse, "From Legitimacy to Dictatorship—and Back Again: Leo Strauss's Critique of the Anti-Liberalism of Carl Schmitt",载于 *Law as Politics: Carl Schmitt's Critique of Liberalism*, David Dyzenhaus 编, Duke University Press, 1998, 页60以下;Victoria Kahn, "Political Theology and Liberal Culture: Strauss, Schmitt, Spinoza, and Arendt", 见 *Political Theology and Early Modernity*, Graham Hammill 和 Julia Reinhard Lupton 编, The University of Chicago Press, 2012, 页31。

同样也可以认为,通过强调恶的"无辜"性质,通过将恶解释为"危险性",施米特经由霍布斯意义上的"保护与服从"的相互关系,试图提出一种有限制的、最终意义上是被"国家"概念所限制的"政治"的概念。正如《政治的神学》的关键问题,与其说是主权对于例外状态的决断,不如说是做出决断的权威(只有主权者拥有这一权威),在《政治的概念》中,政治对抗本身的重要性事实上次于能够区分敌友的、具有权威性的政治实体,尽管或正因为施米特所处的是一个"国家"概念非常脆弱而含混、若不界定"政治"的概念便无法理解"国家"的历史情境。无政府主义者不是政治思想家,不是因为他们试图逃避政治斗争的真实可能性——毋宁说他们十分渴望在无产阶级和资产阶级之间有一场终极对决——而是因为政治斗争在他们那里缺乏节制,他们的思想中缺乏的是那种能够保持力量平衡、最终保持和平的对于政治性的限制。

但是,回到"现实的敌人"的问题性上,不得不说,施米特试图在政治的概念和国家的概念之间构筑的相互关系归根结底是无法维系的。讨论的最后,让我们回到施米特整部著作的"起点",注意一下下面这段关于政治概念转化为抽象理念的论述:

> 一切政治的概念、意象和术语都有论战意义。它们都聚焦于一场具体的冲突,并且和一个具体的情境相关;其结果(通过战争或革命显示出来)便是一种敌友关系。当这一情境消失之后,它们便转化为空洞的、幽灵般的抽象(gespenstischen Abstraktionen)。(页30/18)

如果我们将这一论述联系到古典欧洲国际法所规定的政治框架中,是否能说对于现代欧洲国家而言,各种政治概念和意象早已僵化为"幽灵般的抽象"?施米特试图捍卫的国家的政治边界,难道不是一个幽灵般的残余?无论人们怎样为欧洲战场上各个国家的公民为自己的祖国牺牲生命辩护,对于战争的现实可能性来说,总体的政治框架是不会改变的:这样一种政治对抗确乎是生存性的,但也无异于游戏。就此而言,如果考虑到施米特关于主权者的界定(主权者是决断例外之人),或许可以说,《政治的概念》的根本困境在于:只要古典欧洲国际法意义上的"国家"被认定为根本的政治实体,那么"例外状态"对它来说就要么是一种超出既定的国家政治框架的例外事态,要么是一种内在于这一政治框架的对抗,也就是一场游戏。如果是后者,那么就不存在真正的"例外";如果是前者,那么它就是一种无法被国家所把握或控制的"例外"。这一困境在《游击队理论》的一个段落中得到了明确的体现:

> 在欧洲国际法的古典战争法中没有现代意义上的游击队的位置。他要么像在十八世纪的内阁战争中那样是一个特别具有移动性的引火者(lighter),仍然属于常规军队;要么是一个特别可怕的罪犯,置身法律之外……①

如果说我们根据《政治的概念》无法理解游击队及其政治性,那么在《游击队理论》这一所谓"补论"中,人们会发现游击队形象在施米特这里成了"政治性"的典型代表。在这个意义上,正是游击队的出现,标志着"国家"概念从施米特的主要关切中逐渐退场。无论是游击队形象还是"大空间"理论,施米特都将跳出"国家"的限定框架,思考"人类事物的秩序",思考战争与和平。

---

① Schmitt, Theory of the Partisan, 前揭,页10。

地有人据
——施米特的"大地的法"释义

郭小雨 撰

施米特出版于 1950 年的著作《大地法》(*Der Nomos der Erde im Volkerrecht des Jus Publicum Europaeum*; *The Nomos of the Earth in the International Law of the Jus Publicum Europaeum*) 有一个冗长且甚为复杂的书名,它与中文遭遇时可能会显示出更大的困难。但是,这里的困难也许正为我们进入施米特的思想提供了机会,为了抓住这个开端处的机会,我们不妨先按照德语和英译的字面含义,临时将其译为"在欧洲公法的国际法中的大地的法"。这个聚集了三个结构助词的奇怪短语只能说明它此时结构的不清晰和各意群间的争执,显而易见,这不是一个中文书名的可欲选择。那么,探索一个更容易接受的译名则不仅要求澄清这个蹩脚名称之中各个要素的意思及其之间的关系,还包含着以合理的方式添加或省略结构助词以理顺题意的任务——这本身就是一个解释施米特思想的过程。

在这个题目中,存在三个要素是清楚的:"欧洲公法"(Jus Publicum Europaeum; European public law)、"国际法"(Volkerrecht; international law)、"大地的法"（der Nomos der Erde；the nomos of the earth）。理解前两个要素不一定需要借助施米特：Jus Publicum 指"公法"，它区别于"私法"，用来调节政治体之间的关系，而不是同一个政治体中或属于不同政治体的个人之间的关系。

"欧洲公法"一方面可以视为属于欧洲的一段法史传统，毕竟古希腊有城邦长期遵行的惯例凝结而成的"城邦间法律"，罗马法中包含着大量协调罗马与其他国家之间关系的原则和习惯，中世纪基督教的"正义战争"理论也旨在为政治体之间的战和寻找理据，这之后的主权国家时代更是催生了欧洲公法的现代形态——"国际法"体系。"国际法"产生于较为晚近的十七世纪，[①] 它标志着现代意义上的主权国家成为公法主体，并因此能够以清晰、明确，且有权威和权力支撑的国家意志，将以往更依赖于从习俗和惯例中提炼法律要素的万民法呈现出来。施米特在书中也借助分析某些重要国际法学家的思想，展示了这一国际法诞生的关键过程。

在这个意义上，前两个要素之间的关系不难理解："国际法"可以视为"欧洲公法"在一个历史时期的表现方式，也可以视为"欧洲公法"经过历史演进获得的现代形态。另一方面，"欧洲公法"可以视为对"国际法"产生背景与秩序基础进行的进一步规定。虽然"国际法"在十九世纪中后期扩展到了亚洲、美洲等欧洲之外的地区，但它仍然起源于欧洲主权国家处理其间关系的方式，并基于欧洲内部以及欧洲与世界之间的特定秩序形态。

施米特的这本书也正是要强调，"作为"欧洲公法的国际法或者说"欧洲公法意义上的国际法"才有可能让国家间的法律规范具备

[①] 英文 international law 最初见于塞尔登的《海洋封闭论》（1635）；邹奇（Richard Zouch）在 1650 年的著作中也使用了 jus inter gentes，相当于英文的 international law。后被翻译为德语 Volkerrecht。

效力。结合这两个方面,"欧洲公法的国际法"可以被看作一个意群,其中结构助词"的",表达确切的限定和修饰关系。

属于施米特的问题集中在"大地的法"。这个词是施米特的创造,在其针对国际法与国际政治的论述中,它频繁露面,地位重要到要它来为书冠名。"大地"(Erde;earth)在施米特的不同语境中与"海洋""天空"相对应。在与"海洋"对应时,"大地"更具体地指向陆地(land)和土壤(soil);在与"天空"对应时,"大地"则可以包含地球(earth)表面的水与陆,在"全球"的意义上同地球之外的广阔空间和无限宇宙对应。因此,"在欧洲公法的国际法中的大地的法",可以视为一个概念聚集到某个特定时空的过程和结果,介词"在…之中"(im;in)也恰如其分地表达了这个收束:时间是"国际法"所强调的,十六至十七世纪之后主权国家的时代;空间则是"欧洲"和"大地"所标识出来的,作为全球陆地一部分的欧洲大陆,这是一个非常具体且有土地界限的地理位置。那么,本书的主要内容则是欧洲公法的历史化,即十六世纪及其之后欧洲大陆的公法形态。

然而,当我们转向"大地的法"中"法"(nomos)之意涵时,① 却会发现一系列问题。面对"欧洲公法的国际法"这个法律体系,还要讲出一种"法",这意味着什么?法律已经意味着某种权威性和根本性的判断,而施米特在其中又引入了一种性质不尽相同

---

① 这里虽然考虑到"法"这个汉字丰富的内涵和已经形成的汉译传统,将 nomos 暂时翻译为"法",但是施米特在书中不止一次地明确指出,nomos 不同于任何一种成文或不成文的法条或者法律(law)。英译者在前言中指出,nomos 在施米特的意义上可以理解为 order,即可以将"大地法"译为"大地秩序",这也是国内一些学者采取的译法。笔者认为,"秩序"有将稳定、持续的和平固定下来的倾向,与施米特的原意仍有一定的距离。后文还会进一步分析 nomos 的含义。

的"法",为什么是必要的?它与它所"在"的那个法律体系的关系又如何?再者,不管怎样强调万民法、国际法同自然法的关系,我们都不用怀疑这些法是人造的产物,它们是属人的,着眼于调节人所在的共同体之间的关系;可是如何理解一种以"大地"冠名的法呢?施米特确实通过这个奇怪的法,把异质的、来自自然的因素带入了人造的法律体系之中。

正是由于这个自然视野的乍现,"大地"本身庇护人却不完全服从于人的一面也被激活。那么,"在欧洲公法的国际法中的大地的法"似乎不再是一个概念顺畅地聚集到一个具体时空的历史化过程,而充满了向更深更广处寻觅一个既有体系之出身时遇到的张力和挑战。这意味着,不仅可以期待"大地的法"提供"欧洲公法的国际法"之根据和基础,而且体现在"欧洲公法的国际法"中的"大地的法"很有可能不是一个服从者的和平形象,而是把一系列激烈的偶然因素带入法律体系的构建。同时,这本书的内容也就超出了历史化的描述,而是包含作者对国际法性质和根据的臧否、判断、建构。

无论是翻译还是解释,都首先应以不耗损原文的丰富内涵为宗旨。因此,为了至少兼顾这两条理解线索,最好把书名中 of(des)和 in(im)的中译加以区分,以突出"欧洲公法的国际法"和"大地的法"之间的关系,与两个词组内部结构助词表示的修饰与限定关系有所不同。鉴于"的"不仅可以表达限定和修饰关系,还可以表达领属与根源关系(在二十世纪五十年代之前,中文曾用"底"标识这种关系,如"孩子底母亲",后规定"底"同"的"),① 故将"欧洲公法的国际法"中译为"欧洲公法之国际法","大地的法"中的"的"省去(后文会进一步阐述原因)以示区别,整体译为"欧洲

---

① 参李行健主编,《现代汉语规范词典》(第二版),北京:外语教学与研究出版社,2004。

公法之国际法中的大地法"(后文提及书名简称为《大地法》)。

回头来看,线索和问题都由"大地法"抛出。而无论是选择跟随施米特去翻阅一段欧洲公法的历史,还是去探索国际法背后的根据,都最好弄清施米特写作这本题目诡异之书的原因,说明他写这样一本书首先针对的问题,这可能也是进入"大地法"内涵的一条路径。

一、危机与起点

这本书的写作从二战中延伸到二战后,可谓成书于地地道道的危机年代。站在施米特的角度,战争的开始与结束并不等于危机的到来与离去。这本书首先回应的,是发端于十九世纪后期,产生于一战之后(1914—1915),延续到二战,甚至现在还摆在我们眼前的国际法危机。施米特在其他著作中也屡次阐释这一带有延续性的现象:国际法危机在法学层面的表现是国际法的实证主义化,同时也是国际法的私法化。[①] 在这种潮流中,法学家将国际法仅仅视为私法意义上国家之间相互达成的功能性契约,并以各自意愿为基础来理解国际法的普遍性或系统性。这导致实证的国际法只能呈现出分裂的两面:一面是越来越普遍抽象的规范;另一面是大量越来越独特、苛刻、难以复制的适用条件。用施米特的话说,陷入危机的国际法

> 不过是把一系列令人生疑的先例普遍化,而且它们大多要求变换情境,或者本来就基于迥异的情境。它们结合了或多或

[①] 参 Carl Schmitt, *The Nomos of the Earth*, G..L. Ulmen trans. Telos Press Publishing, 2006; Part IV, Chapter 4, "The Disorientation of Juridical Thinking"。中译本参《大地的法》,刘毅、张陈果译,上海:上海人民出版社,2017。

少被普遍认可的规范——而规范越是普遍、越是抽象，就越会被"认可"，应用到具体的争端中也越容易产生分歧。这些得到普遍认可的规范浮在一张无法渗透的、由契约性的同意结成的网上，这些同意还连带着各种形式性的关键附加条款。①

实际上，这意味着国际法法律效力逐渐丧失的趋势。因为，如果只把个体愿意承认且明确签订的条约视为法律，没有个体想要接受因不符合其意愿而没有强制力的限制。

施米特并不否认现代国家作为国际法的主体存在私法意义上的关系，因为每个现代国家都可以被视为很多小人组成的一个大人；②但是私法关系应该被视为国际法的"特例"而不是"常态"。③ 国际法的常态作为特例的基础，也作为各种实定契约的先在统一前提，植根于施米特所谓的"国际法共同体"（也称之为"欧洲共同体"）（同上）。"国际法共同体"并不意味着某种固定组织，也不意味着国家像加入真正的联邦那样加入了国际法共同体，而是"反映了一批独立政治统一体彼此共存的状况"。④ 成员在这个共同体中，意味着他们对各自之历史和当下的具体处境有意识，也意味着共同承受一个稳定有限的空间范围——这是一种政治意识。

因此，国际法的实证主义化和私法化是国际法危机的表现，而不是根源；反过来说，前者之所以不仅仅是一时的风潮，而确实是危机，亦在于施米特看到法条背后"国际法共同体"的消解。十九

---

① Carl Schmitt, *The Nomos of the Earth*，前揭，页239。
② 参施米特,《论断与概念》，朱雁冰译，上海：上海人民出版社，2016，页348。
③ Carl Schmitt, *The Nomos of the Earth*，前揭，页237。
④ 施米特,《宪法学说》，刘锋译，上海：上海人民出版社，2005，页81。

世纪后期，共同体的边界在资本、市场、贸易向全球的自由扩展中日渐模糊。施米特指出，这时

> 在国家政治边界这个表现为纯政治性国际法领域之上、之下以及之外还出现了一个在国家间穿梭自由，或者说没有国家边界，渗透一切的经济领域：全球经济。(*The Nomos of the Earth*，前揭，页235)

自由经济穿越国家界限的能力以及覆盖广阔的威力，让维持某个具体的处境和空间显得没有必要，要紧的则是树立开放形象并打造平等交易平台。尽可能超越界限的流通确实改变了欧洲共同体曾经作为世界中心的位置和作为秩序制定者的政治意识，但经济全球化对于国际法的基础——欧洲共同体——而言，造成的冲击仍然不能说是致命的危机。

国际法基础遭受的致命危机在于：

> 十九世纪末，欧洲列强和欧洲国际法学家不仅不再关心他们自己的国际法之空间前提，而且失去了所有政治本能。①

平滑柔软的全球经济浪潮起先让欧洲国家不愿突出共同体内部与外部成员分别作为国际法主体和客体的差异，而后他们已经不能主动地区分国际法体系中的主体和客体，某些原先作为国际法主体的国家还成了国际法客体；然而这时，"国际法客体"竟还享有和具备国际法赋予的所有权利和资格，但实际上在这个国际法体系中已经不能实现权利、享有资格——这是公民向二等公民，再向难民的坠落。② 上述过程及其结果意味着，国际法的秩序支柱已经被偷换

---

① Carl Schmitt, *The Nomos of the Earth*，前揭，页224。
② 参施米特，《论断与概念》，前揭，页31-32。

了,而且是在保留原先法权架构,甚至从表面上看来更好地实现了原有蓝图之时,替换了屋子的主人。因此,施米特提醒道,民族自决让一批批国家获得独立和主权,国际法大家庭成员越来越多,分布越来越广,以往常见的兼并和占领也越来越少,这看似都是欧洲国际法带来的成果与和平;但摆在眼前的是,国家间相互承认主权的同时,"监督、监管、干涉"却也越来越多。可是,

> 谁能对这些概念诠释、定义和运用?谁通过具体的裁定说明,什么是和平,什么是裁军,什么是干涉,什么是公共秩序和安全?(同上,页232,参见32-35)

国际法以及欧洲主要成员并不能给出有实效的回答,此处的无声是对欧洲公法共同体死亡的真正宣判,不得已的沉默是欧洲从秩序中心的位置上退下来的声明。这意味着,国际法正在沦为某种具备新秩序基础和新政治形式的政治行动外衣,而且,这些新元素有相当大的弹性。在这种情况下,原有法律体系的概念、手段、规则都会空洞化。施米特所阐述的国际法危机最为根本的表现是在战和问题上:欧洲公法之国际法的最大成就就是规制战争,划定战和的界限;而如今和平也实证主义化了,概念、协议、法权都只是纸面上的和平,而无法在现实中将和平状态与战争状态划分开来。在战和的中间状态,秩序无从谈起。

可以看到,法律与秩序的断裂和错位是国际法危机的根源,这种断裂与错位是施米特凝视的时代深渊,而深渊的回视绝不仅仅在于国际法层面,施米特所在的德国更深切地经历着与国际法层面性质相似、联系密切的危机。施米特从第一部著作《政治的浪漫派》开始,就一直针对德国的宪法和国家危机而写作,其思路对于《大地法》有实质性影响。德国的危机源于一个新兴现代国家进入世界

秩序且必须面对其剧变时内部遭受的考验。① 要进入世界秩序,必须符合当时的外部政治社会状况对于一个正常国家的要求。②

可是,这些要求有实质上的,也有表面上的。德国所处的恰恰是一个实质内容未定,表面形式诱人的时代缝隙。后者在具体制度上有多重体现,比如民主选举、议会制宪、官僚机制、法治国家等等。这些制度形式可以让一个国家在表面上非常"正常",因此被纳入国际社会,却不能保证这个国家具备了立足于国际舞台并能够应对其变化和冲击最为核心的要素:政治统一性,或者说主权(同上,页5)。正是主权包含的整体决断和行动能力,才是对施米特来说,让国家能够超拔于社会、经济、宗教等各种力量,使国内法律具备根本效力的支点。否则,这个国家就会因国际国内不同方面力量的撕扯而陷入分裂,而且国内和国际两个层面的力量一定会相互勾连、难分难解,造成更大的内战危险。在施米特看来,从魏玛时期到二战之前,德国就处于经受撕裂的状况之中,不断标榜国家的"中立"和"宪政"正凸显和加深了这种危机。

德国内部经历的秩序危机必须被放到更广阔的背景下去理解,它实际上是内外秩序从相互矛盾到双双丧失在国家建构方面体现出巨大困难的典例。在俾斯麦的时代,德国努力从孱弱的神圣罗马帝国中脱身,虽然仍然心怀德意志帝国梦,但第一步必须努力建立现代民族国家:内部明确现代国家的秩序,在外就能享受欧洲共同体成员的身份及其赢得的生存发展权利。然而,当德国以现代国家的形态参与世界政治时,却引发并需要面对欧洲共同体的危机。这个共同体的危机以大战的形式展现出来之后,新兴帝国主义形态(美

---

① 参刘小枫,《现代人及其敌人——公法学家施米特引论》,北京:华夏出版社,2009,页78。

② 参施米特,《宪法学说》,前揭,页14。

国)等不能被原有欧洲公法囊括的力量则开始重新塑造世界格局。

施米特看到,一战之后,德国作为战败国被剥夺法权,欧洲公法时代也在这个时间点上告终。这意味着,国家自身与国家间对于战争与敌人、合法与非法等重大问题具有统一判断和相同标准的时代结束了,也即国内法与国际法具有同质性的时代结束了;事实上,现代主权国家绝对正当的法权地位亦结束了。这样,国际层面的混乱让德国有机会利用自己尚未确定的国家身份冒一回大险,二战的失败才使其在新兴霸权的支配下,踏上重新建构国家身份的漫长道路。所以,施米特要处理的国际法危机和国家宪法的危机,绝不是互不相干偶然聚集在一起的两方。

一战后、二战前的魏玛德国是这对危机表现最激烈的时期。这时,陷入危机的国家在施米特眼里成为"社会的自我组织"。① 可是,这个组织在国内、国际都在面临秩序混乱的情况下却完全可以"合法地"运行。议会中的各种小委员会和党派都具备合法性,都有要遵循的法条,它们为各自的利益服务,组成"合法性的多元实体"——这便是"国家"的代名词(同上,页204)。

不过,赋予合法性的宪法在这时却实际上失效了,它不能够甄别出作为宪法敌人的党派,也难以在小团体和私人利益之上维护自身的立场,更无法侈谈有一个统一的政治意志作为基础。因此施米特说,"宪法被相对化了,变成了宪法律,而宪法律又被形式化了,这一来就完全丧失了宪法的实质意义"② ——本来应该规定人物最终命运的宪法却沦为一部"无结局小说的起点"。③ 可以看到,有法

---

① 施米特,《论断与概念》,前揭,页197。
② 施米特,《宪法学说》,前揭,页23。
③ 参施米特著,《政治的浪漫派》,冯克利、刘锋译,上海:上海人民出版社,2004,页17。

律不等于有秩序:施米特在早期的理论建构中强调主权者的决断才是政治的概念,后来他区分宪法和宪法律、制宪权和修宪权、正当性与合法性,都是要将秩序的基础与形式上的合秩序区别开来;而他认为不区分或者混淆区分的凯尔森、浪漫派、自由主义等等,则成为施米特的批判对象。

如此看来,无论是国际法层面的危机,还是国家和宪法层面的危机,都在于人造法时代的法律不能自己成为自己的基础;一项规范无论基于什么样的概念和形式,都不足以使自己具有正当性和有效性。法律背后那些给出法律的"共同体""主权者""制宪权",作为秩序基础,才是决定法律在什么意义上起何种作用的关键。然而困难的是,这些所谓的"共同体""主权者""制宪权"又是谁,他们如何在没有法律时给出法律?这不是个现代政治学和法学上的新鲜问题。这个时代所熟悉的思路则要考察,是"人民"以"革命"的方式给出法律吗?

采取这种方式,我们将面临无限倒退:不断寻找立法主体背后的立法主体,不断通过非法的方式制造法律。考虑到国际法危机与国家宪法危机在现实和理论层面的纠缠,我们不妨随着施米特,换到国际法的层面考察法律背后的秩序基础;这也意味着,跳出法律内容在国际国内、公共私人等方面的分割,重回法律面对人性与人类活动特征时存在的统一性。此番过程,亦难免是进入法律不在场之例外状态的过程。

施米特说,例外状态可能无法,但不等于无序——"非常状态不同于无政府状态或混乱状态,所以法学意义上的秩序仍然占据主导,尽管这已经不再是那种平常的秩序"。[①] 那么,找到在这种状态

---

① 参施米特著,《政治的概念》,刘宗坤等译,上海:上海人民出版社,2003,页11。

中仍能够作用于人类活动和人性的因素，才能判断例外状态中是否存在限制和规范；而它们则不仅关系到法律如何给出，还关系到法律到底在什么意义上是有效力的。承担这些考察任务的，正是施米特的"大地法"。这也是为何可以说，《大地法》这本书，延续并汇集了施米特此前思考的重要问题。

二、界限与占有

这样，施米特对"大地法"的阐释开始于一片"空地"之上。"空地"对应上文所说的"例外状态"：层层叠叠的法律大厦还没有建起或是被悬置，要考察的不是法律提供的标准而是让法律成为法律的标准。而且，从施米特对"大地""海洋"等事物的生动描述中能够看到，他注意的现象不是先在标准规定下的东西，也不是体现完美开端的东西，而是摆在眼前，能够一下子看见的事情。这颇有些现象学意味的方法，是施米特用来讨论秩序基础的方式。

沿着这种方法，施米特需要对大地法中 nomos 的词义进行自己的解读。不同的人对于 nomos 这个希腊词确实有理解上的差异，施米特也提及柏拉图和亚里士多德对 nomos 的不同看法（主要集中于对 nomos 与 physis 之间关系的不同理解），① 但这也并不是一个完全失去基本统一意涵的词语。施米特在书中引过海尼曼（Felix Heinimann），后者对 nomos 的解释虽然相当现代，但具有代表性：nomos 可以说是"对一群人来说可靠有效的东西"，用现代语汇来说则可以表述为"价值观"；施米特还在这里提示，"历史学家与法学家经常将 nomos 翻译为'法律'，语言学家会将其与法律区别开来，译为

---

① Carl Schmitt, *The Nomos of the Earth*, 前揭, 页69。

'传统'或者'习俗'"(同上,页325),因此我们不难从中看出这个词的基本意义。

其他学者对nomos的定义也可供参考:"对希腊人来说,nomos是传统,是神圣的、流传下来的祖先信仰、仪式与思想";① 它可以指"古老的"、"属于我们自己的"、"祖传的""权威"。② 这里简单综合一下,nomos的基本含义可以是:有限范围内能产生持续影响力的规范,它的来源包括传统、习俗、信仰等有权威的事物,可以仅仅作为习俗而存在,也可以得到政治权威的支持而成为要求服从的义务和法律。但是,这些基本含义不是施米特在"大地法"中要突出的对nomos的解读。

"大地法"中的nomos与传统和权威的要求或禁止关系不大,施米特借助于词源学,参考某些古希腊思想家的字里行间,要恢复的是nomos对空间——尤其是对于空间界限——的依赖。他认为,恢复nomos与一群人"立刻在空间中可以看见的形式"之间的关系,③才得以恢复这个词的"能量"和"庄严"(同上,页67),也才可以避免nomos沦为没有实质意涵的一般概念。施米特指出,nomos的词源来自nemein,后者的意思就是"分割"(同上,页70)。这是在空间之中筑起边界,以将有序与无序、家园与非家园、故乡与蛮荒区分开来。人只有在一部分空间中,才可以用身体去达到,用思想去想象,用交往去经历,用规则去构筑家庭、部落、社团、国家等共同体;在这之外,是完全的陌生和不可能。

这一部分空间实际上定义了人的感觉、身体与心灵秩序,并以

---

① 参 C. J. Friedrich, *Tradition and Authority*, London: Pall Mall Press, 1972,页23。

② 参施特劳斯,《自然权利与历史》,彭刚译,北京:三联书店,2003,页84–85。

③ Carl Schmitt, *The Nomos of the Earth*, 前揭,页70。

此为基础去建立整体的社会和政治秩序。因而空间的伸缩与剧变则意味着这一系列秩序遭到了冲击。所以，nomos 的第一要义在于划界定位，就像筑起一圈墙，才能获得界限内部的空间，且这个空间是一个包裹了感觉和精神、个体与社会秩序的整体。因此，施米特给 nomos 以自己的定义："秩序与位置的统一。"① 而这个秩序与位置，首先是由大地提供的。

这里所说的"大地"，首先更为确切的说法是"陆地"，它在与"海洋"相对照的意义上，为秩序与位置的统一提供了更可靠的载体。

> 大地在三种方式上是服从于法的。她自身包含着法，作为对劳动赏赐的标准；她用其自身展示着法，如确定的界限；她自身支持着法，如秩序的公共标志。（同上）

有限土地上的收成与资源就是有限的；土地也不会流动，人们打下桩子、筑起篱笆，土地就不把它们带走；而且，作为这些标记之固定位置的支持者，土地使其上面的界限可见并能够长久保留。这一切都与大海不同。大海不理会播种和丰收的轮回中蕴含的确切期许与可靠法度，在一切界限面前经常肆意汹涌；大海不孕育家园，拒斥主人，万千波涛可以映照空间中种种瞬时细微的变化，却不足以为一个特殊的范围勾勒出长久可辨的面目。

在《大地法》之前，施米特在《陆地与海洋》这本小册子中更详细地展示了陆地与海洋作为不同秩序载体的特征和历史。概括地说，陆上秩序可以表达为两个或多个有固定界限之空间的关系，因此这些有限空间的形式能够作为具体法律的基础，产生针对同质人

---

① Carl Schmitt, *The Nomos of the Earth*，前揭，页 42。这里的"位置"，德语原词 Ortung，Ulmen 的英译本翻作 orientation，这里中文取"位置"或"定位"的意思。

类活动方式和结果的规定。如陆上战争经常是代表两个领土国家之军队间的战争，战利品是正式军队在战争中获取的财物。海洋则因为难以建立有固定界限的空间，海上活动保留的形式性特征就很少，最终是有身体界限的人在难以固定界限的空间中与另一个人的直接遭遇。

比如大洋战争（区别于领海战争，领海还有依据陆地建立起的空间界限）就不会以守住某个空间范围为目的，也不会在意某个具备精确地理坐标的战场，而是以消灭在海洋上设定空间界限并用以保护人的媒介为目标，比如船；或是直接击碎人与生俱来最为基本的空间界限——身体；因此对战利品的规定也不是陆地正式战争中正式军队获取的财物，而是个人随时可以缴获的物品，施米特在这个意义上经常将海盗作为海洋特征的代表。这样，海洋秩序与陆地秩序对于施米特来说，不仅关乎两种不同的法律门类，而且是两种包含了不同人性概念、人性理想和秩序载体的整体。现代国际法建立于这两个整体的综合与对立，这使施米特更有理由强调国际法的独特历史贡献。

陆地和海洋的对比有助于在一定程度上澄清"大地法"的含义。"大地"并不外在于施米特所说的"法"（nomos），也并非仅仅因为说出了"法"的某个特征而因此限定或者修饰了"法"，而是与作为秩序基础的"法"有本源上的联系。毋宁说，法首先且根本地是"大地法"。如果回到具体法律被悬置的空地上，对人性和人类活动的规范和限制首先是由人身在陆地上这个事实提供的：身体本身的边界和能够到达的边界，家园和层层共同体的地理条件和边界就是法。为了凸显这一层含义，这里省略了"大地"与"法"之间的结构助词，将 the nomos of the earth 译为一个整体名称："大地法"。而且，参考"大地法"的这层意思，这本书谈及的欧洲公法和国际法，都不仅仅指法律概念和理论，还必须包括特定空间中的地理形式、土地格局，以及海陆秩序如何在具体时空中对立与结合。①

在确定了空间（确切地说是土地）界限作为支撑秩序的基础之后，我们还需要理解秩序是如何给出的，即大地法是如何成为，又成了什么样的法律？在《大地法》的附录中，施米特进一步将正文里人类在大地上的基本活动方式清晰化："占有、分配与生产。"这些人类活动发生在每一个历史阶段且"先于每一种法律、经济和社会秩序"，它们是人与土地进行互动并从中得到法律的关键，因此"在哪、如何"进行这些活动也就深刻地影响了法的具体内容。

施米特强调，"在哪、如何"进行"占有、分配与生产"非常重要，《大地法》是以一整条历史线索展开这部分内容的；但是，对于把握施米特理论的真正面目来说，这没有直接进行理论阐述的部分则既是一个挑战，又是发现其特点和问题的入口。此处，我们可以借助施米特的例子，对之进行一定的考察。在从"占有、分配与生产"的角度解释"法"时，施米特说道：

> 具体来说，法就是每个生活在好国王统治下农民每周日锅里的鸡、他屋子前面要种的那块地、每个美国工人停在自己房子前面的那辆车。②

---

① 在《陆地与海洋》中，施米特也首先考虑陆地意义上的nomos，指出原初意义上的法建立在土地及其分配的基础上；但随后谈及，海洋在现代世界的开端处给人以召唤，某些人和国家选择了海洋，并因此放弃了以固定界限为基础建立秩序的人性要求——人性包含着这样一种放弃的可能。这就是说，如果将"大地"理解为"陆地"，大地法则要在与海洋秩序的对立中保持自身；如果将"大地"理解为全球，则"大地法"总括了陆地和海洋形成的二元秩序格局。有意思的是，在本书收录的《关于陆地、海洋与天空的对话》一文中，代表施米特的角色在对话末尾暗示，人性没能完成适合于海洋秩序的全面转变，就用科学技术掩盖了海洋的自然塑造力；而且，该角色最后选择的生活理想和秩序基础仍然是陆地，而不是海洋和天空。

② Carl Schmitt, *The Nomos of the Earth*, 前揭, 页327。

这些例子提供了对占有、分配与生产的方式进行具体想象的图景。我们完全可以先设想一幅和顺安详的画面：不管是其中的农民还是工人，都有绝对的自由和独立以使用自己的身体，通过劳动占有他需要吃的鸡、粮食，需要住的房子，制造或者通过交换得到他行动需要的车。而且，就自由和独立地使用其身体去劳动来说，可以与其他人以及任何共同体无涉；或者说，先于与他人之间的关系以及共同体的任何规范或法律。这也能够被视为承认了每个个体占有财产的绝对、普遍权利：他的邻居或其他人，锅里也当然可以有属于他们自己的鸡。

那么，继续设想的分配方式似乎是，在相互承认个体占有权利基础上进行的协调。协调的具体手段在大多数情况下是交换、流通；催生或可以诉诸的法律是私法；当然，不排除极端尖锐矛盾所导致的争斗，但即使个别争斗演化为战争，也可以视战争为协调权利平等且相互承认的个人及其所在的不同共同体之间关系的手段。这就是说，战争不摧毁占有的基础，而是分配的手段之一。

进一步地，生产在理论上首先可以是完全个体性的，比如继续自给自足地养鸡种地；但在多数实际情况下，个体通过占有和分配积累财产，在一个连接了多数个体的群体之中继续劳动，获得产出。而这个群体是个体更方便地进行占有和分配的载体，可以容纳技术进步、流通手段去实现占有和分配在时空上的延展，它是生产所依赖的过程，也就是社会。社会可以是有形的也可以是无形的，可以有边界也可以没有边界，这意味着给它一个确定的地理坐标不太容易，但它却完全可以是政治性组织内部及之间规范的基础。还要指出的是，占有、分配和再生产过程还可以利用特殊的概念框架化身为不同的历史阶段，这样，个体或政治体之间的时间性关系就成为理解和建构秩序的关键。

那么，这一幅能够从施米特例子中推出的图景符合施米特对

"占有、分配与生产"方式的基本判断吗？最为直接的矛盾在于，这一幅图景让施米特关于秩序"在哪"给出的问题不再重要，社会甚至可以被拟制成一个覆盖全世界人类的载体，历史哲学会给全球的不同角落分配角色，进而组织到一个完整的故事之中。再者，施米特特别指出，在"占有、分配与生产"这三个环节中，"占有"——而且是"占"着有界限之土地这个决定性的动作——是最为根本的（同上，页326），它对于秩序的决定性作用比某个以生产为目的且串联起三个环节的整体更重要。

施米特曾经批评马克思主义，认为后者一味依赖现代技术去解决分配和生产问题，却遗忘了占有的政治意义（同上，页344）；在生产和分配进行在全球范围内进行转移的今天，某些激进左派对全球社会的青睐和对领土国家的拒斥表现得更为明显，他们可以视自己的选择为迈向下一个或是终极历史阶段的斗争，但施米特不会接受他们用全球社会代替占有性斗争为基础来讨论政治和秩序的方式，反而会将其视为全球秩序的进一步虚无主义化。用施米特的话说，占有土地是"激烈的历史事实"（同上，页341），这些历史事实包括征服、赶走侵略者、大规模移民（同上，页46），也就是说，它们与和顺安详的气氛相距甚远，与生死交关的战争关系紧密。

更重要的是，施米特认为，无论是个人私有、家族占有，还是遭遇其他群体而产生的占有方式问题，都首先取决并统一于"共同体作为整体的绝对所有权"（supreme ownership of the community as a whole，同上，页45）。这意味着，施米特不承认先于共同体、与他人无涉、在个体层面绝对自由普遍的权利是占有乃至秩序的基础；而是强调，个人对财产的占有，必须首先取决于一个能够对土地、资源、人身等财产要素进行控制和支配的政治共同体；而且，个人占有土地的事实也反映出这个政治共同体与其他共同体之间的关系。

也正是在这里，他批评仅仅在私法层面理解个人占有土地的意义，指出占有土地这个事实同时呈现了私法与公法问题，也就是说，个人占有土地取决于他所属的共同体已经在与其他群体的关系中赢获了建立秩序的载体。回到施米特的例子则要看到，农民锅里的鸡、屋子前的地，必须是"生活在好国王统治下"才有的：其中的"好"不仅包括这个国王对内保障了农民有吃和住的财产，而且包括他能够让自己的国家存在，不被其他政治体消灭；工人停在屋子之前的车也必须以一个二十世纪五十年代国富力强的"美国"为前提。

此处施米特暗示的秩序给出方式是，一个政治组织在政治行为（常常是战争）中作为整体而出现，对特定界限的土地进行排他性占有，并以此为基础建立内外支配权和管辖权；而且，是它而不是个人，处在霍布斯意义上的自然状态之中——要不断地受到其他政治组织的挑战，在挑战中维护其统治范围与权利。因此，在个体互相承认权利时存在的社会载体，则不足以作为奠定内部和外部支配或管辖关系的根本依据。

但是，施米特对秩序如何产生的基本判断与他描述"大地法"能够推出的秩序状态之间，存在微妙的断裂。"微妙"在于，施米特从来也不否认个体权利和社会的存在，尤其是在欧洲公法的国际法时代，这让前一幅图景的可能性一直保持，其可能性不仅指向一个政治体的秩序形态，还指向多个政治体之间以什么方式发生联系，以及它们会不会构成具有某种共同性的联合。[1] 换个角度说，也可以视之为大地法自身可能性的保持。"断裂"也很明显：依赖个人权利与社会，在占有、分配和生产之中建立秩序的纽带，与运用激烈手段，赢获排他性占有，以给出支配和管辖的秩序显然不同，前者似乎会否定后者的必要，后者会消解前者的存在。

---

[1] 参 Carl Schmitt, *The Nomos of the Earth*，前揭，页 148；亦参施米特，《论断与概念》，前揭，页 180–181。

但是，施米特一直强调共同体要为维护其"作为整体的绝对所有权"而战，然而，战斗的基本动力来自何处——为什么不能依靠宗法或其他联系而非战争来解决两个共同体之间的占领关系问题？战斗的对象又是谁——真的不包括一个个受利益刺激并可以收买和腐化战士的个人吗？当然，这个问题也可以问作，是否以"激烈的历史事实"为历史线索来描述秩序图景就一定意味着个体构成社会的可能不存在？在继续考察大地法的过程中，我们一直要面对这个微妙的断裂。此处，它则要把一种特殊的政治共同体，也是大地法的一种具体载体，带到我们面前。

三、国家与均势

占有一片确定界限的土地并针对其中的人民建立起统一的支配关系，这正是十六世纪之后逐渐成熟的，现代领土国家的本质特征。施米特看到的是，现代国家在欧洲这片由海洋和河流标记出来的大陆上，通过"激烈历史事实"建立起来，使大地法凝聚成了一个具体的、历史的形式，可能也是在施米特看来最为充分的形式。也正是以国家为载体的大地法，得以提供秩序的基础，并让法律具有效力，这个阶段的秩序最为突出地表现在两方面：不断有共同体建立或者转变为国家；已经建成之国家间有规则的互动。如果将之视为一段历史，其中则既包含了欧洲区别于其他地区，成为世界秩序中心的权力关系史，也是作为具体秩序规范之国际法的诞生史；如果采取理论的眼光，我们则要注意大地法视角下现代国家和国际关系体现出的特殊性质。

现代国家虽然真切地建立在一块有明确界限的土地之上，但施米特理解国家的角度却没能让土地带给人们的笃定性和孕育感与国家联系起来：国家不是生长在广阔而稳定的有机秩序中那自然的一部分；同时施米特也不愿将现代国家完全视为借助机械技术进行操作的制度机器。与这两种面目的国家拉开距离意味着，施米特首先不是将国家视为一个具备本质和属性的既定存在物，而是关注其生成，也即每一次占有的赢获。如其所说：

> 国家不应被理解成某个现存的东西，某个静止不动的东西，而应被理解成某个不断生成、不断被重新制造的东西。政治统一体必须日复一日地从各种对立的利益、思想和目标中产生出来，借用斯门德（Rudolf Smend）的话来说，政治统一体必须将自身"整合起来"。（《宪法学说》，前揭，页7）

在对霍布斯"利维坦"的解读中，施米特也是在此番意义上评价现代国家形象的，这个会死的上帝"完全依赖人之政治行动，这行动一次又一次把他从'自然'状态的'混沌'中带出来"。[①]

这意味着，施米特从能够在对抗中形成一个整体并以此来战胜对手的角度理解国家。而且，形成整体和取得胜利的首要标志就是稳定地、排他地占有一块土地；个人在这块土地上生活，就意味着服从于国家的保护并在必要的时候为它而战，他并不必然具有先于国家的权利，而更像被不能或不愿抗拒的力量裹挟或吸引进来。必须要看到，这是施米特式的现代国家起源学说，它实际上不描述将现代国家与其他政治共同体（如城邦、帝国）区分开来的独特政治形式，而强调现代国家因为具有主权而具备最强的占地能力：它能利用和积累资源开辟更多的占有空间；能不受制于宗教等传统占有界限。

这带来的后果将是，一方面，除非空间中存在当时之人绝对难

---

① 施米特，《霍布斯国家学说中的利维坦》，应星、朱雁冰译，上海：华东师范大学出版社，2008，页51。

以逾越的障碍，否则国家在维持其既有领土范围的基础上一定有不断扩张的可能与野心，直到它遇到使其不得不停下来的力量为止。阿伦特批评施米特对法（nomos）的理解是支持"（现代）帝国主义扩张"的，① 在这个层面上不是没有道理。但另一方面，国家即使扩张、殖民、侵略，超出欧洲范围蔓延到全球，即使不承认任何在其之上的政府和法律，可只要纯粹论及国家与国家之间的关系，就可能包含秩序：共存意味着在实力和形式上的互相承认；否则就是正在战争或者胜负已定。这也就是说，在现代国家这个历史阶段中，大地法的直观形态是国际关系，而且是以战争为主的国际关系。国家是防止国际秩序沦为虚无的"阻挡者"（Katechon）。

从历史的角度看，秩序的建立过程在欧洲大陆内部是国家从亲缘、等级、宗教关系中解放出来，克服这些关系引发的内战，建立主权的过程；也是业已形成的现代国家对古老帝国进行蚕食与消灭的过程。施米特认为，"按照霍布斯的看法，国家不过就是老被强大的强权所扼阻的内战"。②

结合这个论断，实际上我们可以说，施米特是从内战的对立面来理解国家的。只是克服内战的方式仅考虑国内层面是不够的：国家可以在内部通过个体间的契约建立制度和法律，但这并非就意味着它已经告别内战了，国家还必须能够识别出特定时机下的异质力量，与此同时显现出自己的整体性，及时把异质性造成的对立排除到国家界限之外——古老帝国没有足够的动力和能力做到这一点，而这恰恰是施米特给主权者的任务。施米特还特别指出，主权者无

---

① Anna Jurkevics, "Hannah Arendt reads Carl Schmitt's The Nomos of the Earth: A dialogue on law and geopolitics from the margins", in *European Journal of Political Theory*, 2015, Volume16 Issue 3, pp. 345–366.

② 施米特，《霍布斯国家学说中的利维坦》，前揭，页58。

法通过国内契约直接制造出来。①

因此，施米特眼中一个具备了成熟"国家"形态的政治体，是不打内战但能够进行对外战争的政治体。他对于政治概念的著名判断——政治即区分敌友——虽然针对的是国内政治和国家建构，但如果落实为一个成熟国家的政治行动，则是国际战争。②

在欧洲大陆外部，则是欧洲国家从地理大发现开始，通过"发现"和"占领"，对非欧地区进行的殖民与扩张。这个过程实现了欧洲领土国家与非欧自由土地（free land）的划分，大地法也在这个意义上是"全球"（earth）的"法"（nomos）。欧洲现代国家借助技术、资本，和离开家乡前往海洋的人，以全球为视野考虑自己的处境，这是现代欧洲最不同于其他历史时期和地区的地方。是否能够做到这一切渐渐成为区分身份的标准：被发现者服从于发现者，有能力发现和控制者则获得"共同体"的入场券。

因此，殖民地在施米特的世界图景中并不首先作为原材料的供应地，以生产的一个环节被组织到欧洲国家和个人的活动之中；也不必然扮演现代历史浪潮后冲击到的那个阶段，必须以欧洲来定义和改造自身。殖民地首先是一部分空间界限，它或标识出了占有，或标识出占有的限度，因此它和欧洲国家同时被纳入一个世界图景之中，发挥着隔开欧洲不同国家以及区分欧洲内与外的作用；二者在相互形塑中支持大地法。从这个角度说，殖民地扩展了整个空间的深度，从而维系且增加空间中成员的政治意识。十九世纪后期，一系列殖民地建立了与欧洲国家同质的主权国家，全球空间随之不可遏制地趋向平面化，支持秩序的沟壑则面临坍塌。

---

① 参施米特，《霍布斯国家学说中的利维坦》，前揭，页70；施米特，《论断与概念》，前揭，页189。

② 施米特，《政治的概念》，前揭，页138。

欧洲大陆的主权国家化和欧洲向全球的殖民扩张合起来，催生作为欧洲公法的国际法。这一阶段的国际法将秩序落实为规制战争这一点。这也是在《大地法》中，施米特着重阐释国际法如何在法学家的努力下，一步步用"形式上的战争"代替"正义战争"并使前者成为国际法理论支柱的原因。在正义战争中，参与者都认为自己有实质上的正义理由，代表着宗教、道德等方面的善，而对方是恶和绝对的不正义，因此开战则意味着要在最大程度上消灭对方。在形式战争当中，双方都是"正式"的敌人，无关其是否具有实质正义的理由，因此它们也不以彻底消灭对方为目的，而是承认对方有在一定规则下开战、作战、获取战利品的权利——这使战争的人道化成为可能，也使许多国家在欧陆得以共存，更使战争变成"国家"间"关系"。①

正是在战争这个关键环节上赢得了可供规范的空间，欧洲国际法才具有实效和声誉，也才可能以国家具有的战争与和平的权利为基础，衍生出对欧洲之内土地变动、欧洲之外土地占领的处理原则。在描述这段法律史时，施米特既没有将国际法表述为纯粹由理性推演出来的理论规范，也没有列举国际条约和协议将之时效化或普遍化；而是突出了承载国际法规范的具体政治秩序。

施米特指出，这个历史时段的政治秩序是欧洲国家之间的"均势"。"均势"首先针对欧陆而言。十七到十九世纪，欧洲国家不断变换各种组合以遏制企图称霸欧陆的国家，在这个过程中，均势既成为重要国际条约的正式表述，也在主要国家的外交决策上体现出来。需要澄清的是，无论是国际条约还是外交选择，都不仅仅是在观念层面上体现某种均势的意识；均势秩序的重要性在很大程度上在于，它体现为欧洲的土地安排。

---

① Carl Schmitt, *The Nomos of the Earth*, 前揭, 页147。

施米特不止一次地强调，要理解现代国家这个历史阶段中的大地法，首先要看到欧洲大陆上存在着一种非常特别的土地现象：有精确边界的主权国家几乎无缝隙地紧紧相邻。① 实际上，这个现象本身就意味着"均势"在一定程度上的实现。一方面，具有强烈占有土地意识的主权国家能够停下扩张的脚步而处于一片有界限的空间之内，依赖于同样有力的对手或四邻提供的制衡；反过来说，无力守护土地界限的政治体（如波兰）在施米特看来就不是现代国家，一定会面临被瓜分或吞并的命运。

另一方面，在可能出现间隙的土地上（如荷比卢地区、波兰地区、莱茵兰地区等），会发现中立国或者平衡冲突双方之外的第三方国家，它们是均势格局得以维持的标志，代表不存在一个霸权而存在一个体系——这里所说的"体系"可以仍然停留在欧洲作为一个地缘政治格局的层面上。也就是说，在这个体系内部，欧洲各主要国家都关注一个特定地理范围内土地的现状、变动，尤其是关键地带的归属，这和任何一方都有关系；因此，这一群国家也处在相互的目光之中，处在一个能看得见彼此表演的"舞台"之上。② 目光之所及，便是"欧洲"实际上的地理界限。

从这个角度不难发现，欧洲均势的维持有一系列的条件：各主要国家——尤其是边界强国——能够守住自己的基本领土范围；存在一群能够选择中立的小国——在中欧最为必要——或隔开冲突双方，或灵活地加入和撤出以平衡双方的力量，这也同时揭示了中欧分裂对于欧洲均势的重要性。③ 那么，如何在守住自己基本领土范

---

① 参施米特，《陆地与海洋：古今之"法"变》，林国基、周敏译，上海：华东师范大学出版社，2006，页72。

② Carl Schmitt, *The Nomos of the Earth*, 前揭，页142。

③ 参施米特，《论断与概念》，前揭，页411。

围的前提下，寻找和操控合适的中立国以赢得相对优势，就成为均势格局下欧洲国家的地缘政治主题，国家之间不停地发生战争也正以此为目的。

当然，相反的思路是彻底打破均势格局，这以统一中欧并占领关键的边缘强国为前提；或者以消灭国家间战争为前提。二十世纪初流行的地缘政治学着眼于中欧，并发展起来，却最终在世界大战的灾难中退场，施米特与这种思潮的着眼点非常不同，但也不能完全摆脱干系。而我们则不应该忘记，地缘政治学的前提和基础是近现代欧陆主权国家间形成的地理关系，以及它们思考国家战略的方式。

进一步地，欧洲均势还包含着施米特所谓"陆地与海洋秩序的对立统一"，这牵涉到一种全球视野。① 欧洲均势最为微妙之处在于，它虽然直观地显现在欧洲大陆国家的领土状况上，支撑起的也是欧陆国家制造的国际法体系，但其形成和影响都离不开一个与欧陆分离的海上国家：英国。十七世纪的英国在结束内战之后，就迅速地参与到反对法国称霸欧陆的战争中去，带活了欧陆国家的各种外交组合；十八世纪初英国即代替荷兰成为海上霸主，在维持海上稳定的同时，相当灵活地平衡着欧陆的不同势力；十九世纪的英国更是成了欧陆的财主，其主导的资本、金融与贸易深刻地影响着十九世纪拿破仑战争之后的欧陆政治格局。

这期间欧陆的所有大国，首先是荷兰、西班牙、奥地利，后来是普鲁士、法国、俄国，都曾在英国的威慑或援助下做出过自己重要的战略选择。可以说，少了英国这个"离岸平衡手"，很难想象欧陆国家具有足够的军队、财力以作为平衡不同力量的资本；也会让人担心，一块大陆上日积月累的矛盾是否会消解对保持均势秩序来说至关重要的灵活性；同时，施米特也指出，没有这个海上霸主，

---

① Carl Schmitt, *The Nomos of the Earth*, 前揭，页172。

欧陆国家难免不陷入对海洋和殖民地你死我活的争夺之中（同上，页173）。甚至可以说，欧陆均势是从欧陆之外的英国看到的格局，缺乏这个视角，很难说具有对造就国际法之秩序基础的认识。

但是，英国在欧洲均势中扮演的重要角色却给我们理解施米特所说的"欧洲共同体"造成了很大的困难。"欧洲共同体"被施米特视作法律前提的秩序基础，而秩序基础在欧洲这一时期的载体无疑是国家。作为一个从宗教信仰、封建关系、传统纽带之中超拔出来的政治设计，国家这个载体自身就能够隔断依赖某种实质性的共同之处（比如具备同样的信仰、在同一个等级秩序之中等等），形成传统共同体的可能；再加上施米特尤其强调，国家的生成有赖于将自己视为外部敌人的对立面——在这个意义上国家与社会的性质具备了本质差异——因此国家形成的共同体也不可能用一个普遍的人类社会去把握。那么，如果存在一个"欧洲共同体"，只能先从"国家"这个政治体的形式上去寻求共同性。我们暂时不考虑这个共同性是否会因为太弱而不足以发挥"共同体"的效果；如果将欧陆国家的形式视为典型意义上的"国家"——这实际上也是施米特的看法，那么英国几乎就不是一个"国家"。

典型的欧陆国家，如法国，以及施米特心中从腓特烈大帝到俾斯麦时期的普鲁士，都占据有限范围的土地，接受绝对王权君主制下的统治，维持常备陆军，建立公法与私法分离的法律体系；而英国是一个海洋帝国，在议会主权下常备陆军屡遭质疑和削弱，混同公法与私法。

如果说列举这些对立仍过于表面化，那么在英国与欧陆国家的互动中则可以更清楚地看到二者的不同：就英国与欧陆国家之间的关系来说，英国一直避免建立稳固的同盟关系，实际上就是不愿在欧洲国家中明确地划分出敌友。英国曾因为在同一场战争中与奥地利的关系由友变敌而引发了十九世纪欧洲的外交革命，也曾退出梅特涅辛苦维系的欧洲协调。而且，这个国家不止一次地强调，它与欧洲其他国家签订的协议与结成的同盟都是 entente（中文经常译为"谅解"），"谅解"针对特定情况，具有暂时性，并且在是否产生确定的法律效力方面非常模糊，其实是只承认双方间存在非常有限一致性的表现；更进一步想，它实际上暗含着一种战和兼具的状态：1875 年英国与俄国在土耳其问题上就实为敌人，但竟建立"谅解"性同盟互相"调情"。

再者，就英国用来处理与欧洲国家之间关系的手段来说，很多手段都不在国家层面上展开，如海盗、信贷、金融、工业制品、金本位，它们更依赖独立的个体与普遍的社会。这些手段为英国更为方便和灵活地维持欧陆均势带来了优势。回到施米特关于陆地与海洋秩序特征的描述，英国确实如一条在海里游来游去的大鲸，"能够直接地与任何欧洲国家私人的、无国家参与的成分建立直接联系"；① 但同时，这些手段不是基于国家单位的国际法能够直接规范的对象，比如在战争中，一个私人企业主冲破封锁或者运送违禁军用物资给参战国，并不违背国际法。② 所以，一旦这些方式中的某些成分，比如施米特所说的自由贸易与全球经济，成为塑造欧洲乃至世界政治的主要力量时，依靠现代国家形式维系的秩序很难回避冲击。

这里要强调的是，当我们将英国和欧陆国家放在一起讨论欧洲秩序的基础时，二者在"国家"形式上的差异实际上有着深远的影响：英国与欧陆不同的国家形式可以被视为维持欧洲共同体的关键性力量；但也可以理解为消解"欧洲共同体"的始作俑者，甚至可以用来怀疑"欧洲共同体"是否存在——施米特在阐述欧洲共同体的解体之时，指出的直接原因是全球经济对政治秩序的冲击，而全

---

① 施米特，《政治的概念》，前揭，页 225。
② 参施米特，《论断与概念》，前揭，页 386。

球经济最早也最为出色的主导者就是英国。

这能够解释施米特在《大地法》中处理英国对欧洲秩序的作用时，态度为何相当暧昧。虽然施米特说过"英国人的利维坦没有变成国家"，① 但问题到这里已经非常明确了：仅在欧陆国家的意义上理解"国家"，以及"欧洲共同体""国际法"，乃至现代国际社会，仍然不够。可以说，英国正是施米特没有承认又未曾放弃的那一条依赖个体权利和社会构建国际秩序之线索的代表，这条线索在以现代国家为单位进行的国际占有性竞争中一直存在：或者可以隐藏在主权国家之下被视为其进行或维持占有的动力，或者可以视为与主权国家平行以协调其间关系的润滑剂。

更重要的是，在解释欧洲国际法危机时，这条线索提供了对核心问题进行回答的重要角度：为什么一种相当特殊的欧洲政治共同体形式——现代领土国家——能够扩展到全球？为什么这种扩展不是秩序的强化反而是秩序基础的削弱？所以，个人和社会这条线索对理解当下全球秩序更为重要的意义在于，它对世界无序化的影响在晚近的历史阶段中强于主权国家对秩序的形塑作用。在这个意义上，它成为秩序的敌人。这个敌人的特殊性在于，它是大地法的一部分；也就是说，它亦是秩序的基础。

四、敌人与朋友

在1963年版的《政治的概念》里，施米特说这本书在1932年版的主要不足就是没有区分不同形式的"敌人"。② 1963年已经是

---

① 施米特，《霍布斯国家学说中的利维坦》，前揭，页118。
② 参 Gabriella Slomp, *Carl Schmitt and the Politics of Hostility*, *Violence and Terror*, Palgrave Macmillan, 2009，页79；亦参施米特，《政治的概念》，前揭，页13。

《大地法》出版十余年之后，这些年之间施米特对以往重要问题的再思考可以作为我们进一步理解之前作品的参考。此处则可以借助其对"敌人"概念的进一步阐述，去检讨现代国家这个大地法支柱更为复杂的身份，进一步理解国家能够支撑秩序的条件，以及面临秩序危机的原因。在不同类型的"敌人"概念中，我们可以看到施米特那个"微妙的断裂"所包含的两条线索在现代国家处更为明显的交错。

在施米特的分析中，欧洲国家间关系能够具备法度的重要支柱，是一种特殊的敌人概念，即上文提及的"正式敌人"（justus hostis），或者更明确地称之为"形式上的敌人"。这个概念的成立来源于国家的建立能够使私敌与公敌完全划分开来。

施米特曾提及法学家邹奇（Richard Zouch）的分类：作为私敌的双方可能视彼此为纯粹野蛮且陌生的敌人（inimici），或者处在一个共同的法团之中，视彼此为对手（adversarii）；但公敌（hostes）只有可能是两个国家或以国家来划分身份的两个人之间的对立，现代战争法就在这个层面上起作用。① 必须再次强调，后者之间并不一定要有深仇大恨，开战也不是为了做出价值判断，而是更类似于一种程序与游戏。齐泽克针对这个特征指出，"形式上的敌人"很奇怪，它像施米特所批评的实证主义法学一样太单薄了，不分善恶美丑，只问是否符合条例要求，这如何能够担当带来和平与人道的大任？② 齐泽克结合施米特的政治神学分析他这个困难，在此我们则可以从国际公法的角度继续进行考察。

---

① Carl Schmitt, *The Nomos of the Earth*，前揭，页163-164。
② 参Slavoj Zizek, "Carl Schmitt in the Age of Post-Politics", edited by Chantal Mouffe, *The Challenge of Carl Schmitt*, London and New York: Verso, 1999, 页18。

如果我们回到十七至十九世纪欧洲频繁发生"形式上战争"的历史背景之中，不难发现，各国能够将彼此视为"形式上的敌人"，既灵活又守规矩地进行一个游戏，要依赖一个欧洲各国上层精英所组成的职业外交家团体。这个团体内部"有它自己的原则、习惯、观点和愿望，在各国间的分歧甚至冲突中处变不惊、牢不可破。为国家间的不同利益而不是它们之间的成见或一时的激情所驱动";①而且这时，对一个国家战和选择至关重要的外交大臣竟然可以频繁变换自己所代表的国家——这是在二十世纪之后难以想象的情形。这意味着，存在一个在某种程度上独立于主权国家的"外交小世界"，维持着欧洲的形式性敌对关系。在这个"小世界"中，"朋友"先于"敌人"的身份。

再者，雇佣军在法国大革命前的欧洲战争中经常占有一席之地，这倒不是说主权者对他们的控制能力一定不够强，而是他们对于主权者的服从不是政治意义上的服从：战争是他们谋生、赚钱的手段，在生死交关的时刻，受这些因素左右的人们未必服从主权者的决断。

另外，此时一些国家的常备正规军也很难摆脱作为主权者私人财产的性质，家族与个人的荣誉、对上级的忠诚，而不是国家作为一个整体的生死存亡，是使其走上战场的更强动力。因此，进行战争的人首先要具备认识"主人"的能力，而不是识别"敌人"的能力。考虑到这些因素，主权者虽然有进行合法战争的权利，但在战争中可能存在着多个不服从国家政治意志的团体，而且这些团体会影响战争的走向和结局。

那么情况也许是，欧洲国家得以进行形式性战争而且战争并没有摧毁秩序，并不是因为国家很强，而恰恰是因为国家不够强——

---

① 参摩根索，《国家间政治》，徐昕等译，北京：北京大学出版社，2006，页 279–280。

它们还没有变为一个独立统一、具备整体政治意志的战争单位。进一步地，国家互相判定彼此为"形式上的敌人"，也能够视为由国家间存在千丝万缕的联系所致——复杂环境中的长期龃龉与合作不可能带来一个有终极意义的敌友关系。而千丝万缕的联系实际上是帝国的遗产在发挥作用，而不完全是主权国家这个身份造成的结果。如此，"形式上战争"和"正式敌人"的秩序基础便不完全是成熟的现代主权国家所构成的欧洲，而是帝国向主权国家过渡时的欧洲。这意味着，大地法也要求时空延续得以保存，而不仅是断裂瞬间的创造；它的秩序载体不一定是单一的，而极可能是不同性质政治单位的混合。

然而，以国家为主要载体的欧洲秩序之中还存在着另外一种敌人——施米特在克劳塞维茨的影响下将其表述为"真实敌人"（real enemy）。"真实敌人"同内战里的私敌，以及欧洲国家对殖民地战争中你死我活且权利不对等的敌对关系有关，但它更重要的作用是反映了现代国家可以完全脱离帝国模式的关键特征。"真实敌人"不再仅仅取决于国家的宣战程序或是战争形式，而是建立在每一个公民擦亮双眼，代表国家识别其对手的基础上；也就是说，建立在伴随国家形成的现代性之风——启蒙与民主——的基础上。如施米特在解释霍布斯的"利维坦"时强调，"利维坦"中的每一个成员都可以是"有灵魂的""有理智的"，自身足以判断其生存的条件——正是"在这个方面，霍布斯的国家建构至今还很摩登"。①

因此，面对"真实敌人"，每一个公民都深切地感受到了自身生存所受的威胁，从而选择拿起一切可以使用的武器去反抗和杀死他们；而国家则在此时可以要求每一个公民都不服从这种敌人的命令，并且使用一切手段去对其造成伤害，这些伤害会突破士兵和军队的

---

① 施米特，《霍布斯国家学说中的利维坦》，前揭，页73。

范围。可以说，具有"真实敌人"的国家是人民形成了整体政治性的国家，这时国家的形象因为有了一个真实的敌人，而清晰地呈现在人民面前。

施米特在分析"真实敌人"时，用过的例子是十九世纪初拿破仑战争期间西班牙和普鲁士对抗法国侵略的全民战争。实际上，这恰恰也是民主革命开始席卷欧洲大陆的时代。"真实敌人"对于国家来讲是一柄双刃剑：一方面，它象征着整体国家意志的形成，并且，在爱国者自觉反抗外来侵略的时刻，个人以其自觉行动成为这种意志的代表；同时，这也是现代国家得以渗透层层壁垒，实现对国民进行充分组织与动员的契机，日后的总体战争和总体动员、现代政党都以此为基础。另一方面，具备了理智且能够代表国家意志的个人自然而然地要求参与到国家建构之中，这种建构还包括推翻旧有制度，也包括在国家"之上、之下、之外"更广阔的社会空间中活动。因此，国家、革命、全球社会开始在相生相克中更加紧密地联系在一起，超出国家边界的力量成为国家合法性的来源，确认国家建立的同时也将外在于国家的合法空间凸显出来。所以，"真实敌人"其实可以与国家框架切割开来，甚至与国家为敌；同时，它可以选择新的朋友，同样不一定非得是个国家。

不难看到，这两方面都对欧洲秩序形成了真正的冲击。拿破仑战争之后，欧洲表面上创制了相当成熟的大国协调机制，但实际上在这个机制建立期间就面临整体秩序的危机。在1815年的维也纳会议上，英国曾为平衡欧洲均势出卖了萨克森，这在以往并不出格的外交行为却激起了国内民众的抗议：不实行自由宪政的国家和支持保守统治的国家现在开始变成英国人民的"真实敌人"，而原来的死对头——法国和美国却越来越接近英国人民的朋友。

萨克森事件实际影响了此后英国的对欧政策，在外交灵活性受到削弱的同时，这个"离岸平衡手"实际上在酝酿新的敌友关系，结果是，英国开始在政治或战争中愈发起到分裂欧洲的作用，在经济上又逐渐以和平的梦幻侵蚀着战争和秩序之间的联系。这也意味着，英国这个欧陆整体的"朋友"开始变得陌生且具有敌意。就欧洲内部而言，神圣罗马帝国在拿破仑战争之后彻底终结，其继承人奥地利也开始陷入民主革命所造成的巨大危机之中。此时，这个对欧洲格局举足轻重的成员被视为民族解放和自由宪政的"真实敌人"，在1848年革命之后则逐渐被时代抛弃。而奥地利成为"真实敌人"的命运是欧洲共同体开始丧失其同质性的重要标志。

可以说，在施米特《大地法》所指出的欧洲秩序危机到来之前，欧洲就并不是只由"正式敌人"及其所支撑的国际法构成的有序局面；而且，从威胁秩序的原因来看，无论是施米特所说的全球自由经济，还是这里所说的民主革命，都与秩序的载体——现代主权国家——有着不可分的关系。在1963年版的《政治的概念》及其增补附论中，施米特补充了这一层意思。施米特对此态度复杂——他肯定"正式敌人"在维持欧洲秩序时的地位，但对制造"真实敌人"背后的那种国家制度保持怀疑，可是又欣赏选择"正式敌人"者的政治决断能力。

无论如何，我们可以说，欧洲现代国家制造了自己的"真实敌人"，并且这个造物有一个具体的形态：处于另一片大陆上的美国。美国诞生于属于欧洲却大多因为历史偶然处于欧洲之外的一帮人认清自己"真实敌人"的时候，然而他们通过"激烈的历史事实"建立的国家却不同于施米特眼中的欧陆国家，甚至与英国也颇为不同，这个新兴国家竟然有在内部通过现代政治的运作方式达成古老帝国的可能——这导致施米特承认美国是一个"国家"比承认英国是个"国家"更不情愿。无疑，美国特殊的地理位置和国家形式使其不可能在于欧洲意义上的国际法中活动，当它成为另外一个秩序中心的时候，它当然就是欧洲的敌人。施米特没能在大地法的意义上充分说明美国存在的意义，但将其视为酝酿新大地法最为关键的力量。不过，在二战之后，单单是秩序的中心从欧洲变为美国并不能视为大地法的根本危机，就像单单是主权国家形式的复制不等于秩序的丧失一样。施米特最担心的不是大地法的变化，而是没有大地法。

"真实敌人"中有一个很特殊的群体，即"游击队"，这是施米特后期思想所关注的一个重点。"真实敌人"可以指两个国家之间的关系，如拿破仑战争时的西班牙与法国、独立战争时的英国与美国。相较于此，"游击队"的特殊之处则在于，它产生于国家的土壤却可以不以国家为依托：游击队员有极强的政治意识，比如保卫土地和遵守纪律，这些都是主权国家打在个人身上的深刻烙印；但游击队在国家灭亡之后和建立之前都可能存在，打击对象也不仅仅是正式军队，而是一切有利于敌人的力量。此外，其最重要也最显著的特征是：游击队具有流动性和隐匿性，可以模糊或者打破领土和占领区的划分，把一个空间界限中的敌对扩大到另外的空间中去，它又让我们想起了施米特描写的海中鲸鱼，只不过这里更依赖现代技术对自然边界的突破，所以潜艇可以作为它的具象。而且，游击队背后往往有一个现代政党支撑；施米特重视现代政党对于大地法的意义，它比国家制度更灵活，有国家制度基本不具有的动员和控制能力。这些特殊性让施米特看到了游击队可能对世界秩序产生的深刻影响，以"游击队"意义上的敌对关系为桥梁，我们可以将施米特所说的最后一种敌人类型——"绝对敌人"（absolute enemy）——带到眼前。

必须注意，施米特认为起初游击队有相当深厚的"乡土情结"，这首先是说他们尤其需要一定地面的纵深，来将自己人员少、武器差的劣势转变为优势；其次强调游击队代表的仍然是一种有限敌对关系：游击队的敌人仍然是某个特定群体。但是，随着现代技术的进步，远距离大规模杀伤成为可能，空中战争又极大地扩展了战争的地理边界,再加上游击队本身就很强的移动能力,它实际上会具有以全球为战场的潜能。而且,游击队不像正规军队,后者可以依赖面对面的命令系统和等级制度组织起来,而前者则必须依赖心理、信仰和意识形态等强有力的观念加上现代技术进行统一,这将使区分敌友可能成为纯粹观念上的事情,很容易被某个党派利用为进行全面控制的工具。同时,观念的传播在现代更为方便,人们对普遍观念的需求与喜好也在加强。那么,如果游击队不再受任何具体边界的限制,对只要与其观念不同的人,就将之视为须在不同程度上消灭的敌人——"绝对敌人"就粉墨登场了,游击队也就变成了绝对敌对关系的载体。"绝对敌人"带来的最糟糕结果是全球内战,这意味着国家这个政治形式没法再起到任何带来秩序的作用,这就是在施米特看来在国家这个历史阶段中大地法的丧失,它的表现正是本文开始所阐释的"危机和起点"。

到了此处回头去看,施米特批判普遍主义,强调国家以及政治必须区分敌我,推崇有中心、有边缘、有战争、有规范的国际秩序,可以视为防止"绝对敌人"在全球大行其道的努力。他看到,以欧洲为中心的世界秩序的解体,不太坏的结果是形成几个新的"大空间"(Grossraum),"大空间"内部有一定的等级秩序,"大空间"之间互相博弈,这会迎来一种新的大地法。① 最令人担心的结果则是宣称建立一个同属于人类的普遍世界,抛弃国家及其附带的争斗与界限,看似是抛弃了战争和无政府状态,但实际上施米特认为个人直接组成的全球社会并不是和平和秩序的家园,而是虚无的幻象。

在施米特写作时,无论是国际层面还是国内政治,导向后一结果的可能在进一步加强:国际层面上,美苏在用一套普遍的价值观

---

① Carl Schmitt, *The Nomos of the Earth*, 前揭, 页 354 – 355。

进行冷战，如果一方胜利，则是普世价值观的胜利；国内政治上，不只是施米特所在的德国正在面临多元自由主义撕裂甚至取消国家的危机，这将使政治的差异变得不再重要，国内与国外，国家之间的区分也不再重要。可是，用施米特的话说：

> 相信一个民族通过宣告它与全世界友好相处或自愿解除武装就能排除敌友的划分，完全是一种错误，世界并不会因此而非政治化，也不会因此而进入一种纯道德、纯正义或纯经济的状况。

作者要求人们承认，人这种性质的生物在任何世界中都不可能排除敌对。① 而在一个不承认政治性差异的世界之中，只要有敌对关系，就会相互视为"人类的敌人"（也即"绝对敌人"）。面对这种意义的敌人时，人会失去所有的人道与规范；同时失去的，还有明确区分和平与战争的标准。这意味着，战争会化身为和平的"例外"，无时、无刻、无处不在；紧接着，大量以应对"例外"为由造成的权力专制、心灵控制将使人落入更悲惨的境地。② 到了这个时候，人虽然生活在地球上，但已经不再获得空间划分而产生的意义；这就是说，人生活在陆地上的哪里都无所谓，他已经无法从大地法中汲取力量，大地也不再给他以安全和庇护；而海洋是否能给他以藏身之地，则要看他在人性上能否做出抛弃一切确定性的实质改变。

说到底，施米特想戳破眼前国际法和国际格局营造的虚假和平外衣，聚集大地法的一切力量——如新的战争和敌人类型中蕴含的

---

① 施米特，《政治的概念》，前揭，页168。
② 参阿甘本著，《例外状态》，薛熙平译，台北：麦田出版社，2010，页53–110。

秩序可能、以往世界秩序中内涵的传统、人性于占有与争夺方面的本能等等，最重要的则是利用既有载体，即领土国家在维系世界秩序方面的重要作用，甚至曾不惜寄希望于某个国家去创制秩序——来与普遍无序争执。这本身无疑对时代问题及其历史脉络进行了非常深刻的诊断与反思。而且，施米特提醒我们，大地法开端处显示的人对大地庇护的渴求，通过占有、分配与生产等人类活动展示出来，在经历了航海大发现和技术革命后对我们的思考与活动仍然有支配力量；虽然施米特越来越关注有海洋特征的秩序端倪，但如果承认人性与大地的联系很难被海洋完全取代，那我们还远远没有到抛弃大地法的时代。

但问题是，施米特非常依赖的这个秩序基点——一定意义上的现代国家——是否于寻回大地法时是充分的？在上述的阐释中，我们已经看到仅仅以赢获和持守有限空间来理解国家的不足，国家还是个人和社会塑造出来的产物，而后一个方面与世界秩序之间的关系，则被施米特放在了秩序的对立面去理解。个人法权与建立在其基础上的全球社会确实有全然作为人造规范因而掩盖自然秩序必要性的困难，但它所触发的人性活力也是建立和维持某些形式的政治共同体（包括现代国家）的自然动能——现代国家自身的历史发展过程以及伴随它存在的不同敌人类型都能够揭示这一点。如果为了规避前者而完全忽略后者的意义，那么仍然不算真正把人放回到大地上，讲出大地对人的召唤和庇护、模糊与拒斥。大地比人更大，往往在于它可以在人当作对立面的事物中为人保留和提供可能性。在这个意义上，它同海洋相接，与天空对谈。

这里所展示的施米特的理论努力，实际上也是施米特召唤大地法，针对普遍无序这个对立面所进行的一场战争。我们必须期待，这一场战争会超出施米特经常陷入的生存论意义上的战争模式,①真正能进入对立面赢回活着的可能,而不仅仅是站在其对立面守住自己的活。生存论意义上的战争很容易套上"形式性战争"的规范,但在欧洲频繁进行"形式上的战争"的时代,上至外交精英,下至平凡百姓,对战争的结果大多漫不经心,最后可能只剩权力欲旺盛的主权者和咏叹命运的诗人,在为战争及其结果牵肠挂肚。我们不禁要问,施米特的这场战争能够吸引谁?距施米特在"9·11"后吸引西方主流学界已经过去15年,没有疑问的是,当下所有人都面临着普遍无序的威胁。

---

① 参施米特,《论断与概念》,前揭,页88:

> (经济的、宗教的)并没有任何从其内容——不论它是多么正确、多么理性或者崇高——可能产生的对其他人的肉体生命拥有支配权的纲领、准则和目的。郑重地要求人去杀人和做好死的准备……从肉体上杀死站在敌方的人,所有这些都没有准则性的内涵,而只有生存上的意义,即其意义在于为反对现实的敌人而进行的现实斗争的现实环境,而不在某种理想的纲领和准则。

亦参施特劳斯对施米特《政治的概念》的评注,施特劳斯指出,施米特的政治概念实际上必须依赖一种非私人的道德判断,但他本人又"尽量掩饰这种判断",因而"对自由主义的批驳往往看起来就是施米特的最终论题,而且他往往纠缠于对自由主义的批驳之中,因而迷失了自己的真正意图,停留在自由主义划定的水平之上"——施特劳斯:"《政治的概念》评注,见迈尔著,《隐匿的对话——施米特与施特劳斯》,朱雁冰、汪庆华等译,附录一,北京:华夏出版社,2002,页207、209。

古典作品研究

论好恶之情

曾海军　撰

哲学确实不愧是一门爱智的学问，她对于智真是付出了全部的爱，也极大地成就了智上的辉煌。但不幸的是，哲学对于爱本身却是有亏欠的，因为一直以来，爱总是被智所隔离或者边缘化，而难以登入哲学这座高雅的殿堂。也有所谓关于情感方面的哲学，看起来是完全将情感置于哲学的中心，其实情感只是理智分析的对象，成就的仍然是理智的发达。

就此而言，过去有学者将儒家学问当成这类情感哲学，其实是有问题的。儒家哲学并非以情感为分析对象，而毋宁说是情感本身的哲学化。情感的哲学化意味着情感并非是分析的对象，而是自身就能达成哲学之途。如果对中国哲学有足够的了解，这个问题并不难理解。比如名传千古的典故"知鱼之乐"：

庄子与惠子游于濠梁之上。庄子曰："鲦鱼出游从容，是鱼之乐也。"惠子曰："子非鱼，安知鱼之乐？"庄子曰："子非我，安知我不知鱼之乐？"惠子曰："我非子，固不知子矣；子固非鱼也,子之不知鱼之乐,全矣!"庄子曰:"请循其本。子曰:'汝安知鱼乐'云者,既已知吾知之而问我,我知之濠上也。"(《庄子·秋水》)

当惠施质疑庄子何以知鱼的时候,这诚然属于理智上的分辨。可庄子一开始就声称"是鱼之乐",这种情怀难道就够不着哲学的高度吗?庄子最后说"我知之濠上",明眼人可以看出,这绝非是通过与惠施的理智辨析之后的结论,而不过是重申了自己的情怀。庄子看不上惠施那种理智上的辨析,而他的情怀大概不会辱没哲学的名气吧。

哲学的爱智路线注定与绝大多数人无缘,因为将个人的意见或看法论证到真理层面,这必定要求有专门之学和精湛之思,从而成为极少数哲学家的事业。但情感的哲学之途关注人的好恶之情而开显是非,每一个人的喜怒哀乐都可以参与其中,从而极少数人的性命之学可以为绝大多数人所分享。自好恶之情上论是非,让情感自身显露出哲学品格。好恶之情不依赖于理性给出某个位置再展开分析,不断地通过格物致知、诚意正心的修身功夫之后,自然显露其间的是非。整个过程自然不离理性,但理性始终是幕后推手,只专注于好恶之情本身而不自以为主体。在这个意义上,这是一条与爱智慧完全不一样的哲学路线,更像在智慧地爱着,亦即让理性来成就情感本身。用理学的话语来说,当天理克尽人欲之时,所发好恶之情——中节,此即情感显露其普遍性的力量。现代学术论儒家的这种哲学形态,通常运用某种类型的情感哲学手法来展开分析,指出其间的得失或特色。本文论好恶之情,试图揭示好恶之情由自身显露其哲学的品格,这是如何可能的。

一、唯仁者能好人、能恶人

好恶乃人心所发之情的大端,如《礼记·礼运》有言:"欲恶者，心之大端。"又云："何谓人情？喜、怒、哀、惧、爱、恶、欲七者，弗学而能。"类似的话在《荀子·正名》篇中出现："性之好、恶、喜、怒、哀、乐谓之情。"可见，若具体而言，则有六种或七种不等的说法。在儒家典籍中，好恶作为人心所发之情，这种列举本身并不会涉及好或坏的评判。不像《庄子》所云"恶、欲、喜、怒、哀、乐六者，累德也"（《庚桑楚》），一个"累"字就表明只是消极因素。不过，要想挑好恶之情的错，在儒家这里也很容易。比如孔子谓"好勇疾贫，乱也"（《论语·泰伯》），这种好恶就有问题。

孟子列举"五不孝"的行为，也多因这种恶劣的好恶而导致。① 更不用说荀子所谓"生而有好利""生而有疾恶""生而有耳目之欲，有好声色"（《荀子·性恶》），直接以这种好恶论人性之恶。荀子可谓大儒，却径直以好恶论人性，其间深浅代有人言，聚讼久矣。这恰恰说明好恶之情问题非小，其于人而言，具有影响全局的可能性。儒家显然具有这种意识。《大学》"八条目"由格物致知而始，其后论诚意、正心、修身均涉及好恶，这一现象值得高度关注。更有《中庸》以喜怒哀乐之未发、已发来论中和这一天下之大本与达道，好恶之情在儒家思想中相当引人注目，绝非一句主观人欲之私可以打发掉。

《大学》在论正心时反复强调"身有所忿懥，则不得其正；有所恐惧，则不得其正；有所好乐，则不得其正；有所忧患，则不得其正"，以及在论修身时又不断重申：

---

① "世俗所谓不孝者五：惰其四支，不顾父母之养，一不孝也；博奕好饮酒，不顾父母之养，二不孝也；好货财，私妻子，不顾父母之养，三不孝也；从耳目之欲，以为父母戮，四不孝也；好勇斗狠，以危父母，五不孝也。"（《孟子·离娄下》）

人之其所亲爱而辟焉，之其所贱恶而辟焉，之其所畏敬而辟焉，之其所哀矜而辟焉，之其所敖惰而辟焉。故好而知其恶，恶而知其美者，天下鲜矣！故谚有之曰："人莫知其子之恶，莫知其苗之硕。"

忿懥、恐惧、好乐、忧患，朱子谓此四者"皆心之用，而人所不能无者"。① 是其作为好恶之情而未必不可以有。但若为"物诱心动而生，乃心失其主也"，② 是心"不得其正"的病症，要时时提醒加强正心功夫。人于亲爱、贱恶、畏敬、哀矜、敖惰处"陷于一偏"，则将原本"自然公正之情""作成弄私任偏"（同上，页62）。谚语所言之意，不禁令人想起"智子疑邻"③ 的故事，都是处身不公的病症，需要警醒自己加强修身功夫。《大学》所论并非在好恶之情上有多大一段功夫在，但功夫的好坏却时时反映在好恶之情上。好恶之情像一张心性功夫的晴雨表，无论心失正或身失公，均能由好恶之情及时反馈。且好恶之情并非仅作消极反映，《大学》云"所谓诚其意者，毋自欺也。如恶恶臭，如好好色，此之谓自谦"，凡好恶之意皆如恶恶臭、好好色之自快、自足，可谓真不欺也，此好恶之情即诚意之积极反馈。

虽诚意、正心、修身皆有涉及好恶之情，然其间亦有所别，大概诚意处言好恶之意，只是心之所向，还未及内容；正心处则已发为情，四者之间各有内容；修身处不只有内容，亦有对象，已由心偏向于物而言好恶。④ 修身之后，《大学》又于治国处论"絜矩之

---

① 朱熹，《四书章句集注》，北京：中华书局，1983，页8。
② 丁纪，《大学条解》，北京：中华书局，2012，页60。
③ "宋有富人，天雨墙坏。其子曰：'不筑，必将有盗。'其邻人之父亦云。暮而果大亡其财。其家甚智其子，而疑邻人之父。"（《韩非子·说难》）
④ 参丁纪，《大学条解》，前揭，页62。

道"时，屡以"所恶"言之，并及民之好恶，是好恶之情再度现身。此一意后文再予以详论。可见，《大学》所论"八条目"，大段均通过好恶之情表达，大概好恶之情特别能表征心性功夫的深浅，以至于孔子竟可以声称"唯仁者能好人，能恶人"（《论语·里仁》）。

此言不免令人费解，天下之人不识是非者固多矣，焉有不能好恶人者？凡人皆时时表达好恶，纵然常有不当处，却亦非每有好恶皆不中，何苦仅许仁者能好人、恶人呢？何况能好人、能恶人，亦不能为仁者形象增添色彩。仁者若以能好人、恶人的形象示人，则人皆以好恶为能事，全在好恶上下功夫，岂非误人不浅？《中庸》谓"喜怒哀乐之未发谓之中，发而皆中节谓之和。中也者，天下之大本也。和也者，天下之达道也"，这是要人专于喜怒哀乐上做功夫，而后能得天下之大本或达道吗？当然不是。"唯仁者能好人，能恶人"，其与《中庸》所言喜怒哀乐发而皆中节有异曲同工之妙。荀子以"性之好、恶、喜、怒、哀、乐谓之情"，凡此种种人情，好恶有当、所发有中并非难事，问题在于好恶皆当、发而皆中。不分是非也有合于是非的时候，但要时时处处皆合是非，则必须分是非、明善恶。在日常生活中要让好恶之情随时随地发而皆中节，这绝对是高难度的心性修养。唯仁者修养功夫如此，好恶之间已克尽人欲私心的干扰，方能有此直观之效验。

"唯仁者能好人，能恶人"，朱子注谓"盖无私心，然后好恶当于理"，① 是识理在先而后可当于理、克己在前而后能无私心，亦即功夫早已大段都做在格物致知、诚意正心上，方可在最为平常的好恶之情亦有效验如此。此可谓言在好恶，理在是非。"仁者既能好人

---

① 朱熹，《四书章句集注》，前揭，页69。

恶人如此,则可谓,唯仁者为天下是非之圭臬。"①"唯仁者能好人,能恶人",亦即"仁者为天下是非之圭臬"更为直观、生动的版本。据说西人康德有一条道德法则,声称使一个人的行为意志同时成为人人可遵守的普遍法则。在某种意义上,康德的这条道德法则,儒家早在好恶之间就完成了。不只是人的行动准则,好恶之情亦然。然而,好恶之情如何可能具有普遍性呢?虽然好恶之情在儒家思想中并非头等大事,所谓"只好恶便尽了是非"更可能是一种歧出;尤其在"八条目"的功夫历程中明显不是主要的着力点,但对于诸种功夫条目的论说却多离不开好恶之情,在诸多具有重大关节处的阐明亦常借助好恶之情。若能聚焦好恶之情,必定颇有可论之处,尤其是若能揭示自身的哲学品格,则能有效地回应情感的普遍性问题。

二、知之者不如好之者

《论语》中直接涉及好恶之情者,往往以"好之"与"恶之"对提的方式出现,比如乡人皆"好之"或"恶之"(《子路》)、众人皆"恶之"或"好之"(《卫灵公》)之类,但不如以"知之"与"好之"对提这一命题耐人寻味。在具体展开讨论之前,不妨先从《论语》开篇一句说起。其云"学而时习之,不亦说乎"(《学而》),学而时习是知之事,悦是好之情。学习是否值得高兴,这是一个有价值的哲学问题吗?从古到今求取功名一途,免不了多少年的寒窗苦读,以至于有学者解这一高兴之情时说:

> 此圣人最善诱人处,盖知人皆惮于学而畏其苦也。是以鼓

---

① 丁纪,《论语读诠》,成都:巴蜀书社,2005,页91。

之以心意之畅适,动之以至美之嘉名,令人有欣羡之意,而不得不勉力于此也。①

若果真如此,是否学得高兴就变成了个人的情绪,确实与哲学无关。今人在学习上多强调个人兴趣的重要,大概就是在这种普通情绪上获取调动积极性的效果。

真正要体会好这开篇一句以悦之情而言知之事,得结合孔子所言"知之者不如好之者,好之者不如乐之者"(《雍也》)来看。孔子这话若往轻里看,并无不同寻常之处。所谓懂得学习的人不如喜爱学习的人,喜爱学习的人不如以学习为乐的人,语意通俗。可这仍然是在说个人情绪,仅反映个人兴趣或爱好这种主观情绪对学习的影响。严格来说,"知"本身并无"好"或"乐"之分,相反,"知"必须在不断地克服这种主观情绪上的"好"或"乐"的过程中达成。然而,孔子所言"好之",绝非在"知之"前加上个人情绪的"好",亦即"好之"不是"好知之"的省称。"好之"是好恶之情自身有所抵达,其与"知之"的自头脑认知而抵达相比,同样是自足的方式。②"好之"不但并非"好知之",还可能绕过"知之",直接实现"知之"的效果。比如,有的同学懂得"上课不能缺席"的道理,便自觉遵循而从不缺席,此即"知之者";有的同学就是喜欢上这个课,十分乐意每次出席课堂,此乃"好之者"。不过,一个同学懂得自觉遵循"上课不能缺席"这一道理,意味着始终如一坚持出席课堂;若一个同学仅凭自己的好恶,那就很难说了。既然可以凭着喜欢上课,也就可以凭着讨厌逃课,这样"好之"恐怕远不如"知之"。像"上课不能缺席"这样的道理,正是通过克

---

① 程树德,《论语集释》,北京:中华书局,1990,页9。
② "乐之"在这个意义上同样如此,其与"好之"虽又有不同,但在区别于"知之"上实相通,故不单独另论。

服每个人对上课的不同好恶,才具有了某种普遍性。若"知之"通过克服好恶的私情而追求普遍的道理,"好之"则是凭着每个人各不相同的好恶在表达,那究竟在什么意义上是"知之者不如好之者"呢?可见孔子所言并不寻常,其间自有一番大道理。

以上所论"好之"虽有别于喜爱学习这种普通情绪,却并没有摆脱主观情绪的面目。诚然,好恶之情多是主观的私情,理性的头脑将个人的意见或看法上升到普遍的道德法则,需要通过克服这种主观私情而达成。或如康德所云,自由意志在受道德法则决定时,"不但不需要感性冲动的协助,甚至还要斥退这些冲动,挫抑一切能够与那条法则相抵触的好恶之心"。① 相比理性头脑对普遍性的追求,好恶之心更像人欲私情。不过,这并非情感的全部面目,即便是康德,也特别认可基于对道德法则本身所感受到的敬重。大概由于这种道德情感与好恶之私没有任何瓜葛,可以获得某种普遍性的面目。当然,情感终究是感性的,即便再庄严或崇高,也改变不了其出身的"卑微"。据说康德在认可"敬重"这种道德情感时,还是显得特别纠结。② 而且,敬重这种道德情感能获得康德的青睐,恰恰由于其是经由理性头脑追求道德法则的结果,而并非依赖情感自身可以抵达。

情感能否摆脱主观之私而达到廓然大公,这依然是个问题,因为好恶之情太容易留给人以私情的印象。好恶之情难以显示哲学的价值,尤其表现在缺乏条理、有失分寸上,如孔子所言"爱之欲其生,恶之欲其死。既欲其生,又欲其死,是惑也"(《论语·颜

---

① 康德,《实践理性批判》,关文运译,北京:商务印书馆,1960,页74。

② 参高小强,《知之者不如好之者,好之者不如乐之者》,载《切磋三集——四川大学哲学系儒家哲学合集》,北京:华夏出版社,2013,页13以下。

渊》),便可与前文所引《大学》之言"好而知其恶,恶而知其美者,天下鲜矣"相呼应。这还是普通人的好恶之情,若是治国之人也这么由着自己的好恶,那就很严重了。为了表明这种严重性,韩非还特地讲了一个发生在国君身上的故事:

> 昔者弥子瑕有宠于卫君。卫国之法,窃驾君车者罪刖。弥子瑕母病,人间往夜告弥子,弥子矫驾君车以出。君闻而贤之,曰:"孝哉!为母之故,忘其刖罪。"异日,与君游于果园,食桃而甘,不尽,以其半啖君,君曰:"爱我哉!忘其口味,以啖寡人。"及弥子色衰爱弛,得罪于君,君曰:"是固尝矫驾吾车,又尝啖我以余桃。"故弥子之行未变于初也,而以前之所以见贤而后获罪者,爱憎之变也。(《韩非子·说难》)

事还是那些事,却招致奖赏和惩罚两种完全不一样的对待,这就是好恶之情在作怪。不只是韩非特别反对国君以这种好恶行事,董子也说:"凡爱群生,不以喜怒赏罚,所以为仁也。"(《春秋繁露·离合根》)儒家典籍大概不乏这种言论:"治心术则不妄喜怒,不妄喜怒则赏罚不阿。"(《韩诗外传》卷二)

但若仅就经验描述而言,好恶之情的形象也很容易得到翻转。比如孔子说:"父母之年,不可不知也。一则以喜,一则以惧。"(《论语·里仁》)这一喜一惧,尽显孝子之心,这不就挺好吗?无论好恶,自身并不是问题。如果"知者乐水,仁者乐山"(《论语·雍也》)显得很高端,则"饭疏食饮水,曲肱而枕之,乐亦在其中矣"(《论语·述而》)就很接地气。这是喜好的一面。厌憎的一面也有:"恶紫之夺朱也,恶郑声之乱雅乐也,恶利口之覆邦家者。"(《论语·阳货》)甚至子贡问君子是不是也有所厌恶时,孔子明确回答说就是有。① 假如就学论好恶，会有更多积极的表达。前文所言"学而时习之"，以及紧接着的"有朋自远方来"（《论语·学而》），其悦其乐，均与好学相关。孔子对于好学之人，喜爱之情溢于言表。尤其是对于颜子，他叹惜说："有颜回者好学，不迁怒，不贰过。不幸短命死矣！今也则亡，未闻好学者也。"（《论语·雍也》）颜子好学而不迁怒，夫子叹其不幸短命，并掩饰不住对未闻好学者的失望，如同他说"十室之邑，必有忠信如丘者焉，不如丘之好学也"（《论语·公冶长》）。老师与弟子之间的好恶喜怒哀乐之情充分流露出来，让人觉得特别真实而动人。整部《论语》的生动活泼，离不开这种好恶之情的刻画，这一形象已经很正面了。

　　好恶的正面形象至少说明，好恶自身完全可以具有好的可能性，而并非只能陷入主观之私。"知之"的优势在于可以实现对普遍的追求，但"知之"也未必总是正面形象。一个人的见解容易陷入谬误，多数人的共识就能克服私心自用吗？古人在这个问题上表现得很敏锐，皇侃的注疏本有引到"虽知学之为益，或有计而后知学，利在其中，故不如好之者笃也"。②"知之"有可能只是受了利益的诱惑，带着患得患失之心，反而不如单纯的"好之"来得笃定。尤其是对着"行之"而言，知而不行显然不如好而行之。虽说"知之"必定不是排斥"行之"，但不可否认"知之"相对于"行之"具有比较强的独立性。知而未行并不意味着"知之"就落空了，甚至还未必会以此为憾。"好之"就不一样，好而未行意味着"好之"的落空，"好之"必定比"知之"更强烈地要求实现"行之"。但无论怎样阐明这种"不如"，其前提都在于好恶之情有可能完成一种廓然大公的

---

① "子贡曰：'君子亦有恶乎？'子曰：'有恶：恶称人之恶者，恶居下流而讪上者，恶勇而无礼者，恶果敢而窒者。'"（《论语·阳货》）
② 程树德，《论语集释》，前揭，页404。

华丽转身,才能使得"好之"登上大雅之堂而与"知之"比肩。

三、好德如好色

对于"知之者不如好之者,好之者不如乐之者",还有一个很有意思的注解。朱子引张南轩曰:"譬之五谷,知者知其可食者也,好者食而嗜之者也,乐者嗜之而饱者也。"① 借着吃饭的例子显得特别通俗,而以食色上的好恶来比喻善恶上的好恶,这在儒家思想史上屡见不鲜。孔子慨叹"吾未见好德如好色者也",在《论语》中还有重出。② 据说这是孔子不忍见卫灵公整天带着女人招摇过市,于是出言讥讽这个无德的好色之君,何晏则以为是孔子"疾时人薄于德而厚于色,故发此言"。③ 这话其实很经典,放在每个时代都显得那么贴切。《大学》谓诚意"如恶恶臭,如好好色",已经将这种好恶之喻运用得很娴熟了。《大学》谓正心云"心不在焉,视而不见,听而不闻,食而不知其味",《中庸》则以"人莫不饮食也,知味者鲜"喻中庸之道难察。孟子更是擅长运用这类比喻,比如他说"今恶死亡而乐不仁,是犹恶醉而强酒"(《孟子·离娄上》)。不仁之人怕死,就像好酒之人怕醉一样,甚是荒谬。④ 看起来,与孔子的"惟酒无量"(《论语·乡党》)相比,孟子对酒可能就不太感兴趣。他在另一处也说,"禹恶旨酒而好善言"(《孟子·离娄下》),美酒站在了善言的对立面。不过,用酒来打比方也算是有传统的,《礼记》有云:"故礼之于人也,犹酒之有蘖也,君子以厚,小人以

---

① 朱熹,《四书章句集注》,前揭,页89。
② 分别见于《子罕》和《卫灵公》。
③ 程树德,《论语集释》,前揭,页611–612。
④ 此与孟子在另一处的比喻意思很近:"今恶辱而居不仁,是犹恶湿而居下也。"(《孟子·公孙丑上》)不仁之人怕受辱,就像蹚水之人怕打湿一样。

薄。"(《礼运》)是说如同酒以曲厚为美,人则以礼厚为贵。孟子还有一个更经典的比方:

> 口之于味也,有同耆焉;耳之于声也,有同听焉;目之于色也,有同美焉。至于心,独无所同然乎?心之所同然者何也?谓理也,义也。圣人先得我心之所同然耳。故理义之悦我心,犹刍豢之悦我口。(《孟子·告子上》)

孔子说好德如好色,孟子则说心悦理义如口悦刍豢,这种食色之喻并非只是生动形象那么简单。如果只是偶尔用起或许可作如是观,可是反复出现就耐人寻味了。

食色是人世间最基本的面貌,孟子针对告子的"食色,性也"(《孟子·告子上》)给予了严厉批评,但一点也不意味着要走上隔绝食色的道路。孔孟之道是食人间烟火的,对于道理的阐明处处充满着生活气息。孔子云:"民之于仁也,甚于水火。水火,吾见蹈而死者矣,未见蹈仁而死者也。"(《论语·卫灵公》)孟子则谓:

> 仁之胜不仁也,犹水胜火。今之为仁者,犹以一杯水,救一车薪之火也;不熄,则谓之水不胜火,此又与于不仁之甚者也。亦终必亡而已矣。(《孟子·告子上》)

人太离不开水火了,以至于有时候不惜死在水火上;按说人应该更离不开仁,却不见有人舍得为仁而赴死。仁要战胜不仁,按说不过就是以水灭火之事;可惜面对充斥于世间的不仁这场熊熊大火,人身上显露的那点仁就像一杯水那么无力,却还说水其实是灭不了火的。孟子真不愧是"私淑"(《孟子·离娄下》)孔子者,打个比方都这么像。杯水车薪之喻名传千古,正是孔子以水火喻仁的升级版。孔子云"见善如不及,见不善如探汤"(《论语·季氏》),不及就是生怕赶不上,探汤就是被开水烫着了手,都很具生活画面感。孟子以"火之始然,泉之始达"(《孟子·公孙丑上》)喻四端心的推扩,是将生活经验运用得精妙绝伦的典范。孟子不乏这种生活经验,其云:"饥者甘食,渴者甘饮,是未得饮食之正也,饥渴害之也。岂惟口腹有饥渴之害?人心亦皆有害。"《孟子·尽心上》或云:"五谷者,种之美者也;苟为不熟,不如荑稗。夫仁亦在乎熟之而已矣。"(《孟子·告子上》)这种信手拈来的饮食之喻基于丰富的生活体验,使得整个道理的阐明都深深浸染在这种人间烟火之中。这种比喻在《礼记》中得到了完整的发挥:

> 故治国不以礼,犹无耜而耕也;为礼不本于义,犹耕而弗种也;为义而不讲之以学,犹种而弗耨也;讲之于学而不合之以仁,犹耨而弗获也;合之以仁而不安之以乐,犹获而弗食也;安之以乐而不达于顺,犹食而弗肥也。(《礼运》)

以一个从耕作到饮食的完整过程来喻仁义礼乐,生活感如此强烈,简直可以直接在这些道理上闻到烟火气息了。

不过,比喻上的列举就算能有效地让儒家的道理充满生活气息,也并不能获得实质性的论证效果。好德如好色虽然只是一个比方,但在两者之间,并不只是类比那么简单。荀子也声称:

> 故人之情,口好味,而臭味莫美焉;耳好声,而声乐莫大焉;目好色,而文章致繁,妇女莫众焉;形体好佚,而安重闲静莫愉焉;心好利,而谷禄莫厚焉。(《荀子·王霸》)

但对于这种声色之好,荀子一定不觉得与好礼义有什么相像的。他说,"若夫目好色,耳好听,口好味,心好利,骨体肤理好愉佚,是皆生于人之情性者也；感而自然，不待事而后生之者也"，而好礼义则是"夫感而不能然，必且待事而后然者"。(《荀子·性恶》)在荀子看来，食色之好弗学而能，礼义之好却是学而后能，两者之间并无可比性。然而，孟子却以为，仁义礼智"非由外铄我也，我固有之也"(《孟子·告子上》)，在好理义与好食色之间，并无不可逾越的鸿沟。只是后者为本能，前者为良能。固如是，孟子在劝齐宣王行仁政时，面对宣王声称自己"好勇""好货""好色"，表现得相当淡定：

> 曰："王如善之，则何为不行?"王曰："寡人有疾，寡人好货。"对曰："昔者公刘好货，《诗》云：'乃积乃仓，乃裹糇粮，于橐于囊。思戢用光。弓矢斯张，干戈戚扬，爰方启行。'故居者有积仓，行者有裹粮也，然后可以爰方启行。王如好货，与百姓同之，于王何有?"王曰："寡人有疾，寡人好色。"对曰："昔者大王好色，爱厥妃。《诗》云：'古公亶甫，来朝走马，率西水浒，至于岐下。爰及姜女，聿来胥宇。'当是时也，内无怨女，外无旷夫。王如好色，与百姓同之，于王何有?"(《孟子·梁惠王下》)

与前面所言食色之喻不一样，宣王此处的"好货""好色"都是货真价实的。宣王未必没有搪塞的意思，而孟子用一句"与百姓同之"来应对，也不只是为了堵住他的嘴。王之"好货""好色"，只要"与百姓同之"便好，这其中的逻辑放到下文再论。孟子的这一姿态表明，在好食色与好理义之间，前者对于后者而言，不只是具有充作比喻的资质，而是可以在这个基础上来论后者。

孔子谓"富与贵是人之所欲""贫与贱是人之所恶"(《论语·里仁》)，对于人的这种好恶，以其道得之就好。在食色上的好恶，总能瞧出一些端倪来。颜子"一箪食，一瓢饮"而"不改其乐"

（《论语·雍也》），就很不简单。至亲之人去世后，"食夫稻，衣夫锦，于女安乎"（《论语·阳货》），这个"安"很重要，后来被孟子叫作不忍人之心，并确立为仁之端。相反，若是"饱食终日，无所用心"（《论语·阳货》），未免太辜负了那些粮食。如同孟子所言"食而弗爱，豕交之也；爱而不敬，兽畜之也"（《孟子·尽心上》），食色上的好恶不会只停留在食色上。孟子有云：

> 民非水火不生活，昏暮叩人之门户求水火，无弗与者，至足矣。圣人治天下，使有菽粟如水火。菽粟如水火，而民焉有不仁者乎？（《孟子·尽心上》）

这又是极具生活画面的例子。圣人教民，使民之菽粟如水火之丰富，则民必不只限于食色之上，而未有不可以为仁者。像这种就食色上的好恶而论理义的例子，《孟子》一书中不胜枚举。所谓"理义之悦我心，犹刍豢之悦我口"，从口悦刍豢到心悦理义，其实可以顺顺当当。当有人将两者对立起来如同水火时，孟子一眼就看出了其中的问题：

> 任人有问屋庐子曰："礼与食孰重？"曰："礼重。""色与礼孰重？"曰："礼重。"曰："以礼食，则饥而死；不以礼食，则得食，必以礼乎？亲迎，则不得妻；不亲迎，则得妻，必亲迎乎？"屋庐子不能对，明日之邹以告孟子。孟子曰："于答是也，何有？不揣其本，而齐其末，方寸之木可使高于岑楼。金重于羽者，岂谓一钩金与一舆羽之谓哉？取食之重者与礼之轻者而比之，奚翅食重？取色之重者与礼之轻者而比之，奚翅色重？往应之曰：'紾兄之臂而夺之食，则得食；不紾，则不得食，则将紾之乎？逾东家墙而搂其处子，则得妻；不搂，则不得妻；则将搂之乎？'"（《孟子·告子下》）

孟子其实就是拆穿了将礼抽离于食色而随意放置的把戏，只要恢复了礼与食色的应有位置，问题就迎刃而解。

四、絜矩之道

由食色上的好恶提升到善恶上的好恶，其间固然没有什么不可逾越的鸿沟，但能否意味着依靠自身的情感力量完成这种华丽转身，依然还没有得到有效的阐明。前文所言王之"好货""好色"，何以通过"与百姓同之"而到达仁政的轨道上？这其中的逻辑是什么？对于这一关键问题的阐明，得从《论语》中的两句经典语录入手，一是"己欲立而立人，己欲达而达人"（《雍也》），一是"己所不欲，勿施于人"（《卫灵公》和《颜渊》）。此中的"欲"与"不欲"，未必适合直接等同于好恶之情，却离不了要从好恶之情出发。由己之好恶而区分人之施与不施，这意味着什么？若己之好恶多变，则施与不施是否也会随之不断变化？果真如此，则并不能树立确定的原则。这就需要进一步的分析。

在"己所欲，施于人"和"己所不欲，勿施于人"的理解上，一般都会意识到要从这种欲与不欲的好恶之情中，排除掉那些无关乎价值的喜好。俗话说，"萝卜白菜，各有所爱"，喜欢萝卜或不喜欢白菜，这与价值无关，不能因此而施人萝卜或不施人白菜。排除之后直接理解为愿得别人的帮助而去帮助别人，不想被别人伤害而不去伤害别人。这样看起来虽没问题，但其实过滤了好恶之情原本的多样性而沦为干瘪的道德推论。原本由己之好恶而确立施与不施的道德性，若好恶之处由类似于喜欢言论自由、喜欢平等相待或不喜欢别人撒谎、不喜欢别人干涉之类来填充，这依然是由理智的认知头脑先给出来，再推导出施于人与不施于人的道德内容，并非由情感自身的力量来完成。然而，《论语》中的"己欲立而立人，己欲达而达人"与"己所不欲，勿施于人"，由己之好恶而确立施与不施的道德性，一定要从复杂的好恶之情当中提升出来。事先就对好恶之情做出是否关乎价值的明确区分，这已经是理性头脑的僭越。好恶之情的提升历程是逐渐显露出价值性，而不是界线分明的跳跃。这个过程需要有清楚的揭示，才能说明好恶之情何以能获得价值上的开显。不妨先转移到《大学》文本中继续分析：

> 所谓平天下在治其国者，上老老而民兴孝，上长长而民兴弟，上恤孤而民不倍，是以君子有絜矩之道也。所恶于上，毋以使下；所恶于下，毋以事上；所恶于前，毋以先后；所恶于后，毋以从前；所恶于右，毋以交于左；所恶于左，毋以交于右：此之谓絜矩之道。

此处一系列的"所恶"而"毋以"，其精神主旨显然与"己所不欲，勿施于人"相一致。与后者相比，分上、下、前、后、左、右来列举，看起来是更为具体了，却并非是自所恶之处而言。这种列举更像在不断地重申"所恶"而"毋以"的意味，亦即在凸显"不欲"而"勿施"的意思，而非具体化其中的内容。正是这一意味，《大学》称其为"絜矩"，由"所恶"而"毋以"就像一个度量的过程。这种度量是何以可能的呢？朱子以为，由上之"老老""长长""恤孤"而民"兴孝""兴弟""不倍"，是在表明"人心之所同者既如此，是以君子见人之心与己之心同"，紧接着"是以君子有絜矩之道"中的"是以"，是指"为是之故"。[①] 基于儒家这种人心之所同然，以己心可度人之心，而"我心之所欲，即他人之所欲也"（同上），因此是由"所恶"而度量出"毋以"。出于这种人心之所同然而由所好而施、所恶而不施，否则变成"好人之所恶，恶

---

① 《朱子语类》（第二册），北京：中华书局，1986，页361。

人之所好",就属于"拂人之性"(《大学》)了。

由"所恶"而"毋以"的絜矩究竟意味着什么？原本人之好恶是一回事，如何待人是另一回事，现在却以"絜矩"之名在两者之间确立起某种内在性。人人皆有好恶之情，而且很少有人会为如何好恶而发愁，但可能很多人都遭遇过如何待人的烦恼。"絜矩"确立起的就是一种待人之道，其所凭依的是人之好恶，而不是高难度的思辨术。平常人多以一时的好恶影响待人接物，导致问题层出不穷，这是由于平常的这种影响只是消极的。正是"絜矩"使得好恶之情成为度量的内容，从而在两者之间建立起具有建设性意义的内在关联。好恶之情不再是影响待人接物的一种消极情绪而已，由"所恶"而"毋以"的自觉意识，使得好恶之情在待人过程中必然发生动态的变化，并逐渐明确起好的待人方式，这种历程就是《大学》所言的"絜矩之道"。

絜矩是一个道，即一定有一个实现的历程，那背后的理是什么呢？作为絜矩之道，看起来由"所恶"而"毋以"只是一种形式上的对接，在内容上与因好恶之情影响待人接物似无区别。但这种形式类似于某种机制，如果说带着好恶去待人是完全不顾别人的感受，而这种形式的对接便正是树立起沟通人己之感受的自觉意识，或者说建立起某种沟通自身感受与他人感受的机制。一个喜欢占别人便宜的人，很可能就特别讨厌别人贪图便宜。但如果能基于自身的感受而顾及他人的感受，就完全可以由"所恶"而"毋以"，从而得到克服。由别人占了自己便宜的难受，顾及自己占别人便宜的难受，即意味着由自身的感受指责别人的"不应该"，进而感受到自己的"不应该"，再出于这种"不应该"克服自己。这种由情感完成的"不应该"要比理性确立的法则更具实践性，背后涉及的理其实就是"仁"。所谓顾及他人感受，亦即作为其发端的恻隐之情。

这样分析起来，问题显得简单而明朗，但其实这是由于这一分析仅涉及恶所当恶的道德情感。实际上，好恶之情是复杂的，既有不直接与道德相关的好恶，又容易出现恶所不该恶或者不恶所该恶的情形，都会导致由"所恶"而"毋以"没那么简明。比如在萝卜白菜上的好恶，如何成为施与不施的依据？还有，把父母的好当成束缚来厌恶，或者不把别人的欺骗当回事，如果把这些当作施与不施的依据，前者可能让自己有了对别人薄情寡义的理由，后者可能使得自己没心没肺地伤害别人。这是否意味着由"所恶"而"毋以"的絜矩之道破灭了呢？实际上，需要考察的正是这种复杂多变的好恶之情，是如何通过情感自身的力量来完成好善恶恶的开显。即便是从好抽烟而恶喝酒，或者是好奉承而恶忠言开始，也可以阐明絜矩之道的转变历程。

看起来，从好萝卜而恶白菜来论絜矩会显得很荒唐，但这是将好恶当作一种普通的情绪而言。如果能确立起沟通人己感受的自觉意识，真正基于顾及他人的恻隐之情，或者真正关心他人的痛痒，也许就不一样了。由"所恶"而"毋以"开启的絜矩历程，确实有可能出现恶白菜而不施于人的情形，但这本身并不可笑，只有将絜矩之道停留在这上面才会变得滑稽。作为一种好恶，当自己讨厌白菜与他人喜欢白菜的情形同时出现时，很自然地施人以白菜并非违背了"所恶"而"毋以"，而实是基于"己所欲，施于人"。由喜欢萝卜而施人以白菜，或者由讨厌白菜而不施人以萝卜，正是由喜欢吃萝卜之味而希望别人吃上白菜之味，或由讨厌吃白菜之味而不希望别人吃上萝卜之味。对于施人以白菜，到底是出于好萝卜还是出于恶白菜，亦即到底是基于"己所欲，施于人"还是违背了由"所恶"而"毋以"，这是可以判断出来的。如果是后者的情形，则施人以白菜不会有好坏之分，甚至烂菜叶子也可以给别人。生活当中通常不会将自己不喜欢的东西送给别人，但这肯定是经过了好坏的判断，只会把"好的"东西送给别人，而这种"好"只有根据自己喜欢的东西才能判断出来，这正是"己所欲，施于人"之意。就比如把自己不再需要了的东西送给别人，其实是出于自己过去的需要送给别人，同样是由所欲而施人的表现。因此，施人以白菜其实是施人以"好的"白菜，其与出于好萝卜而施人以"好的"萝卜是一样的道理。不管是不是自己喜欢的东西，总是将"好的"甚至是"更好的"东西送与人，这里头就会有价值的意味显露出来，千古传颂的孔融让梨就是这种价值的典范。

这是从似乎无关乎价值的好恶中彰显出价值，而更重要的恐怕还是如何从不当的好恶中翻转出好善恶恶来。喜欢抽烟的人怂恿别人抽烟，讨厌喝酒的人不许别人喝酒，甚至抵触父母的好而刻薄待人，不在乎别人的欺骗而肆意伤害人，这种任性的表现正是好恶之情的影响。那么，絜矩又是如何克服这种主观情绪的影响，而逐渐树立起一种好的待人之道呢？如前文所言，由"所恶"而"毋以"确立起的是时时保持对他人的恻隐，或顾及他人的感受，这并非只是出于对他人的考虑，同时也是克服自身主观情绪的机会。"所恶"于人之处，是针对人之不善而言的。朱子注孟子所言"羞恶之心，义之端也"（《孟子·公孙丑上》）时，认为"羞恶"之义分别是"耻己之不善"和"憎人之不善"，① 可见恶人之不善也是应有之义。《大学》谓"有诸己而后求诸人，无诸己而后非诸人"，"求"人之善与"非"人之不善，都可以视为是在"所恶"于人上而言的，其与"有诸己不非诸人，无诸己不求诸人"（《墨子·小取》）的态度有一个鲜明的对照。但"求"人或"非"人，肯定不是热衷于"方人"，或者说只是喜欢对别人指指点点。孔子云："恶不仁者，其为仁矣，不使不仁者加乎其身。"（《论语·里仁》）恶人之不善，也正可以不使这种不善在自己身上表现出来。由"所恶"

---

① 朱熹，《四书章句集注》，前揭，页237。

而"毋以",就是通过恶人之不善而使自己得以有机会拒绝这种不善。这种分析表明,絜矩之道实际上是使之前那种由好恶出发单方面的任性,变成己与人之间在好恶上的互动。人与人之间在好恶上的确千差万别,但基于人心之所同然,唯有在好善恶恶上必定趋同。

怂恿别人抽烟或不许别人喝酒,经由絜矩之道,并非是停留在这种好恶上求取一致。这种层面上的好恶都是由带给自身的快乐或难受而生成的,根据絜矩之道,出于这种好恶待人,就不是指将自己的好恶简单粗野地强加于别人,而是从自身的快乐或难受去体会别人的快乐或难受。抽烟或喝酒最能直观地反映出这种快乐或难受,将烟酒上的好或恶去施或不施于人时,只要稍微顾及一下别人的感受,就分得清该如何处置。但这不仅是指前文所言喜欢萝卜而施人以白菜那种情形,而是通过与他人之间在好恶上的互动,出现原本是要怂恿别人抽烟却让自己把烟给戒了的结局。这是由于各人在抽烟上的好恶有差别,但在好健康上却是共同的。再比如抽烟或喝酒的人不介意别人的烟叶或酒味,却并不意味着就体会不到别人受不了这种烟叶或酒味。有人可以很自然地避开人群抽烟或喝酒,甚至还可以放弃抽烟或喝酒。看起来这完全不是出于好恶或者违背了好恶,其实不过是与他人的好恶进行互动的结果。一个人只要不封闭自身的好恶,而与他人好恶相互动,千差万别的好恶必然不会停留在相同的好恶上,而会追求共通的感受。正如孟子所言,人既有感官上的"同耆""同听""同美",亦有心所"同然"者,由寻找相同的好恶,必然会实现对共通感受的追求,因为好恶本身就是基于感受的。由相同的好恶而指向共通的感受,这是一个自然的过程,依靠好恶之情自身的力量就可以完成。当然,即便是基于共通的感受,也只是表明共同追求快乐而避免难受,似乎始终与价值上的好坏或道德上的善恶无关。其实这种价值或道德上的意味已经呼之欲出了，当一个人很自然地避开人群抽烟或喝酒时，距离放弃抽烟或喝酒还会远吗？

　　就完成对絜矩之道的分析而言，这个问题是最后关键的一步。当然，为何要强调是在分析的层面上而不是絜矩之道本身呢？这是由于抽烟或喝酒作为人的好恶，从避开人群到直接放弃，其实可以很自然地完成。也许有人在公共场合想避开人群抽烟，可是发现不具备这种条件时，可能就很自然地放弃掉了，并不需要觉得这其中有什么特别之处。然而，要是经由理性的分析，就会发现两者之间存在着巨大的跳跃。因为避开人群是基于不愿意将自己的快乐建立在别人的痛苦之上，这在好恶层面上基于共通的感受就可以理解。可要是放弃掉就变成了将别人的快乐建立在自己的痛苦之上，这不就分明超出了共通的感受而变得难以理喻了吗？这样看来，凭着情感自身的力量的理解似乎已经走到了尽头，只有借助于理性的认知才能理解人为何宁愿放弃也不愿意给别人带来痛苦。但问题是，这种鸿沟并不能在情感层面上获得验证，当一个人在公共场合想避开人群抽烟到后来放弃掉时，这并非很容易实现，却看不出在情感上存在着鸿沟，更像水到渠成。实际上，放弃并没有超出共通的感受，只不过这种共通性由快乐提升到了善，由获得共通的快乐感受变成了追求共通的善的愉悦，这才是孟子所言心之所同然处。这种提升在边界上是极易模糊的，所以庸俗的功利主义或快乐主义者往往会将快乐直接等同于善。如果人心足够澄明，甘于放弃抽烟是由于很自然地感受到另一种愉悦，即追求善的愉悦，这个自然的过程恰恰说明并没有借助于理性的认知来克服所谓的鸿沟。同时，这一定不是因愉悦而善，而是因善而愉悦。这就抵达了人心之所同然，亦即最具普遍性之处。至此，由"所恶"而"毋以"的絜矩之道完成了全部的历程，阐明了绕过理性头脑的主体作用而获得普遍性的可能，这意味着情感确实可以依靠自身的力量而显露出哲学的品格。

五、与百姓同之

以上完成了一些关于絜矩之道的关键性论说，但还有不少重要的问题没有得到说明。由复杂的好恶之情依靠自身的力量开显出具有普遍性的好善恶恶，其表现形式是开放于人的好恶与他人之间的互动，而依据的道理其实就是发端于恻隐之心的"仁"。以上揭示出好恶之情的提升历程，其全部可能性实端赖于人心之澄明，亦即仁心之充盈。唯有大量功夫早已做在格物致知、诚意正心上，确保无私无偏，则好恶之情自有效验如此。因此，论好恶之情并非论功夫，而实属论效验，只不过是特别拈出情感一层来分析，以应对哲学上的拷问。

回到好恶之情的提升历程上来论，如果一个人封闭自身的好恶之情，而全由一己之好恶而任性待人，则絜矩之道无从施展，好恶就只能停留在主观之私上而丧失了提升的可能性。由"所恶"而"毋以"形成的是人—己—人之间沟通好恶的机制，一旦提供了这种沟通的可能性，千差万别的好恶之情就经由共通的感受，最终抵达好善恶恶之境地。强调好恶之情上的这种沟通机制的重要性，显然与强调理性主体之间的相互交流和理解有着异曲同工之处。只不过理性主体之间到底凭什么就一定能达成共识，西方哲人一直为此殚精竭虑提供论证。好恶之间的沟通，说通俗一点就是顾及他人的感受，背后的道理是恻隐之心的发显。此心源于仁义礼智固有之人性，强调好恶之情的互动就是给此心之发显提供机会，而此心一旦获得了这种机会，便必然可以克服种种好恶之间的复杂差别，抵达好善恶恶这一人心之所同然。因此，基于人心之所同然的论说就不必为共通性的理由而费心，只要给好恶之情的相互沟通提供了机会，好善恶恶就是必由之路。可以说，道理其实是明了的，只是现实经验依然复杂，好恶之情的提升一点也没有因道理的明朗而变得轻而易举。相反，孔子所言"唯仁者能好人，能恶人"，是谓真正可以由好恶出发而实现人心之所同然，唯仁者而后可能。可见，一般人平常所面临的总是千差万别的好恶之情，因缺失格物致知、诚意正心的修身功夫而陷入好恶之私。

　　从道理上讲，"己所欲，施于人"与"己所不欲，勿施于人"是一样的，哪一种表达都站得住脚。但在现实经验当中，主要强调从"不欲"出发确实显得更为明智，因为人们在所不欲上确实比所欲更容易接近，而且所欲又要比所不欲更容易出问题。经验生活告诉我们，人与人之间在喜好上可能五花八门，而厌恶的东西可能差不太多，常常有人会喜欢一些不好的东西，却很少有人厌恶好的东西。这都说明"己所不欲，勿施于人"更具经验上的可行性，而即便所不欲有不当，不施于人了最多是让人有所错失，而不会制造伤害。固如是，絜矩之道是以"所恶"而"毋以"言，而没有自所欲而施上言。此外，像"我不欲人之加诸我也，吾亦欲无加诸人"（《论语·公冶长》），或"施诸己而不愿，亦勿施于人"（《中庸》），也都是在就着"己所不欲，勿施于人"的意思来说。可见，更为注重"己所不欲，勿施于人"这一面倒也没错，尤其是面对着复杂的好恶之情，多从"所恶"出发应该能更好地克服好恶之私，就算只是方法上的讲究也很重要。当然，这并非打算赋予好恶的多样性以一种合理性，原本人就应该往孟子所言的"同耆""同听""同美"上被鼓励，因为只有这样，心之所"同然"才会呼之欲出。只有现代性的叙事才会怂恿人们追求多样性，甚至刻意拉开人与人之间在好恶上的距离，而这不过是由于可以从中获得某种虚假的个性差异。絜矩之道当然也尊重人与人之间好恶之情的差异性，并且不会往消除相互的差异上做要求，但必定是基于好恶之间的相似①而取趋同为价值,这是一种克服差异而提升共通性的历程。应当说,己所欲而施于人,在道理上也是完全成立的。实际上,一个人愈是做"己所不欲,勿施于人"的功夫,也就愈可能将"己欲立而立人,己欲达而达人"做得正当。

充分阐明由好恶上的"同耆""同听""同美"而提升出"同然",就是想表明,既然能如此"自然"地好食色,则好理义为何就不可能如此"自然"呢?甚至食色之好上未必没有包含仁义之好的可能性。这是"与百姓同之"这一政治逻辑得以成立的基本前提;当孟子表示齐宣王只需与百姓同其"好货""好色"时,就是基于这种可能性而言的。如果食色之好全是人欲之私,则与百姓同之就毫无道理。

但如何将这种可能性转化为现实性呢?"与百姓同之"所依据的还是絜矩之道的基本精神,即顾及百姓的感受,或者说白了就是统治者将百姓的死活放在心上。根据前文的阐明,一旦在好恶上形成与百姓之间的沟通,就必不会停留在"好货""好色"上。再不济也能追求与百姓之间的"同耆""同听""同美",这预示着一种体恤政治②。往更好的可能性上讲,其所唤醒的是统治者对百姓的不忍之心,"以不忍人之心,行不忍人之政"(《孟子·公孙丑上》),"与百姓同之"导向的就是仁政本身。当然,这只是在表明这样一种政治逻辑,即同百姓之好恶既关怀每一个人的喜怒哀乐,同时引领这种好恶之情提升至是非层面上。前者是体恤民情,后者是教化百姓,全都可以由"与百姓同之"道出。

---

① 朱子在讨论《大学》中的絜矩之道时说道:"这处便已知民之好恶与己之好恶相似。"(《朱子语类》[第二册],前揭,页362)

② 参拙文《论民之好恶》,刊于《原道》第26辑,上海:东方出版社,2015。

但上述这些是否可能在政治实践中充分兑现，这还很难说。如果缺乏格物致知、诚意正心的修身功夫，顾及百姓的感受就是一句空话，更无法实现好善恶恶的教化政治。好比现代性的民主政体诉求的是每一个人以理性的方式去实践政治，可实际上往往沦为平庸乃至堕落的筹码。"与百姓同之"的风险可能更大，但政治反映每一个人的好恶要比体现每一个人的睿智更为真实可靠。因为人与人之间的智愚之别太大，而喜怒哀乐则总是容易相通的。为了确保现代性基于一种平等的相互沟通，哲学没少为此费心思，跨越智愚之别的障碍绝非易事。但凭什么哲学却不把后者当回事呢？后者的哲学品味没有理由就要比前者逊色，而且无论智愚之间的差别有多大，却一点也不会妨碍所有人有着共同的欢喜和忧患。这种哲学追求是不是更值得向往呢？

由以上阐明可见，好恶之情一改之前那种屑屑私情的形象，而堪当大任了。儒家学问作为一种哲学，一向倚重情感，并让情感自身显露出哲学品格，比如孟子论恻隐之心所体现的哲学之途就堪称经典。① 由食色上的好恶提升到好善恶恶，或者由孟子所言的"同耆""同听""同美"而提示出"同然"，需要经由"所恶"而"毋以"的持久历程，亦即絜矩之道，才可能不断地得到实现。在这个意义上，"唯仁者能好人，能恶人"，并不许可百姓皆有的好恶居然就能定下是非善恶。至于阳明声称："良知只是个是非之心，是非只是个好恶。只好恶便尽了是非，只是非便尽了万事万变。"（《传习录下》）这一定只是就本心而言，虽说道理所陈甚是痛快，却很难再具有孔子所言"唯仁者能好人，能恶人"的那种牢靠性。梁漱溟对此有一个观察，他说：

---

① 参拙文《"恻隐之心"的哲学之途》，载于《切磋四集——四川大学哲学系儒家哲学合集》，北京：华夏出版社，2014。

后来最能继承孟子精神的，为王阳明。他就说："只好恶，便尽了是非。"他们径直以人生行为准则，交托给人们的感情要求，真大胆之极！我说他"完全信赖人类自己"，就在此。这在古代，除了中国，除了儒家，没有谁敢公然这样主张。

同时他也提到"径直以人生行为的准则，交托于人们的感情要求，是不免危险的"。① 梁漱溟的观察大体上是准确的，儒家对情感的这种倚重是其他文明所没有的，这正是完全信赖人类自身的表现。而且，顺着阳明的思路说下来，直接以好恶尽是非确实会很危险，西方哲人肯定觉得这也太不可思议了。康德认为"全部好恶总合起来就构成利己心，这些好恶也可归为一个大概的系统，这时它们的满足就称作个人幸福"。② 可见，以好恶尽幸福还可以说，尽是非就太惊悚了。以理性来打量情感，往往也就是这种效果，倒不必太在意。只是如何把握好表达好恶之情这个度，这确实是非常重大的问题，不能给人留下了话柄。

当然，仁者之好恶必定不排斥理性，以好恶尽是非一点也离不开理性的成就。在复杂的人与事中，没有了理性的头脑基本上寸步难行。然而，不管理性的作用有多么巨大，都未必要以主体的姿态来发挥。理性的主体地位难免隔绝于好恶之情来追求真理，然后再以真理的姿态反过来驾驭或者鄙薄好恶之情。现代人往往迷信理性主体之间的相互交流和沟通，其实是有问题的。如果好恶之情不通，则理性主体的沟通作用就很有限，即便升级为所谓交互主体的版本，也无法从根本上解决问题。小到人与人之间，大到不同文明之间，很多致命的问题并非由于不够理性。即便是都讲清楚了，也相互明

---

① 《梁漱溟全集》（第三卷），济南：山东人民出版社，2005，页109。
② 康德，《实践理性批判》，前揭，页74。

白了，但就是不认同、不接受，为什么呢？因为彼此间不通好恶，不关心对方的欢喜和忧患，相互间不抱善意。儒家文明自好恶之情处提升道理，突显情感自身的哲学化道路，显示出完全不一样的思想视野。这恰恰不是排斥理性，而是可以让理性更好地发挥作用。只有在乎彼此之间的喜怒哀乐，关心对方的人情冷暖，理性才能在这种共通的情感中保持着谦卑，从而以最大的善意来相互沟通。否则，理性一味想着驾驭情感，却往往被情感所碾压，最终充当了穷尽情感各种可能性的急先锋，并负责为各种私情私欲背书，提供五花八门的说辞。古代君民之间并不致力于以理性为主体的相互沟通，而是强调君主之好恶"与百姓同之"，

  乐民之乐者，民亦乐其乐；忧民之忧者，民亦忧其忧。乐以天下，忧以天下，然而不王者，未之有也。（《孟子·梁惠王下》）

  君民之间的好恶相通，与达成主体理性之间的共识相比，恐怕更富现实性，至少并不具有更低的哲学品格。毕竟跨越智愚之别并不现实，而沟通君民与上下之间的忧患与欢喜显得可能性更大。这大概可以为现代民主政治提供反省的资源。

  现代民主政体的叙事是让每一个人作为理性主体参与到政治当中，可有意思的是，徐复观却为民主政治提供了"另一种角度"。他写道："民主政治，可以从许多角度去了解它。这里提出的一个角度是，民主政治，是在情理义利之间的政治。"这是什么意思呢？他接着解释道：

  民主政治的自由投票，主要是由各人的好恶（情）利害（利）作判断的起点。但多数人的好恶之情即通于理，多数人的利即通于义。所以多数的自身，即是情与理、义与利之间的结

果。在少数服从多数的同时,多数又须保障少数,这也是情与理、义与利之间的办法。此一精神贯彻下去,民主政治的行动,都是情与理、义与利之间的行动。①

徐复观的这种"角度"特别有意味,他既没有期望一种理性主体的政治,却又不甘于一种利益主体的政治,而是描述出多数人以好恶或利害作为判断的起点,却很自然地通于理、通于义。然而,这是怎么可能的呢?若以人性本恶来观之,这种说法岂不是太不科学了?徐复观虽说向往民主政治,实际上仍然自觉或不自觉地处于一种圣贤政治文明当中。他的描述完全符合儒家的政治叙事,"与百姓同之"保障了这种人性的可能性和政治的现实性。当然,必须有"能好人,能恶人"的仁者与百姓沟通好恶,关怀天下百姓的冷暖,才可能通过圣贤的政治教化,确保多数人从好恶或利害出发,却很"自然地"通于理、通于义。这也是本文所论好恶之情的最终归旨所在。

---

① 参徐复观,《民主政治的另一角度——情理义利之间》,载《学术与政治之间续篇》(二),北京:九州出版社,2014,页1129、1130。

思想史发微

西方中世纪的文学批评

小哈德逊（O. B. Hardison, Jr.）撰
宋旭红　译

关于中世纪批评史目前尚无权威著作，其原因首先在于学者们并不认为这一课题值得一做。很少有人去读中世纪诗歌，对于其后的批评理论，感兴趣的人更是寥寥无几；除此之外，还有一个原因是：这一题目特别难以界定。有关的研究或者易于失之狭隘，因排他主义而受到歪曲，或者可能过分宽泛，因而失去重心。

最重要的是，中世纪文学是国际性的，而不是民族性的。除了比较文学各部门以外，当代文学研究有着强烈的民族主义倾向。现今通行的关于中世纪批评的一种经典论述是艾肯（J·W·H Atkin）的《英国文学批评：中世纪阶段》(*English Literary Criticism: The Medieval Phase*, 1952)。艾肯的方法不仅带有偏见，而且简直置该课题于绝境。按国别划分文学的习惯使他详细论述了比德（Bede）和阿尔昆（Alcuin），同时却忽略了他们的先驱——古典主义后期的作家；论述了索尔兹伯里的约翰（John of Salisbury）和加兰的约翰（John of Garland），却忽略了西尔韦斯特里斯（Bernard Silvestris）、

希尔绍的康拉德（Conrad of Hirsau）和杰维斯（Gervase of Melcheley）等人。

另外，批评史虽与美学史和风格史相关联，但它们却全然不同。德·布勒因（Edgar de Bruyne）讨论过中世纪美学，格鲁兹（Hans Glunz）分析过中世纪文体学，但无论是德·布勒因还是格鲁兹都无意于写一部批评史。布勒因的兴趣在于美的理念及其在中世纪建筑、音乐、绘画、雕刻和文学中的表现。普罗提洛（Plotinus）和圣托马斯（St. Thomas）是他研究的重心，尽管他们在中世纪批评史中只是二流人物。同样，格鲁兹的中世纪文体学研究也远离了文学理论的探讨而去分析中世纪诗歌的词汇结构。

最后，最值得经常强调的是：在中世纪，修辞学和诗学是两种不同的学科。鲍德温（C. S. Baldwin）的《中世纪修辞学与诗学》（*Medieval Rhetoric and Poetic*, 1928）一书从法拉尔（Edmond Faral）那里获益匪浅，可能是最接近于当代的一本中世纪批评史。鲍德温所言不虚：在许多批评文献中，修辞学原则被全盘接受，它对其他学科的影响无所不在。但这导致他得出一个并不正确的假设：中世纪诗学不过是修辞学的一个变体。鲍德温认为十二、十三世纪的"诗艺"论（artes poeticae）得益于修辞学，尤其是诡辩学派，这是一个很有见地的结论，但是它却因忽视了修辞内容要适应艺术目的这一中心事实而误解了诗艺。换句话说，"诗艺"论传统并不意味着修辞学与诗学混淆不清，而是显示出一种对二者进行区别的清醒意识。修辞学的方法使鲍德温进一步论及一些原本不属批评的文献，如阿尔昆的《修辞学》（*Rhetoric*），同时也导致他忽略了中世纪批评中的一些重要的组成部分，如讽喻、"入门"（或称作者名录）和经院主义诗学论文。

鉴于此目的，我们将把文学批评界定为有关文学史、文学理论（从狭义上讲，不涉及对艺术、美等问题的一般性讨论）、文学生成以及具体文学作品分析的一系列文本。《圣经》注释本身即一个庞大的主题，我们将经常提到这一点，因为它范围极其广泛，不容忽视。它对批评提出的挑战——例如希伯来文学形式被希腊－罗马传统吸收同化，以及文学纪年向荷马以前时代的延伸——直接关系到古典主义后期特定的发展方向。在其他方面——基督徒是否应该研究异教作家、圣经讽喻与世俗寓言的关系、灵感的概念——它也为从奥古斯丁（Augustine）到薄伽丘（Boccaccio）的整个中世纪时代提供了常规的批评话题，并在不同时期产生出不同的答案。但是作为一个主题而言，《圣经》注释不是文学批评，一部中世纪批评史必须避免过分局限于德·吕巴克（Henri de Lubac）的《中世纪释经》（*Exegese Medievale*）的研究范围。

限定好主题，我们还必须解决几个问题。例如，"中世纪"和"古典主义"之间的分界线是什么？选定一个具有历史意义的日期——诸如君士坦丁的皈依——来做分界线并不完全令人满意，因为通常被认为是中世纪典型的几种批评类型在柏拉图之前已普遍存在。例如讽喻批评（Allegorical criticism）就始于公元前六世纪的莱吉姆的塔尔根尼斯（Theagenes of Rhegium），并在整个古典主义时期绵延不绝。斐洛（Philo Judaeus）、亚历山大里亚的克雷芒（Clement of Alexandria）和奥利金（Origen）的著作中列举的亚历山大学派的批评理论从公元前一世纪延续到公元二世纪，这段时间约略与罗马文学的黄金、白银时代相一致。再看看拉丁西部地区，情况更令人难以把握。如果斯塔提乌斯（Statius）是"古典主义"的，德尔图良（Tertullian）是"中世纪"的吗？如果奥古斯丁和哲罗姆（Jerome）是"中世纪的"，塞尔维乌斯（Servius）、多纳图斯（Donatus）和马克罗比乌斯（Macrobius）就是"古典主义"的吗？提出这些问题是为了提醒人们注意这样一个事实："古典主义"和"中世纪"更多地是指文化景观，而不是年代顺序。

古典主义传统的某些因素很容易为中世纪作家所吸收，但同时另外一些因素——例如古典主义戏剧——其情形则难以把握，它们要么被忽略，要么在被吸收之前要经历复杂的变化。马克罗比乌斯和波厄修斯（Boethius）属于第一种情况，他们的著作在整个中世纪都是易于接受的，同时他们对古典主义传统整体是清醒自觉的，他们既可以被看作"古典主义"的，也可以被看作"中世纪"的，二者同样正确。另一方面，维吉尔（Vergil）和奥维德（Ovid）毫无疑问是古典主义的，他们的著作在中世纪广为传诵，但是——正如我们从富尔根蒂尤（Fulgentius）、西尔韦斯特里斯、伯克里乌斯（Bercorius）和薄伽丘那里知道的那样——它们是在经过改头换面、几乎难以辨认之后才被中世纪当作古典主义著作的典范。这个改头换面的吸收过程十分自觉地进行。

在《论教士的培养》（Clerical Institute）中，赫拉班（Rabanus Maurus）建议道：

> 如果我们想阅读异教徒雄辩而华丽的诗篇和著作，我们必须像《申命记》（Deuteronomy）对待被俘的妇女一样去对待它……如果一个以色列人想要娶她为妻，他应该为她理发修面、剪掉指甲、修好眉毛。等她干净整洁焕然一新，他可以像丈夫一样去拥抱她。同样，当我们拿到一本异教教义的书时，通常也这么做。如果发现其中有些有用的东西，我们就把它吸取到我们的教义之中。如果其中充斥着有关偶像、爱或者纯粹世俗的东西，我们就拒绝它。我们要为一些书修头整面，而对另外一些则要用锋利的剪刀剪掉它的指甲。

这段话十分精确地表述出许多异教文学被中世纪文化吸收同化的过程。该过程可称之为选择性同化，在许多情况下也可称之为曲解式的同化。

第二个问题是分类系统。古典主义后期对术语学十分着迷，修辞学在体系和术语方面尤其硕果累累。它留给中世纪三种（或四种）风格的体系，并把修辞手段分为设计（Schemes）和比喻（tropes）两类，有夸张修辞、思想修辞和言语修辞，还有关于天才与技艺谁更重要的论争，"复制经典"意义上的模仿原则，内容与语言之间的区别，根据年龄、性别、地位确定礼仪（decorum）的思想等。诗人们接受了很多这样的修辞学理论，再加以源自诗学而非修辞学的一些原则：将批评文章划分为"诗法论"（poesis，谈诗的一般性问题）、"诗艺论"（poema，谈诗的类型）、"诗人论"（poeta，谈诗人的性格和教养）三部分；文类系统；古典诗体学的常规；模仿即"创造"的思想；诗是否真实的问题以及教育原则和娱乐原则等等。

讽喻本身就是一个话题，到五世纪常见的至少有五种不同的理论体系：词源学的讽喻，神话历史论的讽喻（该理论认为神话形象均有历史人物作依据），有关科学、伦理或宗教教义的讽喻，还有那为避免被无知者所见或者因为超验景象只能用象征和隐喻来表达而从神话的面纱中透露出的神启真理的讽喻。很显然，从卡西安（John Cassian）开始，基督教作家又增添了第六种讽喻理论，他们认为经文（甚至包括世俗诗歌）有四层含义：字面意义、讽喻意义、道德意义和神秘意义。

在中世纪，人们通过标准化规则来区别、分析和限定名词术语及其分类，这一事实表明它们与中世纪批评理论密切相关。它们不断出现在从四世纪到十七世纪的批评文献之中，当我们单独去考察这些名词术语和分类系统时，会发现它们是足以证明中世纪思想一脉相承的一些批评主题。然而，它们更深刻的意义，并不在于作为批评话题的持久常新，而在于在不同时代、不同语境中具有特定的含义，其主要的价值正在于此。

考德威尔（Christopher Caudwell）曾经发现，批评实践犹如切鸡肉，可以有很多种切法，但只有一种正确，即顺着骨骼关节去切。
中世纪批评的"关节"就是各个时期不同知识的分类。在中世纪的
绝大部分时期，这意味着以语法学、修辞学、逻辑学三学科和算术、
几何学、音乐和天文学四学科为基础的分类法。例如，如果我们以
三大学科为参照点，会发现诗学可以被看作语法学、修辞学或逻辑
学的一个分支；每一定位都会导致与该定位所指向的功能相关的不
同批评模式。同时，一个主题往往会跨越多个知识种类。

举一个最明显的例子，人们会发现"修辞的色彩"——即修辞
意象——在古典主义后期的语法学论文和修辞学论文中都出现过。
在语法学论文中的出现无疑反映了教育的迫切需要：语法课向学生
介绍一个文学文本，自然要先教给他应该学习的风格技巧，详细地
讲，这就是修辞学的一部分。这种现象不是理论提倡的结果，而只
是为了方便。正如科尔（Heinrich Keil）所编《拉丁语法》（*Grammatici Latini*，1897—1923）和哈姆（*Carolus Halm*）的《拉丁修辞
学》（*Rhetores Latini Minores*，1863）多次证明的那样：一般来说，
古典主义后期的作家们在作为职业语法学家和修辞学家写作时，都
十分清楚这两门学科的区别。

一、诗与语法学

中世纪诗学最传统、最持久的"位置"是在语法课上。昆体良
（Quintilian）把语法学定义为"正确言谈的科学，诗人的学问"，从
而为将诗学与语法学相联系提供了一个基本公式。《演说家的教育》
（*Institutio Oratoria*）第十卷开头有一份古代传下来的最为详尽的正规
文学课程纲要。它列出了古希腊罗马作家名单以研究他们的雄辩言
辞，并在翻译和注释之类的写作练习以及命题作文当中加以模仿。
这份名单是中世纪"入门"传统的先声，也是十二世纪大教堂学校

的课程强调模仿和写作并以此为精要的前兆。

语法学与"诗人的学识"之间的联系可以在古典主义后期的文献,例如维克多里鲁斯(Victorinus)的《论语法艺术》(Arte Grammatica)中找到线索。该文通过卡西奥多鲁斯(Cassiodorus)和赫拉班关于三大学科的争论,继昆体良之后把语法学定义为"解读诗人和历史学家的科学,正确读写的方法"。索尔兹伯里的约翰总结十二世纪的情况,发现"诗从属于语法学,后者是诗歌研究的母体和源泉"。

因此,整个中世纪的语法学传统始终紧紧依附于异教文学,并牢记着古典主义批评的常规并非偶然。这就是说,语法课是中世纪人文主义的主要载体。尽管它在十三世纪所谓"自由艺术之战"的觉醒中被搁置一边,但到十四、十五世纪,语法学再次出现于费尔特雷的维多里诺(Vittorino da Feltre)、维罗纳的瓜里诺(Guarino da Verona)和伊拉斯谟(Erasmus)这些人文主义教育家的文章中,他们都相信文学研究——还有"阅读诗人"——应该是人文主义学科的中心。

诗歌与语法的联系产生了三种各具特色的论文类型。第一种是评注或注释。这种评注不是一篇单独的文章。尽管中世纪评注开头一般都要简要概括地讨论(待注释作品的)作者的生平,接着评论其作品自身的形式和风格——像多纳图斯注泰伦斯(Terence)、塞尔维乌斯注维吉尔那样——它主要仍是由文本中个别词句的注释构成。这些注释有着实用的目的。阅读诗人不是为了审美,而是为了增加文采,或者像比德、卡西奥多鲁斯和赫拉班这些基督徒作家那样为解释《圣经》做准备。

显然,学生在学习这些诗人们之前必须先理解他们。语法学注释生僻的词句、解释复杂的结构,指出鲜明的修辞手法,偶尔还能提示文字的道德教化意义,为神秘的暗示提供讽喻性解释。除开一部例外，现存的主要评注都要追溯到古典主义后期，它们是塞尔维乌斯注维吉尔、多纳图斯注泰伦斯、阿尔康（Arcon）和波菲里翁（Porphyrion）注贺拉斯（Horace）。此后继承这一传统的大量评注著作的典型代表是莱米吉乌斯（Remigius of Auxerre）和埃里金纳（Scotus Erigena）注卡佩拉（Martianus Capella），以及十一世纪之后对泰伦斯的评注。主要的评注都作于前加洛林时代，唯一的例外是十二世纪里拉的尼古拉（Nicholas of Lyra）的《普世圣经注释》（*Glossa Ordinaria*），这是中世纪《圣经》注释的一个公认的高峰。

诗与语法的联系产生的第二种特殊批评类型是音韵学批评。古典语法包括拼写、音节划分和元音音量的研究，一部全面论述语法问题的典型著作要分三分册，其中第三册关于元音音量的研究扩展为韵律学的讨论。该讨论有着双重目的：阐明音节的音量和诸如省略、诗的破格之类的实践问题，以及向学生介绍典范的诗歌形式以为其"阅读诗人"做准备。"音韵学"中的基本文学理论是：诗歌无关于内容或方法，而关乎韵律，它应和散文区分开来，而不是和历史。

在这个理论体系中，形式重于功用，也就是说，我们说一部作品是"英雄史诗"既因为它的内容，也因为它使用了英雄诗体的格律（dactylic hexameter，即长短短格的六韵步诗行）。除此之外，音韵学批评的代表作规定了九种（另一说八种或十种）基本格律，通常以长短短格为首，包括短短长格（anapest）、长短格（troche）、短长格（iamb）、长短短长格（choriamb）等等，对之通常都有详细的介绍。适合英雄诗体格律的音型据称有32种，对萨福体（Sapphic）、阿尔凯奥诗体（Alcaic）、阿那克瑞翁体（Anacreontic）诗节形式的介绍则更为详尽。

古典主义后期主要的诗韵学论文都收集在科尔的《拉丁语法》第六卷中。第七卷收有比德的《论韵律》（*De Arte Metrica*），这篇文章由于两方面原因而具有特殊的价值：它始终保持着基督徒（包括有关《圣经》的著作）和他们的异教徒对手之间的平衡；它还保留着最早的关于重音韵律的正式论述："作品取决于音节的数量而不是实际韵律，正如通俗诗人的歌曲取决于他们的声音一样。"

比德的论文是十一至十四世纪一系列题为"诗律学"（ars rbythmica）的拉丁语著作的先声，另一部中世纪批评的真正名著——但丁（Dante）的《论俗语》（De Vulgari Eloquentia, ca. 1304—1307）也是如此。从德尚（Eustace Deschamps）的《修辞艺术》（L'art de dictier, 1392）开始，中经《第二修辞学》（seconde rhetorique）直到文艺复兴时期的诗韵学著作，包括特里希诺（Trissino）的《诗论》（Poetica）、贝莱（Du Bellay）的《保卫与发扬法兰西语言》（Deffence et illustration de la langue francoyse）和盖斯科因（George Gascoigne）的《教育笔记》（Certain Notes of Instruction），这些以本国民族语言写成的诗韵学著作明显地体现着同一传统。

昆体良在《演说家的教育》卷十中列举作家，开启了中世纪编列典范作家名录的先河。批评家们对列举作家感兴趣，是因为从最一开始文学传统就可以比较。正如我们已经提到的，昆体良列举古希腊罗马作家，是为了对一部罗马作品与其所模仿的希腊作品之间作正式的修辞学比较；普鲁塔克（Plutarch）比较泰伦斯和米南德（Menander），格里乌斯（Aulus Gellius）比较维吉尔和品达（Pindar），马克罗比乌斯的《农神节》（Saturnalia）是诗学比较最精细的典范，该书比较了维吉尔和希腊的荷马、忒奥克里图斯（Theocritus）、赫西俄德（Hesiod）、罗马的利维乌斯（Livius Andronicus）、恩尼乌斯（Ennius）。

当这一传统被基督教作家继承之后，比较就转向拉丁作家与希伯来作家之间了。哲罗姆（Jerome）就喜欢这种比较，他评论道："大卫（David）是我们的西蒙尼得斯（Simonides），我们的品达，我们的贺拉斯。"拉丁传统认为《约伯记》是一部悲剧、《旧约全书》（*Pentateuch*）前五卷是英雄史诗、《传道书》是哀歌，这一思想应归功于哲罗姆。如前所述，比德也采用了这种方法，对他来说《约伯记》是一部英雄史诗；《申命记》和《诗篇》第118和119是哀歌，是一部圣经戏剧；《传道书》则是古代《农事诗》（*Georgics*）的叙述形式在《圣经》中的翻版；《约伯记》是荷马的《伊利亚特》（*Iliad*）和维吉尔的《埃涅阿斯纪》（*Aeneid*）所使用的"混合"形式的又一例证。

十一世纪早期或更早一些，编列作家的传统在一系列题为"语法入门与作家研究"（*accessus ad auctores*）的论文中已经规范化了，现存最早的例子是尤特里克的伯尔纳（Bernard of Utrecht）论狄奥多鲁斯（Theodulus）的《牧歌集》（*Eclogue*），显然，这是大量同类作品中的唯一幸存者。我们现有的编列作家名单最完备的例作是康拉德的《大师们的对话》（*Dialogus Super Auctores*）。康拉德解释说：

> 你不应忽视古人所谓的解释性作品的七大主题：作者、题目、诗歌类型、作者意图、目的、书的数目及文本释义。

这种说法最直接的来源——大概也是康拉德心目中的"古人"之一——是塞尔维乌斯，但在他之后我们尚能辨出诡辩学派修辞学的影响。

重要的是，康拉德为求论述周详，遂约略论述了一整套古典主义的特征和定义：散文，节奏和韵律的含义，诗人的定义（"诗人被称为虚构者或创造者，因为他讲述的是虚构的事情而非真实，或者在真实事件中加上虚构的成分"），"诗法""诗艺"和"诗人"之间的区别，田园诗、喜剧、悲剧、讽刺诗的性质，三种风格等等。接着又从易到难讨论作者，最后提醒人们：按照奥古斯丁、卡西奥多鲁斯和赫拉班的观点，研究世俗文字的主要理由是为注解《圣经》

做准备。该书作家名录如下：多纳图斯、加图（Cato）、伊索（Aesop）、阿维亚鲁斯（Avianus）、塞杜里乌斯（Sedulius）、尤文库斯（Juvencus）、阿基坦的普罗斯珀（Prosper of Aquitaine）、狄奥多鲁斯、阿拉托（Arator）、普鲁登蒂乌斯（Prudentius）、西塞罗（Cicero）、萨卢斯特（Sallust）、波厄修斯（Boethius）、卢坎（Lucan）、贺拉斯、奥维德、维吉尔（不全）和圣经。在这里作者并无意于撮合或对比基督徒作家和异教徒作家，而是习惯性地强调二者观念上的差异和信奉异教的危险。

正如桑克勒（Bruno Sandkuhler）所言，作家研究传统成熟于但丁的《致斯加拉亲王书》（*Epistle to Can Grade della Scala*）之后。它增添了两种由诗与语法学的联系产生的论文类型——评注－注释型（commentary－gloss）和音韵学型（ars metrica），这是中世纪人文主义的载体。它们也是文艺复兴时期学校兴起的新"古典主义教条"的先声——如果它们对后者并无影响的话。作家研究兼容基督教经典与异教经典的倾向在科利特（John Colet）为圣保罗学校所订教规中可见端倪。该教规规定学生们向拉克坦提乌斯（Lactantius）而不是西塞罗学习古典主义的雄辩风格。像约翰·科利特这样的早期人文主义者相信，拉克坦提乌斯是一位接近西塞罗雄辩风格而较为稳妥平和的基督徒作家。

二、修辞学与诗学

中世纪语法学批评的典型模式十分清楚，可中世纪修辞学批评却远没有这么简单明了。在某些方面，古典主义时期修辞学与诗学的内在联系比中世纪时更为紧密。正如本书古典主义部分所言，只有一部古代著作——亚里士多德的《诗术》（*Poetics*）——没有完全借助修辞学来论诗。许多被视为古典主义的文学批评——例如哈利卡尔那索斯的狄奥西奥斯（Dionysius of Halicarnassus）的作品、德美特里乌斯（Demetrius）的《论风格》（On Style）、朗吉努斯（Longinus）的《论崇高》（On the Sublime）——其实都是修辞术的批评，只不过适用于诗罢了。贺拉斯的《诗艺》（Ars Poetica）部分地吸取了亚历山大里亚学派的诗学理论（该学派理论本身即深受修辞学影响），但它却更多更全面地得益于罗马修辞学。模仿、诗人的修养、天才（physis）与经验（episteme）和学养（melete）的对立、不同性格的礼仪、三种风格及其相关缺陷、诗的教育和娱乐双重功能，所有这些话题在西塞罗修辞学中都有相应的理论，也许它们就来源于此。

我们还知道诡辩学派修辞学中至关重要的"高尔吉亚辞格"（Gorger figures）在古代被认为来自诗人，后来，这一诡辩传统成了应景诗中的颂诗和喜歌这样堆砌藻饰之作的金科玉律。古典主义的修辞学手册习惯引用诗歌来证明表达效果，而语法课上"阅读诗人"的一个主要目的就是要让学生们熟悉那些日后将用于散文演讲的修辞格。

如果我们坚持诗学与修辞学必须完全彻底地区分开，这种交叠重合的现象正是二者混淆不清的表现。把这两门学科截然分开的理论直到十六世纪《论诗艺》重新风行于世时才被普遍运用，但是即使它早已被提出，古典主义批评重视实用、长于说教的特点也使它注定不为人们接受。古典主义后期和中世纪早期批评的实际情况即如此。具有讽刺意味的是，这一时期最接近"为艺术而艺术"理论的，是华丽的藻饰和古典主义后期文学上的小亚细亚学派，二者都受到修辞学而非诗学理论的激发而发展起来。

在整个中世纪，修辞学理论与批评思想紧密相关，最为明显的表现是有关修辞格的论述，我们从古典主义后期论修辞色彩的作品《献给赫伦尼》（Ad Herennium）和《论修辞结构》（De Inventione）

以及诸如多纳图斯的《语法学》(Ars Grammatica) 这样的语法学文章中可以看出这一点。在有关一些更大的修辞学问题的中世纪批评著作中,我们也不时听到这种回声。例如,三大风格体系的理论在奥古斯丁的《论基督教义》(De Doctrina) 中就曾采用,后反复出现在贺拉斯的《斯基皮奥之梦》(Scholia Vindobonensia)、康拉德的《对话》(Didascalon)、杰弗里(Geoffrey)的《韵文艺术规则实录》(Documentum de Arte Dictandi et Versificandi)、索尔兹伯里的约翰的《元逻辑》(Metalogicon) 以及其他著作中。

另一方面,并非所有的修辞学论文都与中世纪诗论直接相关。像比德的《比喻论纲》(De Schematibus et Tropis)、阿尔昆的《修辞学》和杰弗里的《论修辞色彩》(De Coloribus Rhetoricis) 都是纯粹的修辞学著作,其中参考的是散文而非诗作。中世纪中期论写信艺术和布道艺术的文章也是如此。在批评史中,这些著作因常常论及文学话题,而不是作为原始文献而具有重要意义。

说到渊源,整个中世纪修辞学批评的母本文献是贺拉斯的《诗艺》,这部作品显然被中世纪学者们视为语法学著作,而不是修辞学。贺拉斯是一位典范作家,《诗艺》总是与"阅读诗人"联系起来使用的,因此,不管受《诗艺》影响的诸多著作从正统的修辞学那里获益多深,在分类的基础上我们都应该视之为语法学传统的一部分,而不是修辞学批评。

古典主义后期有三部作品是正规而自觉的修辞学批评例作。第一部是《论崇高》残稿,传统上认为系"朗吉努斯"所作,这部作品极为重要,因为它宣称天才胜于技巧训练、想象重于布局构思。这些问题在古代修辞学中都讨论过,贺拉斯《诗艺》也一一论及。"朗吉努斯"对这些问题所持的态度与贺拉斯相反,大体来说,反贺拉斯的态度应该与白银时代之后的拉丁作家们如出一辙。然而,《论崇高》在中世纪并没有什么明显的影响,直到十六世纪才被译成拉丁文。如果它是三世纪的文献，并且其作者确如传统曾认为的那样是普罗提洛的一个学生，它就展示了古典主义后期的新柏拉图主义美学思想，该思想似乎也曾激发过小亚细亚学派。但是在该作品的成书年代确定之前，这一观点完全只是猜想。

至少就个别意义来讲，中世纪读者无疑能接受的另两部古典主义后期修辞学批评的代表著作是多纳图斯的《维吉尔释义》（*Interpretationes Vergilianae*）和马克罗比乌斯的《农神节》第五、六卷中对维吉尔的详细讨论。二者都是四世纪的作品，《维吉尔释义》的序言是多纳图斯写给他儿子的一封信，在这封信中，父亲抱怨说语法学家们不能欣赏维吉尔，他们关注的只是适于学生们关心的基本问题。他认为维吉尔在修辞学各个方面都堪称大师，所以只有演说家能欣赏他的成就。正如我们可以料想的，这篇序言不能推导出维吉尔在构思和比喻方面的造诣。

多纳图斯是一位优秀的西塞罗派学者，能够以他自己的方式模模糊糊地认识到更大的问题。这一带有结论性的分析是一篇广泛论述西塞罗《论演说术》（*De Oratore*）中诡辩术（如果不是艺术技巧）的哲学论文。我们知道维吉尔抱有双重目的——歌颂罗马早期历史、赞美尤利亚氏族（Gens Julia）（恺撒的出身）。他深受推崇，尤其在道德哲学方面，他的著作被当作人生的指南和丰富的知识宝库。

多纳图斯时常注意到维吉尔对修辞语言的运用，称赞他不仅匠心独具、精于构思，同时也是一位语言大师，但这种语言从来不会变成"色彩"的罗列。其结果不是语法评论或注释，而是一系列在《埃涅阿斯纪》全部十二卷中随处可见的机智而活泼的文笔。如果这种批评对于现代人的趣味来说多少有些苍白乏味，那是因为修辞学本身在今天已备受冷落，而不是因为作者的不当。

《农神节》则很不相同，从某些方面讲它更为合乎传统。在白银时代,"维吉尔是一位演说家还是一个诗人"这一问题非常普遍,以至于成为学校课程的一个常规话题,叫作"论争"(Controversiae)。《农神节》就是一部长篇对话,模仿格利乌斯(Aulus Gellius)《阿提卡之夜》(Attic Nights)的风格,内容涵盖甚广。第四卷中有一位名叫库斯(Egmma Chus)的发言者讨论了维吉尔对修辞规则的运用,他援引《埃涅阿斯纪》中俯拾皆是的大量富于情感感染力和修辞效果的段落来证实维吉尔对语言的控制能力。到第五、第六卷,"论争"的话题有所转变,文章论证了维吉尔对四大论辩风格的运用能力,得出的结论认为他尽汲十位阿提卡演说家之所长。讨论于是转而认为维吉尔是一位模仿者,在修辞学意义上,他承继了那些伟大的先辈们——荷马当然是第一位,但也有一些罗马作家,主要是恩尼乌斯。证明维吉尔与他的先辈们极其相似的段落不胜枚举。尽管"朗吉努斯"、普鲁塔克和格里乌斯都有同样的关于诗的比较论述,却再没有哪一部古典主义或后期古典主义的作品如此广泛地论述模仿问题。

当我们从古典主义后期转向加洛林王朝时代(Carolingian period)以后,纯粹的修辞学批评消失了,取而代之的是语法学论文,它们大部分的材料来自修辞学。十二、十三世纪的"诗艺论"对古典主义修辞学著作《献给赫伦尼》(Rhetorica ad Herennium)深为倚重,这部著作广泛包含着有关布局、记忆、演讲、三大风格、模仿、技艺与天才的对立等等问题的简短片段。法拉尔和鲍德温都把它们当作修辞学批评的主要实例,以及中世纪修辞学与诗学混淆的明证。

另一方面,在十二、十三世纪,有关三大学科的相对重要性的论争也很激烈,反映了与"混淆"状态相对立的情况。它表明了卷入论争的作家对三大学科各自的主题有着非常敏锐的理解,他们不能达成共识是因为他们对这三个可选择对象固有的内涵认识不同。索尔兹伯里的约翰在《元逻辑》中总结了这场论争，该书并不关注诗学与修辞学的关系，而宣称诗是独立于这两门学科的艺术：

> 诗歌与自然事物的联系如此紧密，以致许多人拒绝把它包括在语法学之中，而宣称它是一门自主的艺术，它与语法学的关系并不比修辞学更深，尽管它与这二者都有关系，有着共同的规律。

索尔兹伯里的约翰尤其相信，诗歌尽管与修辞学有关，还是应归入语法学。"论诗艺"的作者们很可能也同意他的这一观点。从《元逻辑》中我们知道，大教堂学校在主张对作者的消极读解的同时，也主张模仿。"论诗艺"是这种课程的指定教材，因此——尽管有修辞学方面的内容——诗必须被视为语法学的而不是修辞学的。沿袭多纳图斯和马克罗比乌斯这条线索的真正的修辞学批评直到十五世纪才重新出现于欧洲的教育改革和关于模仿的论争之中。

三、逻辑学与诗

从修辞学转向三大学科中的第三门——逻辑学，我们进入了一个与中世纪历史中一段特定时期相关联的界限明确的领域。诗与逻辑学的联系早在古典主义晚期亚里士多德的评论者那里已经建立了，其中最著名的是阿弗罗狄西亚的亚历山大（Alexander of Aphrodisias）。将诗与逻辑学联系在一起，这种做法在中世纪早期并无吸引力。到了十二世纪，我们从尤特里克的伯尔纳和康拉德对音韵规律和亚里士多德四因说之间关系的解释中可以隐约见到它的影子。十三世纪时，麦克雷的杰维斯已经更乐意用逻辑体系而不是修辞的方法来划分修辞格的类别了。这种新的诗学观点在关于自由艺术的争论中表现得更为明显:大教堂学校坚持以语法学和作家研究为主,而以"先锋派"为代表的新兴大学则坚持逻辑学应成为三大学科之首。这里引用安德利(Henri d'Andeli)的《七艺之战》(*The Battle of the Seven Arts*):

> 巴黎和奥尔良剑拔弩张
> 多么巨大的损失、多么沉重的悲伤!
> 它们不能握手言和
> 你知道分歧的原因来自何方?
> 因为它们关于学问有不同的主张
> 为了逻辑学,是谁一直在吵吵嚷嚷
> 奥尔良的学生只懂语法……
> 然而逻辑将赢得学生的青睐
> 语法学却节节败退、损兵折将。

重新评价诗在该课程中的地位的主要动力来自西班牙的阿拉伯地区。阿尔-法拉比(al-Farabi, 950)和阿威罗伊(Averroes, 1126—1198)都讨论过"科学的分类"问题,他们宣扬亚里士多德的观点,认为诗学是工具论的一部分。与经院哲学密切相关的亚里士多德哲学的复兴,可能首先从其阿拉伯注释和译文大规模地被译为拉丁文开始。"诗学是逻辑学的一部分"这一思想就是随之产生的众多观点之一。关于诗歌的这一定位自从成为权威性的亚里士多德主义教条之后即获得了相当大的声誉。

但是,它暗含着反人文主义的因素。认为诗学是逻辑学的一部分就是宣称它只是一种"工具"或"才能",不具有内容——一项像形式逻辑、辩证法和诡辩术一样制造象征符号的技艺——而不是像政治学或天文学那样的"科学"。这种理论在几篇学术论文中得到了发挥——有克雷莫纳的杰拉德(Gerard of Cremona)所译法拉比的

《科学的种类》（Catalogue of the Sciences）的拉丁译文、多米尼库斯（Dominicus Gundissalinus）的《科学的划分》（Division of the Sciences）以及荷曼鲁斯·阿拉曼努（Hermannus Alemannus）所译的阿威罗伊的《亚里士多德诗学评注》（Commentary on the Poetics of Aristotle）。

把诗学定义为一种"才能"而不是"科学"，就否认了"寓教于乐"这一古老看法。在整个中世纪，阅读"典范作家"的一个常见理由，就是他们不仅能提供有用的一般知识，最重要的是他们还通过实例提供道德教化。这种教化倾向在作家研究传统中和在对维吉尔和奥维德的寓言式读解中都很普遍。基督教诗歌的道德功能当然也是明显的，正如奥古斯丁所言：异教徒作家的道德教化犹如"埃及的黄金"，基督徒可以把它拿来为己所用，正如希伯来人在离开埃及时被允许拿走他们"天父"的黄金一样。但否认诗歌是一门"科学"就否认了它具有伦理的内容。按照多米尼库斯的看法，诗歌只不过是制造幻觉的技艺，这就意味着诗确实是一种令人愉悦的再创造，但本质上无足轻重。这对于中世纪人文主义的整个理论基础是一个挑战，尤其是直接打击了沙特尔派（Chartres）的人文主义主张。

诗歌的逻辑学"定位"所激起的争论一直延续到圣托马斯和罗吉尔·培根（Roger Bacon）那里，他们情愿退一步承认诗歌在科学体系中具有双重位置——作为一门技艺，它是逻辑学的一部分；而作为一种能动活动，它又是一种伦理教化或创造道德典范的方法。但丁对此问题的反应显然很激进，他在《致斯加拉亲王书》中明确指出《神曲》（Divine Comedy）是一部道德哲学著作，并把《飨宴》（Convivio）中的三首小诗解释为分别隐喻爱的崇高影响、哲学研究的价值和真正的高贵品质。

墨萨多（Mussato）和薄伽丘同意但丁的观点，认为诗歌能培养美德，他们在亚里士多德《形而上学》（Metaphysics）的基础上提出更为大胆的设想，认为诗是神学的同盟。这场论战显然很激烈，这从彼特拉克（Petrarch）的《驳医生》（Invective Against a Physician）和薄伽丘在《异教神谱》（Genealogy of the Gentile Gods）中为诗的辩护中可以看出。这两部作品记录了教士们对这一新思想的猛烈攻击。还应该指出，十五世纪柏拉图主义的卷土重来，为争吵不休的人文主义者如兰迪罗（Landino），政客和托马斯主义保守派如萨伏那洛拉（Savonarola）提供了新的论题，使这场论战更为激烈。到十六世纪，诗在科学中的位置已成为任何一篇全方位的批评文章开篇即须论及的常规话题。

四、诗与四学科

除语法学、修辞学、逻辑学之外，还有四种科学门类。尽管我们知道"用数字创作"被认为是模仿宇宙万物的基础——即神圣的"数"——的一种合法手段，在中世纪却没有一篇论诗与算术关系的文章。圣·奥古斯丁的《论音乐》（De Musica）详细分析了音乐节奏和古典主义韵律之间的关系。然而，如果那些枯燥无味的论韵律的理论文章不包括在内的话，中世纪也没有专门论述诗与音乐的关系的论文。从德·布鲁因（de Bruyne）对十二世纪美学的论述中可以看出诗的真实感和和谐的符号的重要性，这显然与比喻手法和用不同音调演奏同一乐句的音乐技法的发展有关。但丁在《论俗语》卷二中论述了音乐与短歌、民谣，以及其他方言韵文体的关系，但他的论述是技艺性的，没有提供任何基本理论。事实上，第一部密切关注诗与音乐关系的批评著作是萨卢塔蒂（Coluccio Salutati）的《辛劳的赫拉克勒斯》（De Laboribus Herculis）第一卷，这是十五世纪的作品。

诗独立于四学科之外，被看作哲学或神学的一支，由此产生了中世纪批评的主要"类型"。要证实这一思想必须借助于人类学。我们知道原始诗歌常常被认为是预言或启示，它实际上体现着一种世界观，这是真正的哲学的原始雏形。在这个意义上，那些从《圣经》、《赫耳墨斯秘学》（Hermetica）、奥维德的《变形记》（Metamorphoses）以及维吉尔的《埃涅阿斯纪》等文本中发现神灵启示的中世纪批评家要比十九世纪哲人们更接近真理。

讽喻批评传统影响广泛，即使在古代也是如此。把源自诗人的智慧分为科学知识（"自然的"或"物理的"）、伦理知识和宗教知识（或"理性的"），这种做法可追溯到公元前六世纪莱吉姆的塔尔根尼斯，该传统与古代斯多噶主义相联系，比如它在西塞罗的《论诸神的本性》（De Natura Deorum）中就有明显表述。由瓦罗（Varro）建立的标准的罗马模式在古典主义后期的批评中已普遍运用。马克罗比乌斯在《斯齐皮奥之梦》评论的结论部分写道：

> 整个哲学领域有三个分支：道德哲学、自然哲学和理性哲学。道德哲学指向如何达到道德行为的最完美境界，自然哲学关注神圣秩序的物质部分，理性哲学则讨论只能靠心灵领悟的非物质体……

正如从马克罗比乌斯这里可以清楚地看到的，讽喻批评基于这样的假设：诗不是语法学、修辞学或逻辑学的，从严格意义上讲，它是哲学的一部分。"我必须指出，"他在《斯齐皮奥之梦》评论中写道，"没有什么比这部著作更完整地囊括了哲学的全部内容。"用词源学来解释讽喻意图的方法在古代同样很发达，柏拉图的《克拉提鲁斯》（Cratylus）和《王制》（Republic）就是例子。通篇运用讽喻的最好的古代作品是赫拉克利图斯（Heraclitus）的《荷马质疑》（Questiones Homericae），该作品大约写于公元一世纪，它大量运用词源学并从中抽取所有标准类型，详细论述了《伊利亚特》和《奥德赛》。

廊下派批评的技巧和术语被古典主义后期吸收，但它所赖以立论的哲学观点却变成了新柏拉图主义的，这反映在强调宗教不是科学和道德的寓言，以及批评家们对灵感的重要性的强烈坚持上。对古典主义后期及中世纪的批评家来说，讽喻不单是经过伪装的书本知识，还是不宜理性推论的真理的神性透露。

柏拉图思想对古典主义后期作家的强烈影响及其思想传统在整个中世纪的延续都有文献记载，其中最著名的是克利班斯基（Raymod Klibansky）所著的《柏拉图主义传统在中世纪的延续》（The Continuity of the Platonic Tradition in the Middle Ages，1939），这种影响部分基于自普罗提洛开始的异教新柏拉图主义者所取得的巨大成就，部分基于亚历山大里亚学派的作者——斐洛、克雷芒和奥利金。一些柏拉图主义的作品——其中最著名的是卡尔西第乌斯（Calcidius）译的《蒂迈欧》（Timaeus）——在西方古希腊研究式微之后继续发挥作用，但拉丁新柏拉图主义传统的主要载体则是受新柏拉图主义影响的拉丁文作品。在这方面，世俗作家中的塞尔维乌斯、马克罗比乌斯和波依提乌等人尤为重要，奥古斯丁则是中世纪新柏拉图主义的首席拉丁教父。

普罗克洛斯（Proclus）在讨论《理想国》中的诗学问题时清楚地指出了新柏拉图主义批评理论的假设前提。正如他引用《斐德若》（Phaedrus）和《伊翁》（Ion）所表明的，他们理论的前身在柏拉图本人那里可以找到。然而，该理论的一个起点却是柏拉图在《王制》中所明确否定的。对普罗克洛斯来说，诗与其说是对可见世界的思考，不如说是真理的高级表述，这种诗不是对自然的模仿，或者用中世纪通行的类似说法，它不是一面"社会风俗的镜子"。

这可能是因为诗人凭借的是一种超越理性的心灵能力，这种能力,即"智力"或精神,是直觉的。它不能用以观察和解释事物,却能直接诉诸灵感。因此,诗中最深刻的真理都是超验的,具有神启的性质。因为是超验的,它们一定是模糊的。用亚历山大里亚学派圣经批评的一个常用概念来说,它们被"包容"(accommodated)于人类认识的范围之内,用象征和类比表现出来。因为是现实,它们具有最高的价值,同时又因为是神启(启示),它们带有一种光辉,一种超自然的美,这种美通过精美的想象和语言得以客观化。当然,诗能表现这些真理并不意味着这是诗所涉及的唯一真理。

除了神性的智慧,诗人还揭示理性真理——关于科学和伦理的真理。这一层次的真理很重要,普罗克洛斯特别强调诗中的伦理教化。最后,诗中还有一个依赖于表象的因素——与感觉相关的次理性能力。这种诗最没有价值,但自有用处,因为它直接再造感觉信息,即使这些信息是错误的,它符合《王制》第十卷中苏格拉底对模仿诗歌的分类。这样,普罗克洛斯的观点就相当复杂,包括:诗是启示;诗人是具有灵感的先知;诗人的才能是超理性的;讽喻是一道面纱或一个容器,与作品内在美相关并为诗增色;伦理教化是诗的重要功能,但并非最主要等等。

同样的观点可以在斐洛的《创世记》(*Genesis*)评注,波菲利(Porphyry)对荷马史诗中有关山林女神情节的评注、普鲁塔克论伊希斯(Isis)和俄赛里斯(Osiris)神话以及马克罗比乌斯评《斯齐皮奥之梦》中找到多种表达形式。强调诗的伦理功用而不涉及其"神秘"性方面的是两篇论荷马的文章,一篇是特里乌斯(Maximus Tyrius)的《论文集》(*Dissertations*);另一篇是普鲁塔克的《年轻人应如何研究诗人》("How a Young Man Should Study the Poets",载于《伦语》[*Moralia*] I. 2.)。

这一传统延续到中世纪就蕴含着这样的问题:异教徒是否也曾获得灵感?灵感的真正源泉是什么?在整个基督徒讽喻批评史中,

要想回答这些问题而不削弱《圣经》独一无二的权威地位很困难。大体上说,他们都接受圣灵的确曾赋予异教徒灵感这一观点,这一令人怀疑的自然神论主张遭到了更为保守的教士们的敌视。这是亚历山大里亚学派的观点,在亚历山大里亚的克雷芒和奥利金的许多文章中表现得最为明显。

最初,也许也是最能证明其有效性的例子——对拉丁批评家来说——是维吉尔的第六田园诗(《救世主》[Messianic]),它通常被认为是对基督诞生的神灵预言。维吉尔的许多其他作品也被看作基督教真理的预示,这在富尔根蒂尤的《论维吉尔的节制》(De Continentia Vergiliana)中有明确论述。卡西奥多鲁斯用种植的比喻来说明这一观点:

> 可以说,在心灵智慧的源头播满了这些事物的迹象,后世世俗学界的带头人往往把它们改变成他们自己的规则。

这种观点的必然结论是:异教神话可能蕴含着更高的真理。富尔根蒂尤写了一部广为沿用的古代众神的寓意汇编《神话学三编》(Mythologiarum Libri Tres),在克里斯蒂娜·皮桑的《欧赛雅致赫克托耳书》(Epitre d'othea)、伯克里乌斯的《奥维德道德释义》(Ovidius Moralizatus)和薄伽丘的《异教神谱》中,这一传统达到了它在中世纪的顶峰状态。

大量的中世纪《圣经》批评和中世纪中期神秘主义思想,都赞同对异教文学进行讽喻式读解。出于此宗旨,对中世纪批评多少有点持续性影响的最早的批评文献是马克罗比乌斯的《〈斯齐皮奥之梦〉译注》。在这部作品中,柏拉图主义的影响随处可见。西塞罗《论共和国》结论部分的"梦"本身就是对柏拉图《王制》结尾"幻觉"情节的模仿:老斯齐皮奥在他儿子的梦中出现,向他揭示死后的秘密。这个文本由此开了中世纪人们最爱用的文体——梦幻隐喻体的先河，它也是富尔根蒂尤用一个超人类的代表表现所谓神圣的真理这一惯常作法的先例。恰当的评论是对这些真理的进一步探讨，尽管这部作品的完成得益于多方面的因素，但其中尤其重要的是波菲利所著、现已失传的《〈蒂迈欧〉评注》。

在第一卷第二章，马克罗比乌斯为哲学运用虚构的权力辩护。本章及第二卷的结论部分中，他都明确地把自己的文章看成寓言化哲学。他发现米南德、阿普列乌斯（Apuleius）和佩特罗尼乌斯（Petronius）都运用寓言达到娱乐效果，伊索则通过寓言教化人们。哲人们通过寓言来讲述自然的、物质的和理性的（即非物质的）真理。他们之所以要这样做是因为自然隐藏了她自己的奥秘。马克罗比乌斯有一段特别有趣的话，说明了什么是他的"包容"理论。他发现寓言可以用于有关灵魂和神性的事物，但"明喻和类比时常用于最高、最艰深的真理，诸如最高的善、神性的智慧等"。接下去他分章评论了文中提出的众多问题：数学（Ⅰ6、Ⅱ2）、预言（Ⅰ7）、主要的美德（Ⅰ8-9）、黄道（Ⅰ12）、天文学（Ⅰ15-22）、地球（Ⅱ12-17）。

简单地说，哲学的全部三个方面在他的著作中都涉及了。因为宇宙论的讽喻在讽喻传统的全部历史中反复出现，对它的明显偏爱就具有特殊的重要性。这在《提麦奥斯》中就已出现，之后又出现在斐洛（他把《创世记》当作基督教的《提麦奥斯》来读）、波菲利的《女神的洞穴》（On the Cave of the Nymphs）、奥古斯丁的《创世记》评论、以及皮科（Pico）的《创世七日》（Heptaplus）和约翰·科利特的《致拉道尔夫：论摩西的创世论》（Letters to Radulphus on the Mosaic Account of Creation）这样一些文艺复兴时期的著作中。

马克罗比乌斯之后，纯批评传统再次出现于富尔根蒂尤的《维吉尔作品的道德哲学评注》（The Exposition of the Content of Vergil According to Moral Philosophy）中，该书作于公元五世纪后期或六世纪，没有明显的渊源。有时它看似回应赫拉克利图斯在《荷马质疑》一书中论奥德赛的观点，有时又好像呼应塞尔维乌斯的观点。至少作者在书中借用维吉尔的幽灵来阐述他的哲学观。然而，任何回应都一定与原出处有些不同。该书参考了柏拉图、波菲利和古典主义后期的拉丁诗歌《苏格拉底的神》(On the God of Socrates)，这就给它抹上了一层柏拉图主义的色彩，但所有这些引用都是二手的内容，好像引自一本小册子，而非原作。

正如该作品的题目所表明的，它把诗看作哲学，尤其是道德哲学。我们知道埃涅阿斯代表人类。《埃涅阿斯纪》是人从出生到成熟的一个寓言，它的每一个情节都是警戒性的范例，其人物分别典型地代表了值得模仿的美德和应受谴责的恶行。库克罗普斯（Cyclops）代表虚荣，狄多（Dido）代表贪欲，代佛布斯（Deiphobus）代表怯懦，图努斯（Turnus）代表愤怒，安喀塞斯（Anchises）代表父权，金枝（the golden bough）代表知识，拉维尼亚（Lavinia）代表"劳作之路"等等。当作者完成了《埃涅阿斯纪》，读者就能从中获得美好人生的全部知识。

《评注》强烈的道德倾向类似古代的廊下派寓言，但是，正如我们从普罗克洛斯那里看到的，它和柏拉图主义传统也和谐共存。它在两个重要的方面有所保留：首先，富尔根蒂尤非常清楚地指出，维吉尔的作品"几乎囊括了每一种艺术的秘密"，他认为，他对这些秘密中的绝大多数避而不谈，是因为它们对于他的时代是"危险的，而不值得赞美"——也就是说，它们不适宜于基督徒。

我们还记得把异教文学比作非犹太教的妇女，她在嫁给一个以色列人之前必须修剪好自己的指甲和头发。从他罗列的"秘密"中可以明显看到，富尔根蒂尤不会透露出其中有一些秘密和"理性的"或"神圣的"哲学相关。其次，富尔根蒂尤经常谈到，维吉尔的教导与圣灵透露给基督徒的教义相吻合，他引用《诗篇》第一篇"不从恶人的计谋者受祝福"来证明这种相似。维吉尔反复说道：

> 我欣喜若狂……满怀激情，尽管我不知道正义的生活品质的全部真理，那真理仍然闪烁在我迷惘的心灵中，让我不顾一切地喜爱它。

因此，《埃涅阿斯纪》不仅是一部道德哲学概要，还蕴含着基督教神启的预示。它更为深奥的意义仍然神秘，甚至危险，只有那些敢于揭开维吉尔虚构故事面纱的读者才能领会。

加洛林王朝时代的讽喻解释，显然来自《圣经》注释和对圣餐仪式的讽喻性解释，特别是梅斯的阿玛拉里乌斯（Amalarius of Metz）的《自由法官》（*Liber Afficialis*）。奥尔良的狄奥多尔夫（Theodolphus of Orleans）在论及"我过去常读的书和诗人的寓言如何被哲人们巧妙地运用时"，提到了世俗的讽喻式叙述。他提到维吉尔、奥维德和普鲁登蒂乌斯，并且补充道：

> 尽管他们的作品中有许多无稽之谈，但在谎言的背后隐藏着许多真理。诗人之笔带给我们谎言，廊下派带给我们真理，但是诗人常常能把谎言转变为真理。因此普洛透斯（Proteus）象征真理，维尔戈（Virgo）象征正义，赫拉克勒斯象征美德，卡科斯（Cacus）象征罪过。

沿袭富尔根蒂尤批评传统的下一部全面的批评作品是伯尔纳对《埃涅阿斯纪》的评注的前六卷，作于十二世纪。伯尔纳在这部作品的开篇第一句即表明了对马克罗比乌斯观点的赞同，他宣称：

> 在《埃涅阿斯纪》中，维吉尔关注两种原则——他既揭示哲学的真理，又没有忽视诗人的虚构。

随后，他评论诗人教化与引导的双重职责，发现诗歌可以遵循自然的秩序，也可以遵循人为的秩序。后者对维吉尔很重要，因为

> 他的创作过程就是如此。他借助虚构故事描述了现世肉体中的人类灵魂应该做些什么、应该忍受什么。在写作中他又遵循自然的秩序，因此他采用两种叙述顺序——作为一个诗人，他虚构故事，作为一位哲人，他又揭示自然。

所有这些论述都比富尔根蒂尤的更加复杂和高明。除了远较富尔根蒂尤的论述更为丰富之外，伯尔纳的评论风格也不像富尔根蒂尤那样混乱不清。《埃涅阿斯纪》第一卷寓意人生的婴儿期，第二卷是儿童时代，第三卷是少年时代，第四卷是青年时代，第五卷是壮年期，第六卷包含了柏拉图最深刻的哲学思想，占了伯尔纳评论五分之四的篇幅。他大量地借助于马克罗比乌斯的评论方针和波伊提乌的概括化方法，几乎逐字逐句加以注释。

然而，他的基本思想还是来自富尔根蒂尤。下界的情节概括了所有的人类经验，埃涅阿斯的遭遇和俄耳甫斯（Orpheus）、赫拉克勒斯一样，都是智者探索人类经验的寓言，"从而认识到它的弱点，逃避它，他可以关注更高的事物（不可见的）并从万物中更容易地认识到造物主"。

伯尔纳的观点源自富尔根蒂尤和马克罗比乌斯，另外还借鉴了波伊提乌、卡尔西希乌斯（Calcidius）（《〈蒂迈欧〉评注》），以及一些较少引用到的作家——贺拉斯、奥维德、塞尔维乌斯等人。十世纪末期，爱留根纳（Scotus Erigena）翻译的托名雅典卫城法官狄奥尼修斯（Dionysius the pseudo–Areopagite）的作品重新受到重视，引起了新柏拉图主义的复兴。如果伯尔纳没有深深卷入这场运动的话，他未必能取得如此成就。从伯尔纳的《小宇宙》（Microcosmus）和《大宇宙》（Megacosmus）与英素里斯（Alanus de Insulis）的

《论悲伤的本性》（*De Planctu Naturae*）和《完美的人》（*Anticlaudianus*）中，我们可以追寻到这一运动对世俗诗歌的影响。如果这种做法可行，伯尔纳对讽喻的兴趣就一方面直接通过狄奥尼修斯，同时又间接通过马克罗乌斯（Macrobius）、卡尔西第乌斯和富尔根蒂尤与柏拉图主义相关。

十四世纪讽喻传统持续繁荣。在法国有德·皮桑（Christine de Pisan）和伯克利乌斯（Peter Bercorius）的讽喻神话学。在意大利，讽喻传统出现在但丁的《飨宴》中，该书运用《圣经》传统而不是古典主义的讽喻方式，从但丁的三首诗中揭示爱的心理、哲学的重要性和真正高贵的品质之真理，但丁认真区分了"诗人的讽喻"和出自《圣经》的神学讽喻。

一般来说，《飨宴》集中论述了可诉诸理性的真理，在《致斯加拉亲王书》中《神曲》被视为属于道德哲学一类，但丁那富尔根蒂尤式的地狱游历主要展现了各种恶行的实例，而《天堂篇》（*Paradiso*）开篇重复了玛尔萨斯（Marsyas）在和阿波罗（Apollo）歌唱比赛之后遭到惩罚的故事，它被解释为喻指灵感翱翔时灵魂离开肉体。《神曲》所探讨的是那些被马克罗比乌斯称为只能通过"明喻和类比"来表现的最高的神秘。当但丁登上了狄奥尼修斯的天堂，面对着那只能由想象之光加以描述的最终的、超验的景象时，所有人类的代言人——贝阿特丽采（Beatrice），最后甚至还有圣·伯尔纳终于都——离他而去。

如果但丁写一首诗来证实诗人需要神授灵感，墨萨多和薄伽丘会把他的作品翻译成批评理论。在这二人的观念中，该主张以下述论断的方式出现：诗人不仅是伦理教化者，也是——也许主要是——神学家。这一论断又回到了亚里士多德的《形而上学》，唯一新颖的是它表述得非常明确。批评家们很清楚他们在做什么，薄伽丘称他们是"吹毛求疵者"。他们认为诗谎话连篇、道德败坏、盲目崇拜，应该把它从基督教社会中驱逐出去，就像柏拉图在《王制》中把它驱逐出去一样。

对《异教神谱》（I.13）的神话学解释反击了这种对诗的指控，表明了古代神话是道德真理的寓言，有时也暗含着基督教的神启。第十四和第四卷都支持薄伽丘的批评主张。早期诗人都是神学家，直接靠神赐灵感写作。如果理解正确的话，诗人虚构的故事都充满了教诲。神圣的讽喻与世俗讽喻显然是不同的，但至少有一位现代诗人——但丁——证明了诗可以传达最深刻的神学真理。

薄伽丘的朋友和老师彼特拉克在其信件及《驳医生》中多次表达了同样的观点，薄伽丘的《神谱》第十四卷从中获益不少。然而，彼特拉克的作品中对超自然幻象的要求和对讽喻的重要性的强调都不如薄伽丘那样明显。他承认这二者都很重要，但作为一名批评家，他似乎对文采、模仿和道德教化更感兴趣。他的人文主义思想倾向于保守、古典和平民化，而薄伽丘则要激进得多，预示着十五世纪佛罗伦萨的新柏拉图主义者——菲奇洛（Ficino）、兰迪诺（Landino）、皮科和波利齐亚诺（Politian）的出现。

总的来说，中世纪对诗歌有四种最重要的"定位"：语法学的、修辞学的、逻辑学的和哲学的。语法学的定位如果被理解为起源于古典主义传统的延续，就是历时最久的一种，并且是中世纪人文主义思想的载体。修辞学的定位在古典主义晚期之后似乎已销声匿迹，尽管我们已经看到许多修辞学知识为诗论文章所吸收，"诗艺"还应用于语法课上。逻辑学的定位与经院哲学有着特别的联系。哲学的定位像语学法定位一样从古典主义后期一直延续到文艺复兴时代。它与柏拉图主义有关，其正统地位很容易受到怀疑，因为它声称要从世俗作品中找到神赐灵感的证据和基督真理的暗示。

五、中世纪批评的各个时期

诗在三学科和四学科中的位置如一根红线贯穿于从四世纪到十四世纪的各个批评时代。然而,中世纪批评绝非连贯,有时一种特定的传统会占上风,有时它又会偃旗息鼓,甚至会销声匿迹。

我想有必要把中世纪批评划分为五个时期,其中第一和第五个时期都是过渡性的,它们是:

1. 古典主义后期(公元前一世纪—公元七世纪)
2. 加洛林王朝时期(公元八世纪—十世纪)
3. 中世纪盛期(公元十一世纪—十三世纪)
4. 经院主义时期(公元十三世纪—十四世纪)
5. 人文主义时期(公元十四世纪—十六世纪)

后三个阶段彼此交叠重合。十二世纪沙特尔派柏拉图化的人文主义已经与巴黎的经院哲学产生了矛盾。后来,尽管人文主义最后胜利了,经院哲学在整个文艺复兴时期仍很重要。大量讨论诗与逻辑学关系的论文可以证明。还有一个问题:彼特拉克和薄伽丘的人文主义是一个新的思潮,抑或只是十二世纪人文主义的一个新的发展阶段?布克哈特(Bunckhardt)重视文艺复兴时期的小说是为了与克里斯特勒(Paul Kristeller)和加林(Eugenio Garin)等人强调该时期与过去的联系的日益彰显相抗衡。正如舍克(Richard Schoeck)最近考察中世纪修辞学时所说:

> 人们也许应该坚持这样的结论:从十三世纪下半叶到十五世纪末,所有的变化和发展实质上都是延续的。

古典主义后期

古典主义后期是我们将要考察的五个阶段中最多姿多彩的一个，这并不奇怪。到了四世纪末，古典主义传统的各个方面盛行于拉丁西部地区。赫拉克利图斯、普罗提洛、波菲利和普罗克洛斯的批评著作还未译成拉丁文，但他们的思想已被拉丁作家们吸收。斐洛、克雷芒和奥利金的思想已彻底被拉丁教父，尤其是安布罗斯（Ambrose）和奥古斯丁融会贯通。西塞罗和昆体良的修辞学论文或直接收入哈姆（Halm）的《拉丁语修辞》（*Rhetores Latini Minores*）重印版中，或其观点被后者吸收。它们还为适应基督教要求的思想所用，其中最重要的是奥古斯丁的《论基督教义》。贺拉斯的作品继续被广为传诵。然而一般说来，对于中世纪批评最为重要的古典主义后期著作是四到七世纪之间的一些修订本、评注和文集。

如果我们回顾一下这些材料，也许会有一种感觉：为什么有的颇有价值，有的却被简单地忽略？把这一现象解释为一种新文化正在形成远远不够。早期基督徒并非是在无意之中逐渐形成一个新的方向，他们完全清楚自己是"上帝的特选子民"，在很大程度上，他们有意制造出这种新文化，目的是与"新的豁免"（New Dispensation）相适应。论德尔图良和卡西奥多鲁斯异教思想的基督徒作品，几乎都没有透露出对这一事实完全清醒的意识。

从"新的豁免"观来看，问题应在于同化（assimilation）。奥古斯丁在《论基督教义》中说，异教文化就像精明的希伯来人出埃及时所带的金子，太过昂贵，实在不忍丢弃，但它又是异教徒的，所以又值得怀疑。异教诗歌及其必然结果——异教神话，尤其如此。德尔图良在《论戏剧的演出》（*De Spectaculis*）中拒斥古代戏剧，认为它伤风败俗，且导致偶像崇拜。哲罗姆梦想自己更像一个西塞罗学者而不是基督徒,因此遭到嘲笑。他曾把世俗诗歌称为"魔鬼的美酒"。奥古斯丁早年能言善辩,曾写过《论美与适宜》(On the Apt and the Beautiful),他在《忏悔录》(Confessions)中回忆了他曾经怎样为《埃涅阿斯纪》中狄多之死而悲伤哭泣,拉克坦提乌斯则认为,古典主义的众神都是乔装改扮下凡而来的天使。

尽管有许多种不同的意见,文学研究最首要、最根本的理由还是实践。古典主义语法课通过诗歌来教授雄辩术,而不是为了鉴赏美。基督徒们也可以通过诗歌学习类似技巧,他们需要这些语言技巧来辩论真理、解释《圣经》,圣·奥古斯丁的《论基督教义》非常巧妙地运用西塞罗和"第谷尼乌斯法则"(the rules of Tychonius)讲授《圣经》的注释和布道。卡西奥多鲁斯的《论宗教文学和世俗文学》(Institutes of Divine and Secular Letter)比《论基督教义》更为全面,但二者目标一致。文科知识"确如对我们的先辈而言那样是很有用的……因为人们发现这种知识在宗教文学中到处可见"。十二世纪,格拉蒂安(Gratian)在《不和谐中的和谐》(The Concord of Discordant Causes)里用这一观点为世俗文学辩护:

> 我们知道摩西(Moses)和但以理(Daniel)是埃及和迦勒底贤哲们学习的典范。你们知道上帝命令以色列的孩子们糟蹋埃及人的金银。对此的道德解释告诫我们:如果我们从诗人那里找到智慧的金子或辩才的银元,我们应该将之转化为有益的学识。在《利未记》(Leviticus)中我们也被要求向上帝奉献出第一只甜蜜的果子,那就是人类的甜言蜜语。

因此,早期中世纪批评的主导模式是实用批评。主要的异教文献用于语法课——塞尔维乌斯的维吉尔注疏、多纳图斯的泰伦斯注疏、贺拉斯的《诗艺》、题为"诗艺"的文章,和语法课本中的批评原则总结诸如狄俄墨得斯(Diomedes)的《语法艺术》(Ars

Grammatica)。这些文献材料很容易被自觉的基督徒作家吸收利用。普鲁登蒂乌斯、塞杜里乌斯和尤文克斯（Juvencus），这些基督徒诗人都运用古代诗歌的形式和风格来表现有关圣经或虔敬的主题。塞维利亚的伊西多尔（Isidore）从狄俄墨得斯、埃文蒂乌斯（Evanthius）、多纳图斯和其他先辈们那里汲取了大量诗歌方面的知识。比德在《论韵律》中重申古典主义诗体学的陈规，补充了一些基督徒诗歌例证，并设专章讨论新的韵律诗体。他在《比喻论纲》中对修辞格的总结是《圣经》研究的基础知识，也运用了《圣经》中的例子。

中世纪对异教传统的吸收产生了文学史中几个特殊的问题，昆体良的《演说家的教育》第十卷中的作家名录仅限于古希腊和罗马，另外一些文学史评论著作如贺拉斯的《诗艺》、埃文蒂乌斯的《论寓言》（De Fabula）和狄俄墨得斯的《语法艺术》也是如此。然而，基督徒们发现，他们一方面有责任大力扩充这一课程的内容，把《旧约》作者们也包括进去，另一方面又要保证基督教文学主体地位的迅速提高。这就产生了三方面结果。

第一，世界文学年表要重新修订。"古典文学是自足的、自我影响的"这一假设受到质疑。希伯来文学比希腊文学还要古老，可能影响了古典主义作品。

第二，必须能够描述希伯来文学的形式。希伯来文学可能影响古典主义，这就引起以下推测：《旧约》中许多篇章在形式上与希腊人和罗马人所使用的类似。然而至少，认为《雅歌》是一部颂歌、《约伯记》是一部悲剧这种观点就暗示着古典主义文类概念的重大扩展。

第三，列举作家名单也是古典主义的一项原则。当基督教作者们被加入名单而希腊作家的名字却从中消失时，古典主义传统的概念本身即开始发生变化。这一变化由于对维吉尔和奥维德这样真正的古典主义作家的讽喻式曲解，也由于《旧约》文学的华丽风格而加剧——这种风格促进了中世纪早期小亚细亚风格趣味的泛滥。

这里不可能公平地评判这些变化发展。编年史（其必然结果是希腊文学受惠于希伯来文学）的重要前身是约瑟夫斯（Josephus）的《犹太史》(History of the Jews)、斐洛的《〈创世记〉注释》、优西比乌斯（Eusebius）的《编年史》(Chronicle) 和亚历山大里亚的克雷芒的《杂录》(Miscellanies)。哲罗姆翻译的优西比乌斯的作品为拉丁西部地区提供了一套始于创世的纪年体系，这使希腊罗马历史与希伯来历史形成两相对峙的局面。奥古斯丁在《上帝之城》(The City of God) 中使用的纪年体系要宽松一些，他把历史划分为六个时期——从创世到诺亚、从诺亚到摩西、从摩西到大卫、从大卫到先知、从先知到基督、从基督到末日审判。希腊文明直到第三阶段才出现。

基于这一扩大了的纪年表，哲罗姆断言希伯来文学影响了古典主义，《旧约》形式是古典主义文学形式的前身。《诗篇》运用了短长格、阿尔凯奥斯体和萨福体，《申命记》《以赛亚书》和《约伯记》综合运用了五音步诗行（pentameters）和六韵步诗行（hexameters）。伊西多尔对这一问题的态度犹豫不定，但他的《全书》(Encyclopedia) 认为，远在荷马之前摩西就在《申命记》中使用了英雄诗体，"显然，希伯来人对诗歌的研究比非犹太人要古老得多"。比德的《论韵律》把这些观点运用到正式的批评当中。除了重申古典诗体学在《圣经》中的运用这一老生常谈，他还注意到希伯来诗人预示了古典主义对于模仿的三种态度。《雅歌》是纯摹仿或纯戏剧性的，《传道书》是纯叙述，《约伯书》则是"综合型"——荷马和维吉尔运用的就是这种态度。《论韵律》把普鲁登蒂乌斯、阿拉图（Arator）、塞杜里乌斯和安布罗斯也加入古典诗人之列，表现了古典主义的新准则。

如果语法学批评是古典主义后期批评的主导模式，新柏拉图主义则仅次于之。其希腊背景包括希伯来－基督教传统中的斐洛、克雷芒和奥利金，以及异教徒中的普罗提洛、扬布利科斯（Iamblicus）、波菲利和普罗克洛斯。拉丁文批评的基本文献是马克罗比乌斯的《〈斯基皮奥之梦〉注》（*Somnium Scipionis*）和富尔根蒂尤的《〈埃涅阿斯纪〉注》（*Exposition of the Aeneid*）。

古典主义后期对新柏拉图主义的普遍兴趣为这些文献增添了新的内容，这在奥古斯丁和波伊提乌那里，在卡尔西第乌斯的《蒂迈欧》注释中，在流行的《圣经》讽喻以及两首颇受推崇的讽喻诗——普鲁登蒂乌斯的《心灵之战》（*Psychomachia*）和卡佩拉的《语法学家与墨丘利的婚姻》（*Marriage of Phiology and Mercury*）中都可以明显看出，塞尔维乌斯的《〈埃涅阿斯纪〉注疏》（*The Commentary of Servius on the Aeneid*）证明了语法学批评可能带上新柏拉图主义的色彩。然而一般来说，语法学批评是保守的，它专注于那些有助于理解和模仿的实际问题，其次才是文学的道德价值。新柏拉图主义批评认识到了文学的道德功用，但它的兴趣集中在诗人作品中透露出的神秘的智慧。如果说古典主义后期语法学批评传统与新柏拉图主义的传统没有分开的话，［至少］它们的倾向还是有差别。

加洛林王朝时期

加洛林王朝时期诗歌创作非常繁荣，堪称一次小规模的"（古代）古典主义的复兴"。马尼提乌斯（Manitius）记载了关于古典主义、古典主义后期及基督教作家赫拉班、费里尔的鲁普斯（Lupus of Ferrieres）、欧克塞尔的莱米吉乌斯和埃里金纳的作品的注释，数量惊人。赫拉班在其关于《普里西安》的评论和《论教士的培养》中都重申了诗歌中的语法学常识，并为阅读异教文学辩护。

从奥尔良的狄奥多尔夫那里我们看到，异教诗人成为阅读的对象，其作品常常得到讽喻性解释，梅斯的阿玛拉里乌斯的《自由法官》对格列高利圣餐仪式的解释说明了讽喻方法运用得有多么广泛。阿尔昆的《修辞学》总结了这一时期的修辞学理论，该著作对中世纪风格史特别感兴趣，所论范围属西塞罗派。它显然试图矫正古典主义后期对雄辩技巧和"修辞色彩"——堆砌一些修辞格以期给人留下深刻的印象——的强调。德·布鲁因因此认为阿尔昆是阿提卡和小亚细亚两种风格理想斗争史上的中心人物。

令人失望的是，尽管有这么多文学活动，在整个加洛林王朝时期只发现了一部纯批评文献，即《贺拉斯〈诗艺〉集注》（*Scholia Vindobonensia on Horace's Ars Poetica*）。该作品十九世纪的编辑者塞克梅斯特（Zechmeister）认为它的作者是阿尔昆，但它显然要出现得更晚一些。

尽管题为"集注"（scholia），这部作品却不仅仅是一个塞尔维乌斯式的集注。它逐句评注贺拉斯，但其结果与其说是一系列脚注，还不如说是关于批评理论的连续讨论——一种"近距离阅读"。它提供了相当多的古典诗学理论信息，其中同时也有许多错误。它大体上倾向于保守，我们猜想它本来是为语法课上阅读贺拉斯所写的辅助材料，这大概不会错。它的主要理论来源除了《诗艺》之外还有波菲里翁和阿肯（Arcon）的贺拉斯评注、塞尔维乌斯的维吉尔评注、《论修辞学的发明》（*Ad Herenniun*）及维克多里鲁斯的修辞学、希吉努斯（Hyginus）论神话、奥维德和维吉尔的诗，显然还有阿尔昆的《修辞学》和《辩证法》（*Dialectic*）。

从一开始，诗就被定义为"制作（fingendi——可能意为'编故事'）和创作的'艺术'"；古希腊语"诗艺"在拉丁文中意为"技艺"。诗分为"低俗的、中庸的和严肃的"，每一种都有其特征性的风格上的缺陷。这种分法是在《论修辞学的发明》——著者把它归于西塞罗——中讨论演讲的三种风格及其相关恶习的基础上提出的。《诗艺》第45行引发出关于人为秩序和自然秩序的争论；后来（第1节第

46 行），我们知道诗人应该努力做到 facundia——即通过有节制地精心使用语言达到"优美而温和的表达"。第 1 节第 87 行又补充道，修辞"色彩"能突出并修饰所叙主题，使之"更为甜美"。这显然指的是修辞格，但其基调与中世纪中期的"论诗艺"截然不同，后者认为"色彩"是最重要的。作者还列举了老人、英雄、信徒、主妇、妓女、商人、农民等人物类型来证明人物性格取决于其民族、年龄和身份。

关于戏剧的讨论（第 11 节第 182 行以下）描述了古典戏剧衰落之后的混乱局面。该注释者正确地把各种古典主义戏剧分为 togato（基于罗马人的生活）、Palliata（有灵感的希腊人）、Praetextata（基于历史）三种，但他对表演的问题一无所知。五幕剧传统被解释如下："第一幕是老人，第二幕是青年，第三幕是主妇，第四幕是仆人和使女，第五幕则是皮条客和妓女。"歌队不是剧情的组成部分，而是一群倾听戏剧吟诵的善意祝愿者（第 1 节第 195 行）。

关于幕后表演惯例的一段新奇解释被塞克梅斯特理解为表明了圣经剧——尤其是关于希律的盛宴的戏——在该评注写作时正在上演。它确实不过是文学朗诵的一种形式，这显然是注释者从戏剧中领悟到的。他从中得到的一个正确的观点是逼真性。在此及以后（第 1 节第 340 行），他都警告不要有不可能和不可信的情节。德·布鲁因认为这是页边注解的主要特征，因为它含蓄地批评了中世纪早期讽喻的奇异风格和主题。

一旦脱离戏剧这一话题，注释者就回到有理有据的坚实立场上来。他赞同贺拉斯弱化天才价值的观点，语法学、修辞学和逻辑学滋养着诗，它的内容是伦理和科学的四学科。诗的价值还表现在提供道德教化、唤醒爱国热情，并通过虚构故事和喜剧场面达到娱乐效果。

总之，我们所能期望从承继阿尔昆传统的学者那里得到的一切，《集注》都给了我们。它巧妙地借助修辞学补充贺拉斯的理论，认为学养重于天才，并兼顾了诗的道德教化与娱乐消遣两方面的功用。其关键观点是风格的节制和逼真性。它的失误之处是时代的产物，而不是注释者的过错。考虑到古典主义后期的诗学风尚，它遗漏的和它所包含的内容一样重要。它没有直接提到讽喻，没有特别为古典主义诗人辩护，也没有说他们预示着基督教的真理。甚至贺拉斯宣称"试图拯救一个想自杀的人没有意义"这样的观点也被放过，没有进行道德讨论。

最后，这位注解者在风格问题上和阿尔昆本人一样保守，他指出有三种风格，但并未表示出对严肃或严格风格的特别偏爱。他没有罗列出修辞格目录或者对修辞表现出突出的热情。如果说还有所偏好的话，他对 facundia 的评论表明他偏爱风格的节制。在所有这些方面，《集注》都堪称阿尔昆《修辞学》的诗学姊妹篇。它不是加洛林王朝时代的"代表"，因为我们知道在这一时期其他种类的批评仍很繁荣，但是它代表着一种重要的、可能在当时占主导地位的批评思潮。

中世纪盛期

当我们进入十二世纪，批评文本更多，影响批评诸因素的问题也更加复杂。从某种程度上讲，新柏拉图主义重受重视引起的理性膨胀，为这一时期最为意义重大的知识分子的发展奠定了基础。这种理性膨胀的一个主要动因，是十世纪末埃里金纳翻译的伪雅典最高法院法官狄奥尼修斯的作品。狄奥尼修斯提出一种完全拘泥于普罗提洛形而上学的基督教神学。他在中世纪有着特殊的权威，因为人们相信他就是在雅典最高法院中与圣保罗（St. Paul）谈话的那位狄奥尼修斯。他还收集了一些古典主义后期的著作，尤其是卡尔西第乌斯的《蒂迈欧》注释、马克罗比乌斯的《斯基皮奥之梦》评注、波厄修斯的《哲学的慰藉》(On the Consolation of Philosophy),从而为神秘主义的明晰形式奠定了基础,包括"否定神学"的概念和从物质世界到上帝幻象的独特过程(即 scala perfectionis)。

我们在克莱沃的伯纳德(Bernard of Clairvaux)和圣·波纳文图拉(St. Bonaventura)的著作中看到了这种神秘主义,其必然结果是重新强调超理性,强调灵感和智性,反对理性,强调只能通过象征与之沟通的想象世界。狄奥尼修斯的论文《天阶体系》(On the Heavenly Hierarchy)和《教阶体系》(On the Ecclesiastical Hierarchy)为天堂设置了新的位置,并为不可见世界投影到可见世界的方式赋予了新的意义。他的象征主义指示出对超验现象的新的兴趣和表现超验现象的新方法。他的上帝是一位建筑师或一位几何学家,用数字创造世界,或者可以说是一位音乐家,从不和谐的事物中创造和谐。用狄奥尼修斯的神秘主义去感受上帝,上帝也是光,是光源的流溢,是闪耀在受造世界一切美之中的光辉。

狄奥尼修斯不是中世纪中期柏拉图主义众多分支的唯一源泉,但其中许多支派都能在狄氏的作品中找到先例。由于它的激发,中世纪作家们对评论作品的探索更为活跃,思考也更为大胆——一个显著的例子就是西尔韦斯特里斯的《大宇宙》《小宇宙》和《〈埃涅阿斯纪〉前六卷注》(Commentary on the First Six Books of the Aeneid)。

狄氏著作的影响在十二世纪语法学人文主义的复兴中也很明显,这反映在一系列"论诗艺"的文章中,从温多姆的马修(Matthew of Vendome)的《韵文艺术》(Ars Versificatoria,约作于1175年,奥尔良)直到迈克雷的杰维斯的《诗艺》(Ars Poetica,约作于1215年)。西尔韦斯特里斯显然强烈地影响了"论诗艺"传统。马修是他在奥尔良的学生,杰维斯则参考了西尔韦斯特里斯一篇已失传的诗歌论文,西尔韦斯特里斯自己也曾引用过这篇文章。如果确有此文的话,它必定是"论诗艺"传统的母本。西尔韦斯特里斯对柏拉图主义哲学有着强烈的兴趣，这常常使他的作品带上异教徒或者自然主义者的基调，从这一点来看，这个文本无疑是非常有价值的。

柏拉图主义影响"诗艺论"的间接证据是温索夫的杰弗里的《新诗学》(*Poetria Nova*)。像这一传统中的所有作家一样，杰弗里在《论修辞学》中大量运用了修辞格，但他并不仅仅满足于罗列。整篇论文强调艺术中内在的、理智的因素，对想象却只字不提。《新诗学》是一本教材，自然着眼于要教什么。

杰弗里也注意到了天才的重要性，他坚持认为经验和判断对于诗人来说都是必要的。在这一点上他更接近西塞罗和贺拉斯，而不是异教柏拉图主义者。在谈到想象时，杰弗里强调心灵的赋形能力：

> 如果有人要建一座房子，他不会立即就着手去做，他会先在头脑中设计出这项工程，按一定程度勾勒出连续性步骤。在肉体的手建造房子之前，心灵之手已确定了整座房子的形状，它的存在模式首先是原型，其次才是现实的。诗人掌握的诗艺规划也许可以从这个例子中找到……首先让心灵的内在指针环绕全部的素材……在心灵隐蔽的角落里按一定顺序安排好素材，然后再运用诗的艺术为它穿上语言的外衣。

把诗人想象为建筑师、把构思作品想象为心灵的指针环绕素材、把语言比作诗的内容的"外衣"——所有这些看法在十二世纪的诗歌中都能找到相应例证，包括西尔韦斯特里斯描写上帝创世活动的《大宇宙》和《小宇宙》。在《新诗学》中内在性的主题扩展到语言和意象。词语的内在含义比其外表——用杰弗里的话来讲即"语音语调"——更为重要。换句话说，作者的意向重于词语的修饰。修饰是必要的，杰弗里的《新诗学》用三分之二以上的篇幅详尽论述了修辞格，但修饰总要求适当。人们总是用光的意象来描述诗的构思。修辞是"调剂色"或者五彩缤纷的"花朵"，是内在"光辉"的外在表述。

书名"新诗学"提醒人们注意这样一个事实：这部著作不同于"诗艺"。"诗艺"是中世纪"诗艺论"的通用题目。杰弗里的《韵文艺术规则实录》(*Documentum de Mode et Arte Dictandi et Versificandi*) 通常容易被看作《新诗学》的散文版，它广泛引用了"诗艺"。但是这篇散文体文章却没有引用贺拉斯，甚至没有提及他的名字。原因很简单，《新诗学》是一篇新诗论，而不是对贺拉斯的修订。它的新颖之处在于它的艺术哲学观：艺术家是创造者，心灵优于素材，修辞是内在光辉的物化。

如果"诗艺"的哲学背景是柏拉图主义，它的直接目的则是教育。索尔兹伯里的约翰对沙特尔的伯尔纳（Bernard of Chartres）有一段著名的赞誉，其中描述了十二世纪语法课的教学方法：

> 沙特尔的伯尔纳是现代文学知识最丰厚的源泉，他这样教育作者：指出何为简单、何为合乎规划；要求注意语法形态、修辞色彩和诡辩谬误；指出一个给定文本在哪些方面与其他学科有关……他向被要求练习模仿散文或韵文作品的学生们介绍诗人和演说家。他指出词语与优雅紧凑的节奏之间的联系，要求他的学生向作者学习……他让他们对作者的想象进行再创造，从而成功地使模仿伟大作家的学生本人也成为值得后人模仿的对象。第一堂课中他也讲授节俭的美德和思想与言词的令人称道的修饰。(《元逻辑》1.24)

"诗艺"成了"模仿散文或韵文作品"的"预习"手册，这说明了他们的保守倾向——他们大量列举能产生"令人称道的修饰效果"的修辞格，并对每一种都加以认真地举例说明，他们强调实用批评，而不重视想象和神秘的哲理与讽喻。

中世纪盛期的"入门"传统同样具有实用性。柏拉图主义创造了大致自由的知识环境，并鼓励大教堂学校重视典范作家研究

（auctores），就此而言，它促进了"入门"传统的发展，但其著作本身是很简略的，缺乏我们在《新诗学》中所看到的那样更大的哲学兴趣。

中世纪的"入门"传统就是对文法课上一个或多个作家的正规介绍，这一格式最早的例子是尤特里克的贝尔纳（Bernard）对狄奥多鲁斯的《牧歌》的介绍，这是创作于十世纪模仿维吉尔的一部颇受推崇的基督教作品。我们有充分的理由相信该传统在贝尔纳开始写作之前就已经完备地建立起来了。奎因（Quain）认为塞尔维乌斯是其中一个重要先驱，其基本格式可追溯至古希腊逻辑学。按照这一格式，对一篇作品的正规介绍必须包括作者、题目、文类、创作意图、布局、卷数及说明，流传下来的最好的例子是我们前面提到的康拉德的《百科全书》（*Didascalen*），它写于十二世纪早期。

《百科全书》开篇简要介绍了常规的诗学话题，诸如诗人论、诗法论、诗艺论、主要的文类、特殊场合使用的格式如颂诗和墓志铭、诗学论争（即西塞罗的"Topics"）、自然秩序和人为秩序、讽喻、维吉尔的《牧歌》《农事诗集》《埃涅阿斯纪》所演示的三种风格等。康拉德书中的大部分材料取自于尤特里克的贝尔纳，并直接或间接地回到了古典主义晚期的汇编传统，如狄俄墨得斯的《语法艺术》和伊西多尔的《全书》。

一般概述之后紧接着介绍"作家们"本人。按从易到难的顺序，第一位是多纳图斯，他的《语法初阶》（*Ars Minor*）准确地介绍了语法学概念，并因其是圣·哲罗姆的老师而具有特殊的权威。接下来是加图的《对句》（*Distichs*），这些诗句充满了善意的道德情感。与自然哲学不同，它们属于伦理学范畴。

在伊索和阿维鲁斯（Avianus）两位异教徒作家之后是塞杜里乌斯。康拉德发现异教徒有时也能体验到一些真理，但塞杜里乌斯却把《圣经》改写成韵文诗体,并特意告诫虔诚的读者要远离蛊惑人心的异教诗歌。他举出五位以上的基督徒作家:尤文克斯、阿基坦的普罗斯珀、狄奥多鲁斯、阿拉图和普鲁登蒂乌斯。他提到了普鲁登蒂乌斯的圣歌,但他更重视他的《心灵之战》,该作品用拟人的手法告诉人们如何逃避罪恶。于是我们又回到了古人和散文那里:西塞罗《论友谊》(De Amicitia) 和《论老年》(De Senectute)、萨卢斯特的《喀提林战争》(Catiline's Conspiracy)。《哲学的慰藉》教人忍耐,波厄修斯本人是一位极优秀的文体批评家,同时又是七大人文学科的最佳权威。

接下来是卢坎和贺拉斯。《诗艺》旨在纠正一些诗人的不良习惯并给予忠告。奇怪的是,康拉德相信"诗艺"这一中世纪的常见题目意为"爱诗的女人"(mulier carminis studens),理由是贺拉斯以一个女人的美高于一条鱼的美的想象开篇,表明他认为诗歌是女性的。贺拉斯的颂诗更为可疑,大部分都猥亵下流,这就导致了对其他异教诗人可疑人品的评论,奥维德尤其面临这种危险,他在《变形记》中提倡偶像崇拜,把神描写成动物。

圣保罗在《罗马书》中已经向我们警告过这种事情的发生。泰伦斯、尤文纳尔(Juvenal)、斯塔提乌斯、佩尔西乌斯(Persius)、荷马和维吉尔遭受这种怀疑的危险要小得多,他们的作品充满了有益的道德情感,常被基督教作家们借用。圣保罗就引用了米南德,奥古斯丁则颇多引用贺拉斯和维吉尔。

在此之后是对尤文纳尔、荷马、佩尔西乌斯和斯塔提乌斯的介绍。这些介绍都是不全面的。对维吉尔的介绍要更充分一些。《牧歌》和《农事诗集》中"诗人全面考察了文艺各门类",这一看法如果不是《评注》本身的回声的话,也应是富尔根蒂尤传统的一个回声。康拉德对《埃涅阿斯纪》的评注大部分已佚失。随后是关于阅读圣经的评论。三学科使我们理解文字意义,四学科又给予我们讽喻意义。到最后，世俗知识像埃及金子一样受到令人尊敬的奥古斯丁式的保护。

康拉德的这份作家名单使我们对大教堂学校的古典主义法规有所了解。它既包括基督教作家，也包括异教徒作家，散文与诗歌兼容。一般来说这种选择在风格上是保守的——卡佩拉就因未被选入而引人注目。其理论阐释明显带有浓厚的说教意味。模仿的思想同样重要，康拉德断言所有伟大的作家都有模仿的经验：泰伦斯模仿米南德，贺拉斯模仿卢齐利乌斯（Lucinius），萨卢斯特模仿李维（Livy），斯塔提乌斯模仿维吉尔，波厄修斯模仿卡佩拉，狄奥多鲁斯则模仿维吉尔的《牧歌》。"入门"课显然意在为索尔兹伯里的约翰描述的课程服务，它提供了史学的和批评的信息，从而完善了"诗艺"的实用性教育目的。列举"典范作家"由于《圣经》而达到极盛，我们还记得阅读诗人的一个根本理由就是为阅读《圣经》做准备。

十二世纪，文艺复兴运动激发了几部继昆体良、卡西奥多鲁斯和赫拉班的"学院"传统之后对知识作一般性概述的作品的产生。圣维克托隐修院的于格（Hugh of St. Victor）的《百科全书》（*Didascalicon*）甚少论及语法和修辞学，对诗歌甚至只字未提，它的注意力几乎全部放在《圣经》研究上。相反，索尔兹伯里的约翰的《元逻辑》却因其对语法课的描述，对"作家批评"的运用以及对文学研究的拥护者（一般与大教堂学校有关）和逻辑学的拥护者（一般与巴黎大学有关）之间的论争的影响而显得极为重要。索尔兹伯里的约翰对"先锋派"对待旧课程的蔑视态度非常不满，抱怨道："那些叙述历史的诗人被视为堕落者，如果有人致力于研究古人，他就会成为众矢之的，成为人们的笑柄。"

这样的论争在"文科之争"文学中再度出现。"文科之争"盛行于十三世纪，得名于亨利·德·安德利（Henri d'Andeli）反映该主题的一首诗，约作于1250年。诗中告诉我们，巴黎拥护逻辑学，大学里的人们嘲笑"作家"研究，奥尔良的大教堂学校重视的则是语法。

作为一个由共同假想联系起来的团体，人文主义者显然有完全的自觉。语法与"作家研究"是这一运动的载体，正如我们所知，二者之间有着密切的联系。结果，人文主义者和经院哲人之间的论争就趋向于围绕两个主题：较之于雄辩术，语法的价值是什么；较之于更为技术性的研究，阅读"典范作家"的价值又是什么。尽管《元逻辑》本身首先是一部辩证法的著作，索尔兹伯里的约翰坚持认为，逻辑本身是"苍白无力的，它不能促使灵魂结出哲学的果实"。进一步讲，在语法课上谈诗是必要的，语法是"诗歌研究之母"。

迈克雷的杰维斯的《诗艺》（大约公元1215—1216年）也许反映了新旧两种观点之间的妥协。就其内容和在语法课中的位置而言，它属于大教堂学校的"诗艺论"传统。然而在形式上，它却是经院主义的，它抛弃了温多姆的马修和温索夫的杰弗里所运用的那种对修辞格的修辞学划分，而赞成将其分为"同一性的修辞格、相似性的修辞格和对比性的修辞格"——即语言与主题贴切一致的修辞格、依赖于相似性的修辞格和像讽喻和讽刺那样依赖于差异性的修辞格。

经院哲学时期

从杰维斯开始，我们已经进入了中世纪批评的经院哲学阶段。这一阶段的突出特征是逻辑学理论运用于诗歌研究，其主要模式是亚里士多德化，而绝大部分亚氏著作均来自阿拉伯语译本和评注的二手材料。

当我们以一位经院哲人的眼光去看十二世纪人文主义时，我们就会理解它为什么显得肤浅。它不是分析性的,是朝后看而不是向前看的。当复杂深奥的逻辑学和亚里士多德的《工具论》(*Organon*)全书(到十三世纪中叶)一方面向成熟的人类提出挑战,一方面又提出振奋人心的新方法来解决基督教信仰的主要问题时,人文主义却把它的精力浪费在语法学研究上。至于诗歌,实质上只是一种娱乐的方式。它充其量可以通过例证提供道德教训,但对道德特别感兴趣的人会去参阅亚里士多德的《伦理学》(*Ethics*),而不是《埃涅阿斯纪》。

这并不意味着经院哲学忽视诗歌。自法拉比以来,经院哲人们都在其解释科学体系的论文中辟专章论诗。在这些著作中,诗歌与逻辑学被放在一起,就像《工具论》最后所做的那样。这一定会使它成为一种"才能"而不是一门"科学"——也就是说,诗歌是一种运用语言的技艺,而不是有其自身感性的或伦理内容的学科。作为一种"才能",它有着独特的作用——幻想,不同于追求感染力的修辞学,也不同于追求"可能性例证"(Preballe Demenstration)的辩证术。除了这种功用,它还具有一种相当于修辞学中省略三段论(一种省略一个前提的三段论)和辩证法中"可能性推理"的独特方法。这种诗学方法最严格(也最难理解)的定义是"想象推理",多米尼库斯·冈蒂萨利鲁斯在其《论科学的分类》中使用了这个词。大体上说,后世的经院哲人在这个问题上倾向于更宽容的态度,罗吉尔·培根和圣·托马斯都认为诗既是一种"才能",又是有着特定"内容"的道德哲学的一部分。对圣托马斯而言,诗的特征性方法就是事例,即可提供伦理教训的逻辑形式。

关于经院哲学时代的最重要的理论阐述是《阿威罗伊注亚里士多德〈诗术〉》,该书于1256年由荷曼鲁斯·阿拉曼努译成拉丁文。从这部著作中,中世纪读者得知,亚里士多德把诗看作逻辑学的一部分,隐喻是其特征性的方法。更详细一些,他们还知道了诗关系到"选择"。在这个意义上，它是一种褒扬或贬斥，前者"抬高"好人的美德以激励读者仿效之，后者则揭露恶行并加以谴责，促使读者规避之。诗的褒贬原则与逻辑学定位同时并存于这部论著中。如果说阿威罗伊认识到了这二者势同水火的话，他却并没有为它们之间达成妥协做任何努力。因此该书的阿拉伯评注就巧妙地加进了经院哲学的结论：诗具有逻辑学和伦理学双重特性。

经院哲学实践批评的最好的例子是但丁的《致斯加拉亲王书》。正如沙地库勒（Bruno Sandkuhler）指出的那样，这封信沿袭了"入门"课的模式。它的独特之处并不在于它的内容，而是它有意识地强调明晰性和逻辑特征，这正是经院哲学思维习惯的产物。

事实上它非常风格化，以至于人们一直怀疑其作者的可靠性。然而无论作者是谁，但丁所列举的论题都使它与作者研究传统建立起牢固的联系："任何一部作品一开始都要弄清楚六个问题，即主题、作者、形式、结局、题目和哲学类别。"接下来是关于神学讽喻四层次的一个简短界定，由此但丁转向了有关"入门"传统的话题。把《神曲》看作一部哲学伦理著作，这种精确性是典型的学院派作风：

> 该作品整篇和各部分的哲学类别是道德行为或伦理，因为它们的构思不追求沉思默想，而追求可能的行为。因为无论在什么地方，如果讨论的方法是思想推理的话，那也不是为了思想，而是为了实践行为。正如那位伟大的哲人亚里士多德在《形而上学》第二章中所说："行动中的人不时也要思考点什么。"

人文主义时期

中世纪批评的最后一个阶段是十四世纪的人文主义批评。这个阶段的第一篇文献是但丁的《论俗语》，它最早自觉地论述了用本民族语言创作伟大诗篇。直接运用但丁的这一理论取得成功的作家彼特拉克、墨萨多和薄伽丘既可以被视为中世纪传统的结束，也可被看作文艺复兴运动的开端。这两种看法都可以，但是就全面概述中世纪批评而言，他们与中世纪的联系应该更受重视。这种联系表现在他们对中世纪传统之源的依赖上。

此外，尽管对古典文学有着更大的热情和更广博的知识，他们仍经常重复十二世纪的文科之争。最后，这三位作家都被迫为受到攻击的诗歌辩护。他们的对手都很保守。正如十三世纪奥尔良的人文主义者被巴黎的逻辑学家掩盖了光芒一样，现在轮到这些逻辑学家开始感到来自佛罗伦萨的人文主义者的威胁了，他们展开了激烈的反攻，其大部分反对诗歌的论点都以经院哲学理论为基础，这些论点在很大程度上决定了人文主义者辩护的内容。

人文主义在意大利复兴的同时，一批法语作品出现了，它们被视为未被"新知识"浸染的十二世纪人文主义的延续，这一理解最为恰当。"诗艺论"和"诗律学"传统出现在德尚和《第二修辞学》的作者们论法兰西本土语言诗歌的文章中。富尔根蒂尤式的讽喻仍然保留在伯克里乌斯的《奥维德道德释义》和德·里德沃（John de Ridevall）的《富尔根蒂尤的元论题》（*Fulgentius Metaforalis*）以及克里斯汀·德·皮桑的《欧赛雅致赫克托耳书》中，历久不衰；《玫瑰传奇》（*Roman de la Rose*）、乔叟（Chaucer）的《公爵夫人之书》（*Book of the Duchess*）、高尔（Gower）的《情人的忏悔》（*Confessio Amantis*），这些讽喻诗的流行使之进一步加强。这些作品具有重大的文学价值，但它们不是批评史的中心话题。我们也可以省略掉 ars dictaminis 和 are praedicandi 传统，这些传统从十二世纪到文艺复兴时代从未间断，但是确切地说，它们属于修辞学史。

批评的重大突破出现在意大利，原因在于——如果我们从文献本身来看——人文主义者已经开始提出一些保守派难以接受的诗歌理论。当他们亮出其目的时，战争就开始了。彼特拉克的主要诗论是他的《驳医生》，其他则广泛散见于他的书信中，通常是回复别人的提问或批评。墨萨多的批评理论都是以回击一个特定对手——曼图的弗拉·乔万尼诺（Fra Giovannino of Mantua）——的形式出现的。薄伽丘最重要的著作——《异教神谱》的第十四卷，也是回复一些匿名"吹毛求疵者"的挑战，他们显然是一些保守的神职人员。

如果我们稍稍从论争中脱身出来，就可以看到问题的关键是诗在科学中的位置。墨萨多和薄伽丘明确地提出诗是（或者可以是）神学的一种。这一定位的必然结论是诗人像宗教预言家那样，具有神赐灵感。果真如此，诗人虚构的故事就可以被看作覆盖着神秘真理的面纱，或者那些不能直接用语言表达的超验感受所必需的象征性表达。模糊性在伟大的诗歌中也许是不可避免的，像在经文中一样。更有甚者，既然"早期诗人"是有灵感的神学家，这些异教诗歌，尤其是神秘主义的诗，也许也预示着基督启示的真理。

圣·托马斯本人更乐意把诗歌看成道德教化的工具，然而在论争的白热化阶段，诗歌的反对者们又回到了更为偏激的立场：诗只是一种"才能"，它并没有内容，说它能用于道德教育如果不是一个谎言，至少也是言过其实。彼特拉克对此的反应是重申传统的辩证诗歌理论。他对诗的神性和讽喻理论不置可否，却富有代表性地认为诗歌是教化的手段，是雄辩言辞的宝库。对于"诗能提供教化"这一传统信条，他又补充了西塞罗在《为阿基阿斯辩护》（*Pro Archia Poeta*）中提出过的一个观点：诗能唤醒爱国主义思想。他预示了诗与民族主义之间的联系，这正是十六世纪批评的典型特征。

在整个中世纪，诗充满灵感、诗人通过虚构故事传达神秘的智慧这些信条都与柏拉图主义联系在一起。那种柏拉图主义的批评构架能够接受教条主义，但毫无我们从柏拉图本人和普罗克洛斯那里看到的生硬姿态。

　　中世纪中期和人文主义早期时代，柏拉图主义的理论容易与西塞罗派批评和贺拉斯派批评混在一起。彼特拉克和薄伽丘详细地论述了诗能提高社会的道德水平，绝不会威胁到基督教的正统地位。它们的区别只在于侧重点不同。在《神谱》中，教育是诗的第二功能，而不是首要作用。薄伽丘和墨萨多一样，主要侧重于把诗歌当作神学。在这一点上，薄伽丘前承普罗克洛斯的理论，同时又开启了十五世纪佛罗伦萨柏拉图主义者的理论先河。相反，彼特拉克则预示了文艺复兴时期的人文主义更为严肃的格调，这种倾向普遍弥漫于教育家、修辞理论家和哲人们的著作中，后来成为十七世纪新古典主义批评的重要特征之一。

旧文新刊

與王靜安論治公羊學、今文家學書

張爾田　撰

與王靜安論治公羊學書

　　得書曠若復面,且知近治《公羊》之學,甚善。公羊孤經,失其傳者二千年矣。國朝儒者,孔巽軒、劉申受輩,稍稍創通大義,而立書不慎,反招嫉者之口。沈文起作《左傳補注序》,遂至醜詆《公羊》,不遺餘力,浸尋至於近代。一二猖狂者出,撥亂反正之書,一變而為犯上作亂之媒介,吁可嘆已。
　　夫《春秋》者不過聖經之一,而《公羊》者亦不過《春秋》之一,當公羊高與其弟子胡毋生著之竹帛時,何嘗思以此書奪《左》《穀》之席哉?漢之博士,爭立學官,兩家始成水火。迨至宋儒,以尊王發揮《春秋》,而《公羊》益為世所詬病矣。
　　夫苟以末流之失言,天下學術,固未有無蔽者,《公羊》黜周王魯,固當在不赦之科,彼《左傳》所載周鄭交質,王貳於虢等語,吾亦未見其義深君父也。平心論古,不宜如是,大抵治義理之學,較之考覈名物訓詁者，難且百倍。考覈名物訓詁，但使有強有力之證據，即可得一結論。治義理之學，既無實在證據，取供吾用，則必須縱求之時間，橫求之空間，從至繁極賾中，籀一公例，綜合而比較之，而後結論乃成。自古成家之學，殆未有不如是者。

儒者立言，往往徇於風會，輒據一時所見，循一隅之指，妄欲議古人成家之學之是非，此遺經之所以難治也。兩漢傳《公羊》者，董生固為大師。而能參異己之長者，厥維劉子政氏，其見之於言者，無不淵然粹然，不似董生巖岸氣象。昔程子嘗言有《關雎》《麟趾》之意，方能行周官之法，余亦謂有惻隱古《詩》之志，方可治《公羊》之學，兄真其人矣。

與王靜安論今文家學書

兄論《公羊》三統三世，樹義精確，可謂不隨俗儒耳食之談。惟弟尚有欲進之於兄者，則以不知兄之此言，係讀書得間歟？抑從有統系中綜合而得之歟？

吾人研究一學，必須先定方法，方有軌道可言，兄嘗謂清朝三百年學術，惟古韻之學成就，即以其能從至繁極賾中綜合之，成一統系也。雖其後有分十八部者，有分二十一部者，此不過密以加密，而終不能違越其大體。使非然者，則但可謂之讀書得間。讀書得間，固為研究一切學問之初步，但適用於古文家故訓之學，或無不合，適用於今文家義理之學，則恐有合有不合。何則？

古訓之學，可以目論，可以即時示人以論據。義理之學，不能專憑目論，或不能即時示人以證據故也。兩漢今文家學，上蛻化於戰代諸子，下開章句，佚書雖亡，今見之於世者，伏生之《書》，韓嬰之《詩》，董生之《春秋》，殆無一不用周秦說經家法。

周秦說經之家法，大抵皆根極名學，而最通用者，在《論語》

則謂之"反"（"舉一隅不以三隅反，則不復也"），而在《孟子》則謂之"推"（"古之人所以大過人者，無他焉，善推其所為而已矣"）。七十子後學之傳記，其引經演義，殆無不然，即如《孟子》之說《武成》、說《雲漢》之詩，① 幸而出於亞聖，使出於後人，考據家見之，有不目笑者耶。惟其所用之方法不同，故古今文兩家流別，亦遂碩異。

由古文考證之法言之，雖謂西京今文家說，皆不出於孔子可也。若由余所論之方法言之，則雖謂西京今文家說，皆不背於孔子亦可也。故弟嘗謂不通周秦諸子之學，不能治今文家言。雖然，此種方法善用之則為益無方，不善用之，亦流蔽滋大。清嘉道以來，不乏治今文諸經者，結果無一人成就，終不能與金壇高郵諸儒，同其論定者，凡以此也。

兄近治《公羊》，詳於義例故訓名物曆算，自是清朝治學正軌。惟弟之所言，似亦不可不存為參鏡之資，否則遇無可佐證處，或恐有疑非所疑者矣。蓋學問各有方面，即各有其應用之方法。此如水火相反而不容相非，方法譬則儀器，所研究之學，譬則天體，儀器所以測天，苟所測於天不符，即當修改儀器，斷不可強天之就儀器。前書太略，故再為申暢之，相知最深，或不以鄙言為詭辯也。

---

① ［編者按］《孟子·盡心下》："盡信《書》，則不如無《書》。吾於《武成》，取二三策而已矣。仁人無敵於天下。以至仁伐至不仁，而何其血之流杵也？"又《孟子·萬章上》："故說《詩》者，不以文害辭，不以辭害志。以意逆志，是為得之。如以辭而已矣，《雲漢》之詩曰：'周餘黎民，靡有孑遺。'信斯言也，是周無遺民也。"

公羊徐疏考

吳承仕　撰

《隋書·經籍志》有"《春秋公羊疏》十二卷",不著撰人姓名。其時注《公羊》者,除《何氏解詁》,尚有王愆期、高龍、孔衍諸家,則不審此疏用何注本也。見行《公羊何注疏》,《唐志》亦不著錄,自《崇文總目》、晁氏《讀書志》,始稱徐彥撰。《廣川藏書志》云:"世傳徐彥,不知何代,意其在貞元長慶後也。"

清儒臧琳以為唐以前人,王鳴盛以為徐遵明,宋翔鳳以為徐孝克,洪頤煊、嚴可均、姚範,皆據本疏"司察掾若今三府掾"一語,以為北齊蕭梁間人,唯凌曙以為唐人。愚謂臧、洪、嚴、姚諸家說近信,董逌、凌曙以為唐人,則非也。然前修所稱,大抵引而不發,未嘗博徵事類,證成其說。

今總攬全疏,比覈文句,觀其旁引師說,采擷舊籍,足以證明南北經學好尚之殊,與賈、孔《正義》先後異同之故,而徐彥之為北朝學者,固灼然如晦之見明也。謹條舉疏文,開為六分,並疏證之如下方。

《北史·儒林傳序》云：

南北所為章句，好尚互有不同。江左，《周易》則王輔嗣，《尚書》則孔安國，《左傳》則杜元凱。河洛，《左傳》則服子慎，《尚書》《周易》則鄭康成，《詩》則並主於毛公，《禮》則同遵於鄭氏。

又云：

鄭玄《易》《詩》《書》《禮》《論語》《孝經》，服虔《左氏春秋》，何休《公羊傳》，大行於河北。晉世杜預注《左氏》，預玄孫坦，坦弟驥，於宋朝並為青州刺史，傳其家業，故齊地多習之。

又云："下里諸生，略不見《尚書孔氏注解》。"《釋文隋志》，所述略同。尋《徐疏》引《易義》七事，《書義》九事，《論語義》十一事，《孝經義》四事，大抵題別《鄭注》。閒有具引經說而不出主名者，考之亦為《鄭義》無疑。而王輔嗣偽孔安國、何平叔之倫，絕不一見稱述。使作疏者為江左儒流，或隋唐以後人，安能若是乎？又《徐疏》每以《三傳》異文，賈、服師說，互為對治。凡引賈服義三事，賈義十八事，服義八事，而單稱《長義》者，猶不在此數。

亦閒有旁采杜解以明異同者，如莊二年、襄元年、定九年《疏》所稱者是也。此由河洛《左氏》本主服虔，而青齊則閒行杜義，故疏家得旁及之。若偽《孔書傳》，為北土所不行。故《徐疏》之述"歲二月東巡守"也，稱《堯典》不稱《舜典》，其述"鳳凰來儀""百獸率舞"也稱《咎繇謨》不稱《益稷》。蓋孔、杜雖同為南學，而《徐疏》一引一不引，正自有故，此尤學人所宜存意也。

又哀十四年《疏》云："'曆象日月星辰'者，《堯典》文也。

云'百獸率舞'者,《舜典》《咎繇謨》皆存其文也。云'鳳凰來儀'者,《咎繇謨》文也。"此《舜典》字,蓋後人所妄改以蘄合於《偽孔書》者。《徐疏》述《書》,無一語涉及《偽傳》,斷無分"慎徽五典"以下為《舜典》之事。後人改堯字為舜,而不改《咎繇謨》為《益稷》,其魯莽有如此者。(上來第一分竟)

文十六年:"六月,戊辰,公子遂及齊侯盟於犀丘。"《疏》曰:"正本作'菑丘',故賈氏云'《公羊》曰"菑丘",《穀梁》曰"師丘"'是也,今《左氏》經作'鄟'字。"臧琳曰:

　　據此,知《公羊經》本作"菑丘",當從賈氏所見本。陸氏《釋文》作"犀丘",音西,《穀梁音義》亦云"《公羊》作'犀丘'",則唐以來本多不作"菑"字矣。《公羊疏》唐以前人為之,所據皆晉宋古書,故猶見正本,與賈景伯合也。

按賈氏撰《長義》四十二條,《左氏解詁》三十卷,義疏家時見稱述。今《徐疏》所引《賈說》,除《長義》外,大抵以比勘三家文字異同為職。《隋志》有賈逵撰《春秋三家經本訓詁》十二卷,《徐疏》所引,或即本之此書也。臧氏以此證徐氏為唐以前人,說亦近信。然僅述其一事,則闕略滋甚。茲補錄賈、服異文,以廣臧說。其《長義》《解詁》及異文之不關弘恉者,則不具出。

文四年《經》:"衛侯使甯俞來聘。"《疏》曰:"正本作'速'字,故賈氏云'《公羊》曰"甯速"'是也。"今《三傳釋文正義》皆作"俞",則陸德明、孔穎達輩,未得見此異本矣。

宣十二年《經》:"宋師伐陳。"《疏》曰:"案諸家經皆有此文。唯賈氏注者,闕此一經,疑脫耳。"案《釋文正義》皆無此言,蓋徐氏別有所見。

襄十一年《經》:"同盟于京城北。"《疏》曰:"《穀梁》與此同,《左氏經》作'亳城北'。服氏之經,亦作'京城北',乃與此傳同之也。"案今《左氏釋文正義》本皆作"亳城",無異文。

昭四年《經》:"大雨雪。"《疏》曰:"案正本皆作'雹'字,《左氏經》亦作'雹',故賈氏云'《穀梁》作"大雨雪"'。"案今《釋文正義》本,《左氏》作"雹",《公》《穀》皆作"雪"。據徐氏述賈,則《左》《公》皆作雹,唯《穀梁》作雪,此其異也。

昭十一年《經》:"盟于侵羊。"《疏》曰:"《穀梁傳》作'祲祥'字,服氏注引者,直作'祥'字,無'侵'字,皆所見異也。"案今《左》《穀》皆作"祲祥",無異文。

又《經》:"齊國酌。"《疏》曰:"賈氏作'酌',與此同,服氏及《穀梁》,皆作'齊國弱'。"案今《左》《穀》同作"弱",無異文。

定十年《經》:"會于窪。"《疏》曰:"《左氏》《穀梁》作'安甫',賈氏不云《公羊》曰'窪者',文不備。《穀梁經》'甫'亦有作'浦'字者。"案今《穀梁》《釋文》無此言,是徐氏所見本,有出於陸氏外者。

哀二年《經》:"晉趙鞅帥師及鄭軒達帥師戰于栗。"《疏》曰:"諸家之經,軒達之下,皆有'帥師'字。唯服引經者無,與諸家異。于鐵者,三家同。有作'栗'字者,誤也。今定本作栗字。"案今《左傳》作"晉趙鞅帥師及鄭罕達帥師戰于鐵",此與服氏引經異矣。徐云三家同作"鐵",而以作"栗"者為誤。今《公羊》《釋文》本《正義》本皆作"栗",即徐氏所謂誤本也。

哀四年《經》:"蒲社災。"《疏》曰:"賈氏云'《公羊》曰"蒲社"者,蓋所見異'。"案據徐說,則其所據本,必不作"蒲"。苟如今本,是與賈說同矣,安得云所見異耶?

上列八事,不過錯舉一隅。臧氏以《徐疏》先出,故得多見古本,固也。然賈、服經說,唐代見存。而陸、孔之徒,於經文異同,不見稱述者。則以江左儒林,唐初《正義》,大抵承用南學,不以賈、服而奪杜義也。徐氏北人，師承自異，陸、孔所略，彼獨詳之，蓋由南北風尚之殊。若僅以"多見古本"為言，猶非深明其故者也。（上來第二分竟）

　　箋疏經傳校讐文字者，率博徵古今異本，以明同異而定從違。如顏氏《家訓》，陸氏《釋文》，孔氏《正義》，自稱"古本""一本""或本""《永嘉》本""崔氏《集注》本"者，則所謂古今異本也。有稱"南本北本"者，則以南北學派不同，顏、陸等歷仕兩朝，故得以兩本對勘也。有稱定本者，則當時學官所行或碩學所刊定之本也。《徐疏》所引"舊本""古本""諸家經本""正本""定本""一本"云云，不下五十事。獨無所謂"南本"者，則以徐為北人，無交通南服之事，故不得引之，此其異於顏、陸諸儒者也。

　　成二年《疏》引定本云云。阮元《校勘記》曰："此是校疏者札記語，非作疏者本文也。且疏內少言定本者，定本乃唐初顏師古所為，則知《公羊疏》出唐以前人矣。"按是正經文之業，師古以前，蓋多有之。如徐邈撰定五經音訓，學者宗之，孫惠蔚請依盧昶《甲乙新錄》，校練句讀，以為定本，次第均寫永為常式。劉焯與諸儒於秘書省考定羣言，蕭該奉詔與何妥正定經史皆其成比，安見定本之必出於師古邪？且《徐疏》所稱定本，不下十數見。乃云"疏內少言定本"，一何疏舛。

　　又案《卷首疏》曰："舊題云'春秋隱公經傳解詁第一'……今定本則升'公羊'字在經傳上，退'隱公'在'解詁'之下，未知自誰始也。"案舊題之式，所謂"小題在上，大題在下"是也。《釋文》本已與徐所稱定本同，蓋由陸氏晚出或不及見舊題，故莫能祥為比勘歟。舉此一例，尤足證《阮記》之非。

　　舊疏皆單行，不與經傳本文相附。後人會刊注疏者，不審疏家所校之本，非即當時之經本，而強合為一，則注疏文字，往往錯互不相應。此疏其尤著者也。茲舉數事於下，以見一斑。

隐二年《传》:"始灭昉於此乎。"《疏》曰:"若《郑谱》云'《诗》之道放於此乎'之类。"昉、放不相应。

桓二年《经》:"宋督弑其君与夷及其大夫孔父。"《注》:"贤者不名,故孔父称字。督未命之大夫,故国氏之。"《疏》曰:"旧本悉无此注,且与注违,则知有者衍文也。"有注、无注不相应。

桓十年《传》:"近也,恶乎近?近乎围战也。"《疏》曰:"近读如附近之近,国读如围。古本围皆作'国'字,而旧解以国为围。"徐据古本作"国",故云"国读如围"。今本作"围",则"读如"之言无所施,甚明。

庄二十七年《注》:"《礼记》曰:'门内之治恩揜义,门外之治义揜恩。'"《疏》曰:"《丧服四制》文也。案彼文'事'作'治'字,下'揜'字作'断'字,盖以所见异。"据此,知徐氏所校《何注》,作"门内之事恩揜义,门外之事义断恩"。与今本《何注》不同。

襄七年《经》:"郑伯髡原如会。"《疏》曰:"正本作'顽'字,亦有一本作'原'字者,非也。"徐据正本,与《左》《榖》同,不作"原"。

襄十二年《经》:"晋侯使士彭来聘。"《疏》曰:"本皆作'士鲂'字,若作'士彭'者误矣。"

襄十三年《经》:"取邿。"《疏》曰:"正本皆作'邿'字,有作'诗'字者,误。"

襄四年《经》:"葬蔡昭公。"《注》:"贼已讨,故书葬也。不书讨贼者,明诸侯得专讨士以下也。"《疏》曰:"考诸正本,何氏之注尽於此,若更有注者,衍字矣。"据此,知徐氏所见或本,注文有多於此者,而《释文》不言之,盖北朝异本,或非陆氏所与闻欤。

哀十四年《传》:"友袂拭面涕沾袍。"《疏》曰:"'目'亦有作'面'字者,'袍'亦有作'襟'字者,袍似得之。"明徐本自作

"拭目"與今本作"面"者不同。(上來第三分竟)

《徐疏》徵引舊義。若《公羊》先師，則有顏安樂、嚴彭祖、戴弘、閔因諸家說。異家則有賈、服《長義》。而桓十一年《疏》，幷引《長義》解一段，雖不聞出自誰氏，蓋非唐以後人所得聞也。又如許氏之說鄭聲，戴氏之辨吳楚（莊十年及十七年《疏》），亦舊聞之足珍異者矣。

徐氏每采舊義，以解《傳》文，並說《何注》。《疏》或引之在後，或駮而釋之，大凡四十餘事，要皆泛稱"舊云""舊說"，而不別出主名。其說本傳者，或有王衍期、高龍、孔衍之遺文，其為《何注》作疏者，則考之《釋文》《隋志》，皆無其人，正不審其為誰氏義也。然義疏之業，多有所因，唐初《正義》既然，徐氏亦宜同比。(上來第四分竟)

《卷首疏》引《六藝論》及《玉藻》辨左右史事。結云："云云之說，《左氏》首已有成解，不能重載。"疑服虔《解誼》，卷首或有"左史記行，右史記言"之文，疏家已有詳說。徐氏以義具彼文，此處不煩重出。

文二年《傳》："虞主用桑，練主用栗。"《注》："禮，虞祭，天子九，諸侯七，卿大夫五，士三。"《疏》曰："自諸侯七以下，《雜記》文。其天子九虞者，何氏差之耳。《異義》《左氏說》亦有成文。云云之說，具《左氏傳疏》。"案"天子九虞"以下，古《左氏》說、《公羊》說、許慎、鄭玄說並同。今杜氏《集解》，不從"虞主用桑，練主用栗"之義，故《孔疏》謂《公羊》之說，不可通於此"，是也。徐氏《左傳》用服注，服解"作主"，蓋用《公羊》義。則疏家釋《左氏》之《服義》，與釋《公羊》之《何義》，大體從同，可知也。兩書大體既同，則詳簡可以互見，故《疏》稱"云云之說"，"左氏傳疏"指謂此也。

襄二十九年疏說五刑沿革，結云"云云之說備在《孝經疏》"，又昭十五年《何注》引《孝經》"資于事父以事君而敬同"。《疏》曰:"何氏之意,以資為取,言取事父之道以事君也。以此之言,則何氏解《孝經》與鄭稱同,與康成異。云云之說,在《孝經疏》。"定四年《何注》引《孝經》文同。《疏》曰:"何氏之意,以資為取,與鄭異。鄭注云'資者,人之行也'……云云之說,具於《孝經疏》。"案今本《明皇注》亦云:"資,取也。"《邢疏》云:"云資取也,此依《孔傳》也。案鄭注《表記》《考工記》,並同訓'資,取也'。"據此,則鄭稱訓資為取,鄭玄訓資為人之行,《偽孔傳》本於鄭稱,而唐玄宗又本於《偽孔傳》,其因襲同異甚明。而《邢疏》乃云"依《孔傳》"者,則以鄭稱《孝經義》,非邢氏所得見。《徐疏》稱鄭稱而不引《孔傳》者,則以劉炫之《偽孔傳》,亦非徐氏所與知故也。又案《孝經鄭玄注》,江左以來,多有異論,唯北朝一以鄭義為宗。劉子玄所謂《孝經鄭注》,魏齊則立學官,著在律令,蓋由虜俗無識,故致斯譌舛。今檢《徐疏》引《孝經義》,皆用《鄭注》,蓋由遵用時制,略不致疑,斯亦徐為北人之明驗矣。

又案徐氏每言:"云云之說,具在《左傳疏》《孝經疏》。"如二疏為異人之作,當云某氏某疏。今僅稱《左傳疏》《孝經疏》,似此二疏亦徐氏所自作矣。而《隋唐志》並不著錄。蓋南北諸儒,講授經業者,大抵皆有講疏,而見收於錄略者蓋寡。然則先儒疏義,其散軼不傳者,豈僅此二疏已耶。(上來第五分竟)

嚴可均曰:

《疏》先設問答,與蔡邕《月令章句》相似,《唐疏》無此體例。所引書百三十許種,最晚者郭璞、庾蔚之,餘皆先秦、漢、魏。開卷疏司空掾云,"若今三府掾是也",齊、梁、陳、隋、唐無此官制,惟北齊有之,則此疏北齊人譔也。(洪、姚說略同不具錄)

案嚴說甚覈。古人箋釋經傳者，每以時制方言，比况古事。鄭君注經，賈、孔《正義》，悉循此例，茲錄《徐疏》所述，可以考見當時風氣者，如下方。其不可知者，則略而不說。

《序疏》"顏安樂等解此《公羊》，苟取顏曹之語，不顧理之是非。若世人云'雨雪其雱，臣助君虐'之類是也"，當是彼時常語。

隱元年《疏》："閉房者，行房之事閉也。"行房亦今通語。

莊三十一年《疏》："無垢加功曰漱，取其斗漱身，若以里語曰'斗漱'也。"案斗漱為釋典常語，漱或作"藪"，或作"擻"。玄應《音義》引《方言周成難字》，皆有音訓。而梵語則為頭陀。

莊三十一年《疏》："格猶距也，今人謂不順之處，為格化之類。"昭二年定四年《疏》並同，當是彼時通語。

僖元年《疏》："'諾已皆自畢語'者，猶今人云'休一生''罷去已'，自畢竟之辭。"當是彼時諺語，今不審知。

宣六年《疏》："呼獒而屬之，謂呼而指屬之。今呼犬謂之屬，義出於此。"呼犬為屬，久無此言矣。

宣十二年《疏》："杅音于，若今馬盂矣。舊說云杅是'衧'字，若今食㑈矣。"馬盂食㑈，今並未聞。

襄四年《疏》："弋氏，《左氏經》作'姒'字，聲勢與此同。"按聲勢與體文相對，聲勢者韻，體文者紐也。《釋文切韻》以下，姒皆詳里反。此云聲勢同者，蓋以古音同在之部也。《徐疏》言聲勢，此外或言讀如，間亦用反語，要非唐以後人作音之法。

襄十年《疏》："偪陽，《左氏經》作'偪'字，音夫目反，一音逼近之逼。而南州人云道仍有偪陽之類，如逼近之逼矣。"此疏蓋有誤文。徐意偪本音福，而南人則讀如逼。《釋文》二音，與徐氏同意。

哀五年《疏》："大功以下喪服，皆以閏數之。此數讀如'加我數年'之數，非頭數之數也。"頭數猶今云數目，去聲讀。

哀十四年《疏》："咄嗟猶歎息，即里語曰'咄嗟之間'也。"按孫子荊詩"三命皆有極，咄嗟安可保"，又《晉書石崇傳》"崇為客作豆粥，咄嗟便辦"。咄嗟之義，本為嘆息，而"咄嗟之間"，則猶令人所云呼吸之間，言其速也，此為晉宋南北朝通語。（上來第六分竟）

據上六分言之，徐氏為南北朝儒者，誠确然眼晰也。王鳴盛以為即徐遵明，遵明或彥之字，既以字行，則又改字子判。今檢《北史》本傳，遵明

> 讀《孝經》《論語》《毛詩》《尚書》《三禮》……又知……趙世業家有《服氏春秋》，是晉世永嘉舊寫，遵明乃往讀之，復經數載。因手撰《春秋義章》為三十卷。是後教授門徒，每臨講座，先持經執疏，然後敷講。學徒至今，浸以成俗……元顥入洛，……為亂兵所害。

以是相證，謂遵明即彥，大體可通，始終不敢質也。王氏憑肊輒言，而絕不舉證，恐非修辭立誠之道。

评 论

带翅的爱

品科斯基(Nathan Pinkoski) 撰
刘　宇 译

冯·海金(John von Heyking),《政治的形式——亚里士多德和柏拉图论友谊》(*The Form of Politics: Aristotle and Plato on Friendship*), Montreal: McGill – Queen's University Press, 2016。

《政治的形式——亚里士多德和柏拉图论友谊》既是一本解释性的学术著作,又是一本哲学反思的著作。这本富有洞见的论著源自对亚里士多德所谓的"通感"(sunaisthesis)的探索。通感就是对人们之间的善的共同感知。正是这种人与人之间的通感要素锻造了最完善的友谊形式——德性友谊(virtue friendship),由此也塑造了政治。作为解释性研究和哲学反思,其中的难题就在于,德性友谊何以被设想为与政治相关。亚里士多德说,友谊居于政治共同体之中,这种共同体由于公正和利益而聚到一起(《尼各马可伦理学》1159b25 – 1160a30)。然而政治友谊或公民友谊尽管也涉及德性友谊,但并不等于德性友谊(《政治学》1261a10 – 1262a25)。仔细考察共同善的本质有助于更清楚地理解政治友谊。在一个政治共同体中，我在追求自己的善的同时，也分享和追求他人的善。比如，一个为了保卫自己的土地而加入民兵组织的农夫，就算还是被分配去保护自己的土地，但他的行动是作为要保护所有人的农场的整个计划的一部分。① 所有分担这个计划的人都会展现出"同心同德"（homonoia），其中便伴随着友谊。

冯·海金指出，这并未解决那个难题。对共同善的描述说明了其中会有同心同德和友谊，但并未说明共同善是什么样子。所以，究竟政治友谊是什么，还不清楚。冯·海金要问的问题是：在政治中，构成政治友谊的那种通感性友谊（sunaisthetic friendship）的形态是什么？

对这个问题的标准答案强调，政治友谊的独特活动就是审议（deliberation）对于整个共同体而言，什么是公正的和有益的。冯·海金论证，正如审议预设了对于目的的一致意见，我们应该问，对于目的的一致意见预设了什么活动。他的回答是庆典（festivity）："这是通感性友谊的政治形态，是共同善的最为清楚的表达。"（页38）庆典展示了政制（regime）的本质统一性，也提供了政治友谊的形式和标准。

通过把庆典的实践提升为政治的形式，高于对于正义和利益的理性审议，冯·海金提供了一种和平解决诗与哲学之争的方式。从柏拉图和亚里士多德的观点也即哲学的观点来看，冯·海金为《奥德赛》第九卷开头的诗句做了辩护，这些诗句是在赞美庆典和诗歌：

> 我想没有什么比此情此景更悦人，
> 整个国家沉浸在一片怡人的欢乐里。

---

① Michael Pakaluk, *Aristotle's "Nicomachean Ethics": An Introduction*, Cambridge: Cambridge University Press, 2005, pp. 271–272.

> 人们会聚王宫同饮宴,把歌咏聆听,
> 各个挨次安座,面前的餐桌摆满了
> 各式食品肴馔,司酒把调好的蜜酒
> 从调缸舀出给各人的酒杯——斟满。
> 在我看来,这是最最美好的事情。①(页13)

冯·海金希望为诗提供"无韵"的辩护(《理想国》607d),来缓和柏拉图《理想国》中苏格拉底对诗所做的严苛道德评判。

冯·海金的"无韵"的辩护开始于亚里士多德,通过把亚里士多德讨论良好政体的《政治学》第七、八卷和《诗学》关联起来。冯·海金认为,亚里士多德的《诗学》承认庆典和诗歌对于政治和人类生活是有益的,有助于政治友谊和德性友谊的完善。诗歌混合了一般性和特殊性,通过模仿(mimesis)来教导实践智慧:可以传达共相的特殊再现。冯·海金推进了一个与新亚里士多德主义者(尤其是麦金太尔)相一致的主题,即人类本质上是讲故事的动物。在发生通感之际,我们的故事被朋友的故事改变了形式。朋友变成我们自己生活故事的部分。这样我们就能把这种共享故事的经历带入政治生活,为政治带来统一性和集体的公民行动,并塑造良好的政制。然而,亚里士多德从未让人们的个体品格(individual character)消溶于集体行动:通感终究是关于人与人之间共享的感知,它使得我们去爱他人的个体品格(ethos)。在这里冯·海金看到了哲学的限度,因为他人的他者性(the otherness)、其独一无二的品格,难以被理性所把握。

冯·海金认为,柏拉图对话更适合这个问题(页87),所以其著

---

① [译注]荷马,《荷马史诗·奥德赛》,王焕生译,北京:人民文学出版社,2003,页152。

作后半部分考察了《吕西斯》（Lysis）和《法义》（Laws）。这些对话为通感的实践提供了一个形象。冯·海金论证道，《吕西斯》中友谊的形象能够反驳弗拉斯托斯（Gregory Vlastos）那个著名的指责，即柏拉图心目中的爱就是爱一个形而上学的共相，而不是一个个体的唯一性。冯·海金辩论道，柏拉图呈现出一个通感实践的形象，它通过赫尔墨斯的精灵象征（daimonic symbolism）来褒扬个体性。赫尔墨斯是创造人类友谊的精神力量，使人类敞开心扉接纳他者的礼物。赫尔墨斯的这种能力在所有的希腊节庆、诗歌和颂歌中得到赞颂，他让我们明白，一个朋友不能被归类于形而上学的友谊共相，相反，一个朋友就是神的一个神秘形象，是神与人类互动的一个启示。

《法义》在政治背景中发展了这个主题，其中，音乐、神话、合唱、舞蹈以及"前奏"（参见《法义》722d-e）均在假想的马格尼西亚公民中创造了同心同德。并且，戏剧性的情节使人们注意到，对话中的人物如何在友谊中走到一起。最终他们抓住了一个神性的洞见：神在人类生活中扮演着一个角色。

在冯·海金对庆典的理解中，无疑有一种礼拜仪式的性质；托马斯主义者皮佩（Josef Pieper）影响了他对庆典的理解（页13）。冯·海金对公民庆典仪式的理解揭示了一种超验的、准宗教性的实践。但冯·海金并不想将其等同于宗教实践，他说，基督教的礼拜仪式"并不是政治的"（页194）。遗憾的是，他并未详细阐明马格尼西亚公民宗教和基督教公民宗教之间的区别是什么。冯·海金认为，类似于马格尼西亚政制的庆典在现代也可以存在，但一个更为激进的论题将是，基督教改变了政治的古典视野，以至于公民统一性的设想必然显而易见是不完善的，直到现代性将之重新设置。①

---

① 参 Pierre Manent, *Metamorphoses of the City: On the Western Dynamic*, trans. Marc Lepain, Cambridge, MA: Harvard University Press, 2013, pp. 4-9。

由于友谊的实践超出我们理论上的理解能力（页128），所以冯·海金顺理成章以对庆典的说明作为全书结论，向读者显示了什么是公共的善。冯·海金挑选了在阿尔伯塔省卡尔加里市举办的一年一度的卡尔加里牛仔节（Calgary Stampede）。这个牛仔节混合了牛仔竞技、农产品展示和商业娱乐，让卡尔加里市在整个北美声名远扬，其名声远超同等规模的阿尔伯塔首府埃德蒙顿市。

冯·海金之所以描述牛仔节，是因为他认为牛仔节凸显了宽容和公民友谊的善。这就引起一个议题，即冯·海金对"无韵"之诗的辩护，实际上是否成功地削弱了柏拉图《王制》中哲学对于诗歌所做的严苛道德评判。因为冯·海金并不认为所有的政治节庆都值得赞扬；他拒绝法国大革命和纽伦堡集会的庆祝，因为它们缺乏正义（页194－195）。

牛仔节也缺乏正义。委婉点说，卡尔加里牛仔节的参加者从不会误认为它是一个温和节制的运动，它展示出没有野蛮行为的形象，使得人们不去考虑放纵的行为如何会威胁正义。冯·海金勉强承认，节庆中存在着助长非正义的方面（页202）；但他仍基于其他正义和有益的方面，比如多文化的宽容，而为这个节庆辩护。例如，它鼓励那些从未体验过牛仔竞技的不同文化的人们如穆斯林移民来参与节庆。他们把牛仔帽戴在海加布（hijabs）① 之上（页203），而且卡尔加里市还支起祈祷帐篷，让他们在斋月期间仍然能参加这个节庆（页201）。通过如此直接地用正义和有益的方面来评价这个节庆，很明显冯·海金是从哲学道德判断的角度来考虑牛仔节的好处的。他作为一个旁观者来思考这个节庆的益处，使自己以及读者跟这个节庆保持着临界距离（critical distance）。这种临界距离与一个埃德

---

① ［译按］海加布，穆斯林妇女戴的面纱或头巾。

蒙顿人的距离不无相似，他在某个夏天问他的朋友，从埃德蒙顿下到卡尔加里去看这个节庆是否值得。那么，这个埃德蒙顿人是如何看待它的呢？

一个经过启蒙的埃德蒙顿人可能会认为，要追求最佳生活（the best life），就要决定不去参加这种节庆，而是与一群朋友讨论正义是什么的问题。这个埃德蒙顿人从最佳生活的角度把节庆视为不完善的。他也承认，如果他参加节庆，就能分享某些正义的活动并且过一个好的生活（a good life），但他也认识到其中的缺陷。因此，正是通过与朋友讨论正义，他才能认真地对待过美好生活的问题。① 这种讨论引导这个埃德蒙顿人去过最佳生活。从这个角度来看，好的政制受到赞扬不是因为它给予公民闲暇去参加节庆，而是因为它增加闲暇鼓励公民去追求有益于最佳生活的夜间讨论。

冯·海金用正义和有益的东西来描绘这个节庆，为这条论证路径增加了力量。他是从哲学的视角来评判这个节庆的，因此，他必须准备好从哲学的视角来化解关于该节庆之最终价值的问题的挑战。然而，冯·海金对节庆的描绘有一个特征，即在城市周围设置了屏障。当他挪开这个屏障，那便是在暗示神圣的超越性，而非哲学。② 他并未告诉我们，节庆如何把我们导向哲学，因为节庆并不是最佳生活。然而冯·海金也会留意到书中这个显眼的裂缝，他可能会论证说，哲学的路径预设了对何为节庆的理解。那个埃德蒙顿人或许会怀疑卡尔加里牛仔节有什么益处，但他至少会严肃认真地对待这

---

① Stephen Salkever, "asking Friendship Seriously", in *Friendship and Politics: Essays in Political Thought*, ed. John von Heyking and Richard Avramenko, Notre Dame, IN: University of Notre Dame Press, 2008, p. 64.

② 参 Leo Strauss, *The City and Man*, Chicago: University of Chicago Press, 1963, 页 28。

个节庆。与之相对的是自以为是且愤世嫉俗的劳伦汀人，他们没有被五百英里以内的卡尔加里牛仔节所吸引，所以就无法理解政治生活。

冯·海金的哲学目标是，就在现代社会还未堕入自以为是和愤世嫉俗（cynicism）之中时，借助古人的思想为读者传达一种在这个社会中思考友谊和政治的方式。对于友谊在古今整个生活中所起的作用，冯·海金提供了丰富的思考，提到了诸多政治和文学人物。丘吉尔、林肯、考德威尔（Gail Caldwell）、盖迪·李（Geddy Lee）、托马斯·曼，以及 C. S. 路易斯都得到显要的描绘。冯·海金对马尔巴罗公爵（the duke of Marlborough）的友谊的论述极好地证明了施特劳斯的做法，施特劳斯极力主张，丘吉尔的《马尔博罗公爵传》（*Life of Marlborough*）一书是"每个政治科学家的必读书"。①

归根结底，冯·海金的古今之争无关乎理性，而关乎爱。他真正的现代敌人是浪漫主义运动对肉体情爱的张扬，正如拜伦勋爵所言，友谊是无翅之爱（friendship is love without wings）。冯·海金说，我们现在把友谊视为"冲淡的情爱"（diluted eros）（页93），这千真万确——只要看一个最近的新词，"兄弟情"（bromance），便可窥见其衰退的程度。反省一下通感（sunaisthesis）何以会引发惊异，这对我们有好处，会使我们自己的道德生活和政治体制更为深厚。冯·海金充分意识到托克维尔对民主的批判（页128－130）；他站在柏拉图和亚里士多德一边而反对拜伦，提出一些思路来对抗民主制对协作（association）精神的侵蚀，以免加剧我们走向孤寂的步伐。如今只有友谊才能挽救我们，只要我们正确地

---

① 参 Leo Strauss, "Churchill's Greatness", Weekly Standard, Jan. 4, 2000, http：//www.weeklystandard.com/churchills‑greatness/article/11653。

理解它。可以用伊夫林·沃（Evelyn Waugh）对一个男人的描述来很好地总结《政治的形式》这本书，这个男人从不与人结仇，也从不失去一个朋友：

　　哦，珍贵的友谊，天赐的礼物。莫对它出言不善。①

（译者单位：西南大学马克思主义学院、马克思主义理论研究中心）

---

　　① Evelyn Waugh, *Te Life of Right Reverend Ronald Knox*, London：Penguin Books, 2012, p. 115. 这个描述的作者是 Fr. Bede Jarrett, OP。

图书在版编目（CIP）数据

施米特论战争与政治/娄林主编. --北京：华夏出版社，2019.6
（经典与解释）
ISBN 978-7-5080-9725-1

Ⅰ.①施… Ⅱ.①娄… Ⅲ.①施米特（Schmitt, Carl 1888-1985）－政治哲学－文集 Ⅳ.①D095.165-53

中国版本图书馆 CIP 数据核字 (2019) 第 054911 号

施米特论战争与政治

主　　编	娄　林
责任编辑	王霄翎　刘雨潇
责任印制	刘　洋
出版发行	华夏出版社
经　　销	新华书店
印　　刷	三河市少明印务有限公司
装　　订	三河市少明印务有限公司
版　　次	2019年6月北京第1版
	2019年6月北京第1次印刷
开　　本	880×1230　1/32
印　　张	8.75
字　　数	216千字
定　　价	59.00元

华夏出版社 地址：北京市东直门外香河园北里4号　邮编：100028
网址：http://www.hxph.com.cn　电话：(010)64663331(转)
若发现本版图书有印装质量问题，请与我社营销中心联系调换。

西方传统：经典与解释
Classici et Commentarii
HERMES
刘小枫◎主编

古今丛编

克尔凯郭尔 [美]江思图 著
货币哲学 [德]西美尔 著
孟德斯鸠的自由主义哲学 [美]潘戈 著
莫尔及其乌托邦 [德]考茨基 著
试论古今革命 [法]夏多布里昂 著
但丁：皈依的诗学 [美]弗里切罗 著
在西方的目光下 [英]康拉德 著
大学与博雅教育 董成龙 编
探究哲学与信仰 [美]郝岚 著
民主的本性 [法]马南 著
梅尔维尔的政治哲学 李小均 编/译
席勒美学的哲学背景 [美]维塞尔 著
果戈里与鬼 [俄]梅列日科夫斯基 著
自传性反思 [美]沃格林 著
黑格尔与普世秩序 [美]希克斯 等著
新的方式与制度 [美]曼斯菲尔德 著
科耶夫的新拉丁帝国 [法]科耶夫 等著
《利维坦》附录 [英]霍布斯 著
或此或彼（上、下）[丹麦]基尔克果 著
海德格尔式的现代神学 刘小枫 选编
双重束缚 [法]基拉尔 著
古今之争中的核心问题 [德]迈尔 著
论永恒的智慧 [德]苏索 著
宗教经验种种 [美]詹姆斯 著
尼采反卢梭 [美]凯斯·安塞尔-皮尔逊 著
舍勒思想评述 [美]弗林斯 著
诗与哲学之争 [美]罗森 著
神圣与世俗 [罗]伊利亚德 著
但丁的圣约书 [美]霍金斯 著

古典学丛编

论王政 [古罗马]金嘴狄翁 著
论希罗多德 [古罗马]卢里叶 著
探究希腊人的灵魂 [美]戴维斯 著
尤利安文选 马勇 编/译
论月面 [古罗马]普鲁塔克 著
雅典谐剧与逻各斯 [美]奥里根 著
菜园哲人伊壁鸠鲁 罗晓颖 选编
《劳作与时日》笺释 吴雅凌 撰
希腊古风时期的真理大师 [法]德蒂安 著
古罗马的教育 [英]葛怀恩 著
古典学与现代性 刘小枫 编
表演文化与雅典民主政制
[英]戈尔德希尔、奥斯本 编
西方古典文献学发凡 刘小枫 编
古典语文学常谈 [德]克拉夫特 著
古希腊文学常谈 [英]多佛 等著
撒路斯特与政治史学 刘小枫 编
希罗多德的王霸之辨 吴小锋 编/译
第二代智术师 [英]安德森 著
英雄诗系笺释 [古希腊]荷马 著
统治的热望 [美]福特 著
论埃及神学与哲学 [古希腊]普鲁塔克 著
凯撒的剑与笔 李世祥 编/译
伊壁鸠鲁主义的政治哲学
[意]詹姆斯·尼古拉斯 著
修昔底德笔下的人性 [美]欧文 著
修昔底德笔下的演说 [美]斯塔特 著
古希腊政治理论 [美]格雷纳 著
神谱笺释 吴雅凌 撰
赫西俄德：神话之艺
[法]居代·德·拉孔波 等著
赫拉克勒斯之盾笺释 罗逍然 译笺
《埃涅阿斯纪》章义 王承教 选编
维吉尔的帝国 [美]阿德勒 著
塔西佗的政治史学 曾维术 编

古希腊诗歌丛编
古希腊早期诉歌诗人 [英]鲍勒 著
诗歌与城邦 [美]费拉格、纳吉 主编
阿尔戈英雄纪（上、下）
[古希腊]阿波罗尼俄斯 著
俄耳甫斯教祷歌 吴雅凌 编译
俄耳甫斯教辑语 吴雅凌 编译

古希腊肃剧注疏集
希腊肃剧与政治哲学 [美]阿伦斯多夫 著

古希腊礼法
希腊人的正义观 [英]哈夫洛克 著

廊下派集
廊下派的神和宇宙 [墨]里卡多·萨勒斯 编
廊下派的城邦观 [英]斯科菲尔德 著

希伯莱圣经历代注疏
希腊化世界中的犹太人 [英]威廉逊 著
第一亚当和第二亚当 [德]朋霍费尔 著

新约历代经解
属灵的寓意 [古罗马]俄里根 著

基督教与古典传统
保罗与马克安 [德]文森 著
加尔文与现代政治的基础 [美]汉考克 著
无执之道 [德]文森 著
恐惧与战栗 [丹麦]基尔克果 著
托尔斯泰与陀思妥耶夫斯基
[俄]梅列日科夫斯基 著
论宗教大法官的传说 [俄]罗赞诺夫 著
海德格尔与有限性思想（重订版）
刘小枫 选编
上帝国的信息 [德]拉加茨 著
基督教理论与现代 [德]特洛尔奇 著
亚历山大的克雷芒 [意]塞尔瓦托·利拉 著
中世纪的心灵之旅 [意]圣·波纳文图拉 著

德意志古典传统丛编
彭忒西勒亚 [德]克莱斯特 著
穆佐书简 [奥]里尔克 著

纪念苏格拉底——哈曼文选 刘新利 选编
夜颂中的革命和宗教 [德]诺瓦利斯 著
大革命与诗化小说 [德]诺瓦利斯 著
黑格尔的观念论 [美]皮平 著
浪漫派风格——施勒格尔批评文集 [德]施勒格尔 著

美国宪政与古典传统
美国1787年宪法讲疏 [美]阿纳斯塔普罗 著

世界史与古典传统
西方古代的天下观 刘小枫 编
从普遍历史到历史主义 刘小枫 编

启蒙研究丛编
浪漫的律令 [美]拜泽尔 著
现实与理性 [法]科维纲 著
论古人的智慧 [英]培根 著
托兰德与激进启蒙 刘小枫 编
图书馆里的古今之战 [英]斯威夫特 著

荷马注疏集
不为人知的奥德修斯 [美]诺特维克 著
模仿荷马 [美]丹尼斯·麦克唐纳 著

品达注疏集
幽暗的诱惑 [美]汉密尔顿 著

欧里庇得斯集
自由与僭越 罗峰 编译

阿里斯托芬集
《阿卡奈人》笺释 [古希腊]阿里斯托芬 著

色诺芬注疏集
居鲁士的教育 [古希腊]色诺芬 著
色诺芬的《会饮》 [古希腊]色诺芬 著

柏拉图注疏集
柏拉图的灵魂学 [加]罗宾逊 著
柏拉图书简 彭磊 译注
克力同章句 程志敏 郑兴凤 撰
哲学的奥德赛——《王制》引论 [美]郝兰 著
爱欲与启蒙的迷醉 [美]贝尔格 著
为哲学的写作技艺一辩 [美]伯格 著

柏拉图式的迷宫——《斐多》义疏　[美]伯格 著
哲学如何成为苏格拉底式的　[美]朗佩特 著
苏格拉底与希琵阿斯　王江涛 编译
理想国　[古希腊]柏拉图 著
谁来教育老师　刘小枫 编
立法者的神学　林志猛 著
柏拉图对话中的神　[法]薇依 著
厄庇诺米斯　[古希腊]柏拉图 著
智慧与幸福　程志敏 选编
论柏拉图对话　[德]施莱尔马赫 著
柏拉图《美诺》疏证　[美]克莱因 著
政治哲学的悖论　[美]郝岚 著
神话诗人柏拉图　张文涛 选编
阿尔喀比亚德　[古希腊]柏拉图 著
叙拉古的雅典异乡人　彭磊 著
阿威罗伊论《王制》　[阿拉伯]阿威罗伊 著
《王制》要义　刘小枫 选编
柏拉图的《会饮》　[古希腊]柏拉图 等著
苏格拉底的申辩（修订版）　[古希腊]柏拉图 著
苏格拉底与政治共同体　[美]尼柯尔斯 著
政制与美德——柏拉图《法义》疏解　[美]潘戈 著
《法义》导读　[法]卡斯代尔·布舒奇 著
论真理的本质　[德]海德格尔 著
哲人的无知　[德]费勃 著
米诺斯　[古希腊]柏拉图 著

亚里士多德注疏集

亚里士多德《政治学》中的教诲　[美]潘戈 著
品格的技艺　[美]加佛 著
亚里士多德哲学的基本概念　[德]海德格尔 著
《政治学》疏证　[意]托马斯·阿奎那 著
尼各马可伦理学义疏　[美]伯格 著
哲学之诗　[美]戴维斯 著
对亚里士多德的现象学解释　[德]海德格尔 著
城邦与自然——亚里士多德与现代性　刘小枫 编
论诗术中篇义疏　[阿拉伯]阿威罗伊 著
哲学的政治　[美]戴维斯 著

普鲁塔克集

普鲁塔克的《对比列传》　[英]达夫 著
普鲁塔克的实践伦理学　[比利时]胡芙 著

阿尔法拉比集

政治制度与政治箴言　阿尔法拉比 著

马基雅维利集

君主及其战争技艺　娄林 选编

莎士比亚绎读

莎士比亚的历史剧　[英]蒂利亚德 著
莎士比亚戏剧与政治哲学　彭磊 选编
莎士比亚的政治盛典　[美]阿鲁里斯/苏利文 编
丹麦王子与马基雅维利　罗峰 选编

洛克集

上帝、洛克与平等　[美]沃尔德伦 著

卢梭集

论哲学生活的幸福　[德]迈尔 著
致博蒙书　[法]卢梭 著
政治制度论　[法]卢梭 著
哲学的自传　[美]戴维斯 著
文学与道德杂篇　[法]卢梭 著
设计论证　[美]吉尔丁 著
卢梭的自然状态　[美]普拉特纳 等著
卢梭的榜样人生　[美]凯利 著

莱辛注疏集

汉堡剧评　[德]莱辛 著
关于悲剧的通信　[德]莱辛 著
《智者纳坦》（研究版）　[德]莱辛 等著
启蒙运动的内在问题　[美]维塞尔 著
莱辛剧作七种　[德]莱辛 著
历史与启示——莱辛神学文选　[德]莱辛 著
论人类的教育　[德]莱辛 著

尼采注疏集

尼采引论　[德]施特格迈尔 著
尼采与基督教　刘小枫 编
尼采眼中的苏格拉底　[美]丹豪瑟 著

尼采的使命　[美]朗佩特 著
尼采与现时代　[美]朗佩特 著
动物与超人之间的绳索　[德]A.彼珀 著

施特劳斯集
论僭政（重订本）　[美]施特劳斯 [法]科耶夫 著
苏格拉底问题与现代性（增订本）
犹太哲人与启蒙（增订本）
霍布斯的宗教批判
斯宾诺莎的宗教批判
门德尔松与莱辛
哲学与律法——论迈蒙尼德及其先驱
迫害与写作艺术
柏拉图式政治哲学研究
论柏拉图的《会饮》
柏拉图《法义》的论辩与情节
什么是政治哲学
古典政治理性主义的重生（重订本）
回归古典政治哲学——施特劳斯通信集
苏格拉底与阿里斯托芬

* * *

施特劳斯的持久重要性　[美]朗佩特 著
论源初遗忘　[美]维克利 著
政治哲学与启示宗教的挑战　[德]迈尔 著
阅读施特劳斯　[美]斯密什 著
施特劳斯与流亡政治学　[美]谢帕德 著
隐匿的对话　[德]迈尔 著
驯服欲望　[法]科耶夫 等著

施米特集
宪法专政　[美]罗斯托 著
施米特对自由主义的批判　[美]约翰·麦考米克 著

伯纳德特集
古典诗学之路（第二版）　[美]伯格 编
弓与琴（重订本）　[美]伯纳德特 著
神圣的罪业　[美]伯纳德特 著

布鲁姆集
巨人与侏儒（1960-1990）
人应该如何生活——柏拉图《王制》释义
爱的设计——卢梭与浪漫派
爱的戏剧——莎士比亚与自然
爱的阶梯——柏拉图的《会饮》
伊索克拉底的政治哲学

沃格林集
自传体反思录　[美]沃格林 著

大学素质教育读本
古典诗文绎读 西学卷·古代编（上、下）
古典诗文绎读 西学卷·现代编（上、下）

中国传统：经典与解释
Classici et Commentarii
经典与解释
刘小枫　陈少明◎主编

《孔丛子》训读及研究　雷欣翰 撰
论语说义　[清]宋翔凤 撰
周易古经注解考辨　李炳海 著
浮山文集　[明]方以智 著
药地炮庄　[明]方以智 著
药地炮庄笺释·总论篇　[明]方以智 著
青原志略　[明]方以智 编
冬灰录　[明]方以智 著
冬炼三时传旧火　邢益海 编
《毛诗》郑王比义发微　史应勇 著
宋人经筵诗讲义四种　[宋]张纲 等撰
道德真经藏室纂微篇　[宋]陈景元 撰
道德真经四子古道集解　[金]寇才质 撰
皇清经解提要　[清]沈豫 撰
经学通论　[清]皮锡瑞 著
松阳讲义　[清]陆陇其 著
起凤书院答问　[清]姚永朴 撰
周礼疑义辨证　陈衍 撰

《铎书》校注 / 孙尚扬 肖清和 等校注
韩愈志 / 钱基博 著
论语辑释 / 陈大齐 著
《庄子·天下篇》注疏四种 / 张丰乾 编
荀子的辩说 / 陈文洁 著
古学经子 / 王锦民 著
经学以自治 / 刘少虎 著
从公羊学论《春秋》的性质 / 阮芝生 撰

编修 [博雅读本]
 凯若斯：古希腊语文读本 [全二册]
 古希腊语文学述要
 雅努斯：古典拉丁语文读本
 古典拉丁语文学述要
 危微精一：政治法学原理九讲
 琴瑟友之：钢琴与古典乐色十讲

译著
 普罗塔戈拉（详注本）
 柏拉图四书

刘小枫集

民主与政治德性
昭告幽微
以美为鉴
古典学与古今之争 [增订本]
这一代人的怕和爱 [第三版]
沉重的肉身 [珍藏版]
圣灵降临的叙事 [增订本]
罪与欠
儒教与民族国家
拣尽寒枝
施特劳斯的路标
重启古典诗学
设计共和
现代人及其敌人
海德格尔与中国
共和与经纶
现代性与现代中国
现代性社会理论绪论
诗化哲学 [重订本]
拯救与逍遥 [修订本]
走向十字架上的真
西学断章

经典与解释辑刊

1 柏拉图的哲学戏剧
2 经典与解释的张力
3 康德与启蒙
4 荷尔德林的新神话
5 古典传统与自由教育
6 卢梭的苏格拉底主义
7 赫尔墨斯的计谋
8 苏格拉底问题
9 美德可教吗
10 马基雅维利的喜剧
11 回想托克维尔
12 阅读的德性
13 色诺芬的品味
14 政治哲学中的摩西
15 诗学解诂
16 柏拉图的真伪
17 修昔底德的春秋笔法
18 血气与政治
19 索福克勒斯与雅典启蒙
20 犹太教中的柏拉图门徒
21 莎士比亚笔下的王者
22 政治哲学中的莎士比亚
23 政治生活的限度与满足
24 雅典民主的谐剧
25 维柯与古今之争
26 霍布斯的修辞
27 埃斯库罗斯的神义论
28 施莱尔马赫的柏拉图
29 奥林匹亚的荣耀
30 笛卡尔的精灵
31 柏拉图与天人政治
32 海德格尔的政治时刻
33 荷马笔下的伦理
34 格劳秀斯与国际正义
35 西塞罗的苏格拉底
36 基尔克果的苏格拉底
37 《理想国》的内与外
38 诗艺与政治
39 律法与政治哲学
40 古今之间的但丁
41 拉伯雷与赫尔墨斯秘学
42 柏拉图与古典乐教
43 孟德斯鸠论政制衰败
44 博丹论主权
45 道伯与比较古典学
46 伊索寓言中的伦理
47 斯威夫特与启蒙
48 赫西俄德的世界
49 洛克的自然法辩难
50 斯宾格勒与西方的没落
51 地缘政治学的历史片段
52 施米特论战争与政治
53 普鲁塔克与罗马政治